デンジャー・ゾーン

迫る中国との衝突

DANGER ZONE

The Coming Conflict with China

ハル・ブランズ／マイケル・ベックリー

奥山真司 訳

飛鳥新社

デンジャー・ゾーン　迫る中国との衝突

DANGER ZONE
The Coming Conflict with China
By Hal Brands and Micheal Beckley

日本語版へのまえがき

日本と中国は、何世紀にもわたって東アジアの覇権《はけん》を争い、時には互いの存続を脅かすこともあった。この長き対立の根源には地理的な事情がある。日本と中国は狭い地域に二つの大国として存在し、互いの重要なシーレーンにまたがって生きてきた。韓国、台湾、東シナ海という、日本の安全保障にとって重要な地域は、中国の安全保障にとっても重要な地域だ。

日本列島は、上海から東シナ海を隔ててわずか八〇〇キロ、船なら一日、戦闘機なら三〇分、ミサイルなら数分で通過できる距離である。日本は琉球諸島も統治している。ここは日本本土から台湾まで一〇〇〇キロほどにある、一〇〇以上の島々からなる列島である。中国の太平洋への最短ルートは、すべてこの島々の間のチョークポイントを通っている。

また、両国の利害は朝鮮半島をめぐっても衝突している。中国は北朝鮮の残忍な政権を同盟国として支え、日本は平壌《ピョンヤン》の核兵器やミサイル運搬システムなどの脅威にさらされている。日本の対応の一部は、米国と協力して弾道ミサイル防衛システムを開発することにあったが、これは逆に中国のミサイルの抑止力を低下させ、中国の安全性を低下させることになった。

本書で紹介する中国の侵略の脅威の高まりは、日本の国家政策に静かな革命をもたらしつつあり、日本を戦いの準備へと促《うなが》している。アメリカの指導者たちが「大国間競争の復活」を宣言する何年も前から、日本の政府関係者たちは北京の企《くわだ》てを警告していた。中国がさらに強力になり、台湾海峡での行動がより脅威になるにつれ、東京の懸念《けねん》はさらに深刻なものとなっている。

日本の政府担当者たちの間では「嵐が迫ってきている」という感覚が強まっている。二〇二二年六月に岸田文雄首相は「今日のウクライナは明日の東アジアかもしれない」と警告したし、同月には日本国民の約九割が「中国による台湾侵攻に備えるべきだ」と回答している。

ワシントンと同様に、東京でも戦争のリスクが最も高まる時期がいつになるのかについては意見が分かれている。だが日本が危機に備えなければならないことについては議論の余地はない。中国が台湾を武力で奪取すれば、日本にとっては大きな痛手となるからだ。

もし台湾が陥落《かんらく》すれば、日本列島の最南西端にある島々が無防備になる可能性がある。中国は日本にとって決定的に重要な貿易ルートを狭《せば》めることになり、尖閣諸島周辺での圧力を強めるなど、この歴史的なライバルを威圧することができるようになる。

一九四五年以降の日本政府は武力行使を嫌っているはずだが、それでも「台湾が征服されるのを黙って見ているわけにはいかない」と強く表明している理由はここにある。日本が二〇二七年までに防衛費をほぼ倍増させる計画を立て、南西諸島の一部を対艦ミサイルと防空施設を備えた強襲《きょうしゅう》拠点にして、高品質の潜水艦艦隊を使って中国海軍を封じ込める計画を立てているのもそのためである。東京はまた、中国本土を狙うことができる先進的なミサイルの獲得にも動き出している。

ある意味で、日本は二〇二〇年代後半の「デンジャー・ゾーン」の脅威を、アメリカ以上に深刻に受け止めている。その一方で、アメリカとの協力関係は深まりつつある。日米両軍は合同訓練を強化しており、今月には南西諸島で大規模な演習を行うなど、台湾をめぐる紛争が起きた場合に備えて共同作戦計画を策定している。また、一九三〇年代から四〇年代にかけて近隣諸国を荒廃《こうはい》させた東京は、今やインド太平洋の安全保障の民主的な「支柱」となっている。

ドナルド・トランプ大統領の下でアメリカが環太平洋パートナーシップ協定から離脱したとき、日本は中国の影響力に対抗するために、その協定を縮小した形でなんとか存続させている。日本の政府関係者は中国の拡大に対する歯止めを強化することを意図して、オーストラリアからインドまでの国々と安全保障パートナーシップの網を構築している。東京は「自由で開かれたインド太平洋」を維持するというアイデアさえ生み出しており、この言葉は現在、ワシントンまでが採用している。日本は二一世紀において、ワシントンが最も頼りにする「二〇世紀のイギリス」のような同盟国になろうとしているのだ。

次第に好戦的になっている中国の態度は、すでに日本の世界に対するアプローチに大きな変化をもたらした。そして本書の目的は、東アジアの平和と安全に貢献する日本やアメリカをはじめとするすべての国が、ピークに達した中国の脅威に先んじるために、さらに多くのことをさらに素早く行う必要がなぜあるのか、その理由を説明することにあるのだ。

二〇二二年一二月一二日

マイケル・ベックリー&ハル・ブランズ

For Our Families

本書をわれわれの家族に捧げる

デンジャー・ゾーン　目次

序章

二〇二五年一月一八日、いままさに戦争が始まろうとしていた。アメリカでは大統領就任式を二日後に控えていたが、選挙の結果はまだ係争中《けいそう》だった。民主党と共和党の候補者はいずれも勝利を主張し、就任式での宣誓の準備をする一方で、何百万人もの支持者たちが街頭で衝突していた。アメリカで選挙結果が争われるのは連続二回目であり、今回は同時に、地球の裏側で危機が進行していた。

中国が台湾海峡で大規模な海軍演習を行っていたのだ。人民解放軍は台湾に向けて、空挺《くうてい》部隊、水陸両用揚陸《ようりく》部隊、攻撃用航空機、数千発の弾道ミサイルといった脅威となる兵力を配備していた。

このような中国による力の誇示は、過去五〇年間、離反《りはん》した省とみなす台湾という島国への恒例行事となっていた。中国共産党のトップとして一三年目を迎える習近平《しゅうきんぺい》は、台湾に対して北京に服従せよと繰り返し警告し、アメリカに対しても手を出すなと言い放《はな》っていた。

彼が好んで使う言葉は、中国の発展を遅らせようとする者は「万里の長城に頭を打ちつけられて血まみれになる」というフレーズだった。[*1] これと似た調子で、中国共産党の宣伝機関は、人民解放軍の攻撃で台湾軍とアメリカ軍が虐殺《ぎゃくさつ》される様子を描いた動画を公開するようになった。[*2] さらに人民解放軍は、日本政府が邪魔をすれば、日本の都市を核兵器で蒸発させると脅してもいた。[*3]

西太平洋のはるか上空では、アメリカのスパイ衛星が軍の動きを監視していた。アメリカが世界に誇るシギント（電波傍受《ぼうじゅ》）能力が、中国側の動員を察知している。だがアメリカは、これも習近平がよく使う脅しであり、台湾の国民を動揺させて軍備を増強する陽動作戦に過ぎないと見ていた。

だが、彼らは今回、完全に間違えていた。

アメリカ東部時間の午後一〇時一分（北京と台北では翌朝に当たる）に、中国軍は猛攻撃を開始した。短・中距離ミサイルが、台湾全土の飛行場、政府機関、軍事施設、そして沖縄とグアムにあるアメリカの重要な空軍基地を攻撃したのだ。この地域を唯一航行していたアメリカの空母であるＵＳＳロナルド・レーガンには、対艦弾道ミサイルが直撃した。

事前に台湾に潜入していた中国の特殊部隊がインフラを破壊し、首脳を殺害して中華民国政府を斬首《ざんしゅ》しようと試み、台湾国民にパニックを引き起こした。中国のサイバー戦士は、送電網を破壊して台湾全土を大規模停電に追い込み、アメリカの人工衛星を盲目状態にした。

一方、北京はこの危機が台湾のせいであるとする世界的な偽情報《にせ》キャンペーンを展開し、アメリカ国内の混乱した政治情勢をさらにかき回した。

ところがこれらはすべて、本番のための準備だった。「演習」を行っていた中国艦隊は、いまや台湾で最もアクセスしやすい島の西側の浜辺への着上陸《ちゃくじょうりく》作戦を開始しようとしていた。

海峡を行き来する中国の民間のカーフェリーからは、小型の上陸用艦艇が突然、投入された。中国本土では、空挺部隊が台湾の飛行場と港を占領する準備をしており、数十万の部隊による主攻撃の道を開こうとしていた。

長年恐れられていた台湾への侵攻が始まり、アメリカの対応能力に対しても多方面から攻撃が開始されたのだ。

台北では、事態はすぐに取り返しのつかないところまで来た。ワシントンにも事態が深刻であることは伝わった。側近たちは病身のバイデン大統領に対し、残された時間がないことや、良い選択肢がないことを伝えた。

アメリカは台湾を見捨てることはできない。二五〇〇万人の民主的な市民を裏切り、フィリピンや日本との同盟の信頼性を揺るがすことになるからだ。中国が支配する台湾は、東アジア全域からその外へ中国が拡大する足がかりとなる。

だがアメリカは、第二次世界大戦以来となる大規模で高価な戦争を引き起こすことなく中国の攻撃を阻止することはできないのだ。

ホワイトハウスの状況分析室では、国防長官がバイデンにこう告げる。

「西太平洋で被害を受けたアメリカ軍は、中国の侵略を撃退することはできません。もちろんハワイからペルシャ湾までのあらゆる場所に散らばっているわが軍の航空機、軍艦、潜水艦たちを、中国のミサイル、機雷、そして防空網などをかいくぐって台湾海峡に向かわせることは可能です。しかしこの実行には数週間はかからないにせよ、数日はかかりますし、大きな損失《そんしつ》を被《こうむ》るのは確実で、成功の保証はありません。別の選択肢として、わが海軍が中国のエネルギーの輸入と食糧供給を封鎖することもできますが、この絞殺《こうさつ》戦略には何カ月もかかりますし、そもそも台湾にはそこまでの時間の余裕はありません」

「そうなれば、侵攻を阻止する確実な方法は一つしかありません。中国軍が本土の港や飛行場で荷物を積んでいる間に、低出力の核兵器で攻撃するのです」

バイデン大統領の補佐官たちは、「アメリカはまだ強い国であり、持てるものすべてを投じれば大戦争に勝つこともできます」と言う。だがそのような紛争は、台湾を救うために台湾を破壊することにもなりかねないし、アメリカと中国にも同様に悲惨な結果をもたらすことになる。

★

アメリカと中国は、そもそもなぜこのような第三次世界大戦の危機に陥《おちい》ることになったのであろうか？

当時のほとんどの専門家たちは、習近平が攻撃に踏み切ったのは、中国が国力をつけて自信をつけたことによる必然的な結果だと考えていた。北京は二〇二五年までに世界最大の海軍や、防空システム、そしてミサイル部隊を構築してきた。第二次世界大戦後にどの国もなし得なかったスピードで新たな軍艦を次々と進水させ、極超音速《ごくちょうおんそく》兵器やその他の高度な能力を飛躍《ひやく》的に向上させて、アメリカ国防総省《ペンタゴン》に衝撃を与えたのだ。[*4]

それと並行して、中国は人工知能や量子コンピュータなどの主要技術で優位を目指し、「デジタルシルクロード構想」を通じて二一世紀の勢力圏を築きつつあった。習近平は権力基盤を着々と固め、ヨシフ・スターリン以来の世界最強の独裁者となっていた。

その一方で、アメリカの国内政治では党派的な対立が続き、政府の関心は世界各地の他の危機や紛争に逸《そ》れていた。その間に中華人民共和国は、かつてないほどの軍事力と経済的な影響力を、ライバル国に対してちらつかせる国となった。外見上は、中国をアジアと世界の覇者《はしゃ》とする習近平の「中国の夢」は、まさに現実のものとなりつつあったのだ。

だが同時に習近平は「中国の衰退《すいたい》」という悪夢にも苦しめられていた。長年にわたり中国共産党政権への圧力は高まり続けていたし、かつて過熱していた経済成長も鈍化しつつあった。「一人っ子政策」は人口問題を残した。中国では今世紀半ばまでに、二億人近い労働年齢の人口が失われることになる。中国政府は、異論をさらに恐れた結果、より一層抑圧的になった。

そして新型コロナウイルスの流行とその後の数年間で、民主国家群は中国の好戦的な態度に触発《しょくはつ》され、次第に中国の台頭を阻止しようと陣容《じんよう》を固めていったのである。

台湾は、国民世論が中国との統一を否定するにつれて、不十分な軍事的防御をようやく強化し始めたところだった。アメリカは独裁的な敵国を打ち負かすユニークな才能を持った国だが、中国経済に対して技術戦争と関税戦争を仕掛け、中国共産党に対抗しようと軍の再編にとりかかっていた。

今回の戦争の直前まで、世界はまだ中国を「台頭しつつある大国」と見ていた。ところが習近平は停滞し、戦略的に包囲され、衰退する未来を予見していた。よって習近平はこのチャンスが長くは続かないことを承知の上で、地域と世界に壊滅的な影響を与えるギャンブルに打って出たのだ。

★

「中国の台頭」は、二一世紀の二ュース報道の中で最も読まれているトピックかもしれない。[*5] ワシントンでも海外でも、全般的に信じられているコンセンサスは「優勢な中国が低迷するアメリカを追い抜くかもしれない」というものだ。[*6]

二〇二一年にバイデン大統領は「もしわれわれが行動しなければ、彼らはわれわれのランチを食べてしまうことになるでしょう」と述べている。[*7]アジアでの経験の長いある外交官は、あらゆる地域の国々が、中国が「ナンバーワン」になる「世界に備えている」と報告している。[*8]

たしかに中国は主導権を握《にぎ》ろうとしているように見える。中国共産党は、中国を中心としたアジア秩序を作り上げ、中国を世界のヒエラルキーの頂点に位置する正当な地位に戻そうと計画している。

北京は軍事、経済、外交、技術、イデオロギーなど、実に様々な手段を駆使《くし》しつつ、残《ざん》忍《にん》な独裁政権の権力を守り、その影響力を誇示している。

アメリカは自分たちが何世代にもわたって築いてきた自由主義的な国際秩序を守り、北京が二一世紀を独裁主義が優位な時代にしようとするのを防ごうとしている。したがってアメリカと中国は世界を舞台に激しい闘争を繰り広げている。

首都ワシントンでは政治的に激しい分断があるが、珍しく党派を超えて一致しているのが、この二国が一〇〇年にわたって続く可能性のある「超大国マラソン」競争をしている、という「常識」だ。[*9]

本書の核心的な主張は、この「常識」が二つの点において間違っている、というものだ。アメリカ人は米中間の対立を「一〇〇年マラソン」ではなく、「一〇年間の猛烈な短距離離走」として捉《とら》えるべきだ。なぜなら中国は、多くの人が考えるよりもはるかに早く衰退するからだ。

★

もちろん中国とアメリカの争いは、すぐに決着がつくわけではない。なぜならイデオロギーと戦略的利害の衝突によって突き動かされるからだ。ところが、どんなに長い間対立していたとしても、その対立の強度は、時間とともに変化する。歴史と、現在の中国がたどりつつある道のりが教えることは、米中間の競争がこの一〇年間、つまり二〇二〇年代に最大の危機を迎えるということだ。

その最大の理由は、中国が、台頭する大国のライフサイクルの中で、最も危険な段階、すなわち既存の秩序を積極的に破壊できるほどの力を持ちながら「時間は自分に味方してくれている」という確信を失いつつある段階に到達しているからだ。

まず、冷戦後に中国の経済力と軍事力は急上昇し、習近平は無限の野望を抱いているように見える。たしかに台湾海峡や米中間の技術競争などの重要な分野で、魅力的なチャンスが広がっている。パワーバランスが北京に有利に傾きつつあるからだ。

民主国家群は、無気力でまとまりのない対応をしてきた。現時点でも習近平は、中国発のパンデミックで打撃を受けた世界と、自ら分裂しているようなアメリカという超大国を見据《みす》えている。習近平の言葉を借りれば、今や中国は「支配的な地位を得た」未来を目指しているのだ。[*10]

だが、北京は急ぐべきだ。なぜなら、中国の未来は非常に暗いように見受けられるからだ。中国の数十年間にわたる奇跡的な台頭はこれまで強力な追い風に助けられていたが、それが今や逆風となっている。

中国は一〇年以上にわたって、自らの支配体制を脅《おびや》かすほどの深刻な経済の減速を隠蔽《いんぺい》してきた。この数年以内に、人口動態の破局がスローモーションで発生し、経済・政治面で深刻なひずみが生じるだろう。「戦狼《せんろう》外交」や、ヒマラヤから南シナ海に至るホットスポットでの対立的な行動を通じて、中国は戦略面で自ら罠《わな》にはまり、ユーラシア全域の潜在的なライバルを怖がらせ、団結させ始めたのである。

中国共産党は、過去一世紀にわたる「世界政治の第一原則」を破《やぶ》ってしまったのである。その原則とは「アメリカを敵に回してはならない」というものだ。

われわれは「永遠に台頭しつづける中国」の時代ではなく「ピーク・チャイナ」の時代に生きている。北京は世界秩序を作り変えようとする修正主義的な大国だが、そのための時間はすでに尽きてしまっているのだ。

歴史的に見ると、このチャンスと不安の組み合わせは、実に危険な爆薬となってきた。古代から現代に至るまで、かつて隆盛を誇った大国たちが最も攻撃的になったのは、その運命が衰《おとろ》え、敵が増え、今すぐ栄光を手に入れなければ永遠にその時を逸《いっ》してしまうと悟ったときである。

急成長していた国が長期的な経済の低迷に陥《おちい》ると、拡大の衝動に突き動かされるようになる。ライバルに包囲されるのを恐れた国は、その網を断ち切ろうと必死の努力をするものだ。歴史上最も血なまぐさい戦争のうちのいくつかは、台頭して自信を深めつつある国によってではなく、一九一四年のドイツや一九四一年の日本のように、ピークを迎えて衰退し始めた国によって始められたのだ。

プーチンが最近行った、旧ソ連圏での一連の戦争もそれと同じタイプのものだ。習近平政権は、劇的な上昇の後に厳しい転落が待つという、国際情勢でお馴染《なじ》みの危険な道のりをたどっている。

中国の苦境は、アメリカにとって良いニュースであるのと同時に、悪いニュースでもある。まず良いニュースは、中国の挑戦を長期的に見れば、多くの悲観論者がいま考えているよりも対処可能かもしれないということだ。不健全で全体主義的な中国が、世界をリードするアメリカを軽々と追い越していくことはないだろう。われわれはいつか中国を、過去のソビエト連邦を見るような形で、明白な強みが致命的な弱点を覆《おお》い隠していた強敵であったと振り返るようになるかもしれない。

だが悪いニュースは、短期的には状況は厳しいということだ。二〇二〇年代には対立が激化し、戦争の可能性が恐ろしいほどの現実味を帯びてくるからだ。

特に中国は、ピークを迎えたこれまでの大国たちと同じことをするだろう。つまり、長期的な脆弱性《ぜいじゃく》の窓が大きく開く前に、短期的なチャンスの窓を通ろうとするのだ。北京は、世界各国から譲歩《じょうほ》を引き出せるような経済大国になるため、懸命に努力することだろう。同時に、国内外でのテクノロジー権威主義を強化することで、民主国家群を弱体化させようとするだろう。最も懸念《けねん》されるのは、中国が、日本、インド、フィリピンを懲《こ》らしめるため、あるいは民主的な台湾を屈服《くっぷく》させるために、アメリカとの戦争の危険を冒《おか》してでも近隣諸国に武力を行使しようとする強い動機を持ちそうなことだ。

これらのいずれの分野でも、中国共産党は、アメリカや他の国々の、増大する脅威への対応が遅れているうちに、長年かけて築いてきた優位性を利用できるし、大胆な行動によって中国を迫りくる衰退から救える、と期待をかけることもできる。

もしアメリカが、中国の拡大と侵攻の波をここでうまく止めることができれば、北京との長期的な競争に勝つことができる。アメリカが失敗すれば、中国はパワーバランスを有利にシフトさせ、世界を紛争と悲劇に引きずり込む可能性がある。長期間にわたる最終決戦で、時間はアメリカに味方している。しかしこれから一〇年の間に直面する決定的な挑戦は、危険な水準を越えることになる。

★

ロシアがヨーロッパで大きな戦争を始めた年に、なぜわれわれは中国との衝突を警告する本を書いたのだろうか？　単純な答えとしては、ロシアがウクライナに侵攻したことで、中国をうまく封じ込めることがより一層、必要となったからだ。

もし中国がロシアに追随《ついずい》する形で領土を暴力的に拡大すれば、ユーラシア大陸は紛争に覆《おお》われることになるだろう。アメリカは再び二正面戦争に直面する。しかも今回は核武装した侵略者たちが国境を越えて「背中合わせ」で向かってくるのだ。アメリカの軍隊は過剰拡大した展開状態になり、おそらく圧倒されてしまうだろう。

アメリカの同盟体制は、耐えがたい緊張にさらされるかもしれない。ユーラシア大陸の国々は自国を守るために奔走《ほんそう》し、大国間の戦争で発生する経済危機や大量の難民の流入などに対処するため、戦後の国際秩序は崩壊しかねない。ロシアの侵攻によってすでに揺らぎつつある世界は、中国の攻勢によって完全に破壊されうる。

われわれが中国に注目するもう一つの理由は、中国がとりわけ危険だからだ。中国の経済規模はロシアの一〇倍であり、軍事予算はモスクワの四倍だ。ロシアが基本的に軍事力とエネルギー資源から影響力を引き出そうとする「二次元」の大国であるのに対して、中国はより広範な強制手段を持ち、アメリカとその同盟国に対して、ほぼすべての領域で地政学的競争に対抗することが可能なのだ。

習近平は地球上で最大の軍事力と経済力（購買力平価で測定）を持つ国を統率《とうそつ》している。中国高官たちは世界の主要な国際機関の多くで指導的な地位に就いている。すでに世界の半数以上の国がアメリカよりも中国と多く貿易していて、最近、中国は世界最大の海外融資国となり、世界銀行、ＩＭＦ、あるいはパリ・クラブ（世界の主要融資国のグループ）に属する二二カ国の合計よりも多くの額の融資を行っている。[*11]

北京の経済力はすでにピークに達しているかもしれないが、それでもアメリカに対してこれほどグローバルな規模で挑戦できる国は他に存在しない。

独裁的なロシアは悪質だが、同時にワシントンと北京の間の競争は、われわれの時代における決定的な地政学的争いになる可能性が高い。欠点を抱えつつも類《るい》を見ないほど強力なこのライバルとの闘いに勝てなければ、世界史的にも大きな結末を迎えることになる。

★

本書は、多くのアナリストが考えている以上に中国が大きな問題を抱えており、その傾向がなぜ今後数年間を非常に危険なものにしているのか、そしてアメリカがこれからくる嵐にどう備えるべきか、それらの理由を説明しながら、中国に対する逆説的な見方を提供している。[*12] またわれわれは、大規模戦争の起源や、大国の興亡に関する通説にも挑戦している。

学者たちは長年にわたり、これらのテーマを研究してきたが、彼らの研究は誤《あやま》った前提の上に成り立っている。その前提とは「国というものは上昇するか下降するかのどちらかでなければならず、上昇する国は発展し、下降する国は後退する」というものだ。また、国際システムを揺るがす大規模な戦争は「パワー・トランジション」、つまり疲弊《ひへい》した覇《は》権《けん》国を、台頭しつつある挑戦者の国が追い越すときに起こりやすいとされる。

　こうした考え方は「ペロポネソス戦争を引き起こしたのは、スパルタを犠牲にしたアテネの台頭だった」と書いたトゥキディデスにまで遡《さかのぼ》る。さらに「ターボを搭載した中国が、四気筒エンジンのアメリカを追い抜きつつあるため、紛争の確率が劇的に増加する」と警告する国際的なベストセラー本でも取り上げられている。[*13]

　しかしこのような概念の多くは誤解を招くもので、単純に誤っている。国家は台頭すると同時に没落が始まりもするし、経済が低迷・停滞していても、領土を奪取したり、急速に軍拡したりすることがある。相対的な衰退によって引き起こされる不安は、強大化によってもたらされる自信とは異なり、野心的な大国を気まぐれかつ暴力的にする可能性もある。

　さらに加えて、権力の移行が行われない場合には世界最終戦争のようなものが発生する可能性もある。かつて台頭した大国が、決して超えられないライバルを挑発してしまい、最後まで戦い続けるはめに陥ることもある。

　このような過去の致命的なパターン――これは「ピークを迎えた大国の罠《わな》」と呼ばれる――を理解することは、思ったよりも速く到来しつつある、暗い未来に備えるために重要なのだ。

　この問題は、学問的な領域だけの話にとどめておくことはできない。一九四〇年にダグラス・マッカーサー元帥が説明したように「戦争における失敗の歴史は、以下の言葉にほぼ集約される。それは〝遅すぎた〟というものだ」。
つまり、潜在的な敵の致命的な目的を理解するのが遅すぎたのであり、準備するのが遅すぎたのであり、抵抗のために可能なすべての力を結集するのが遅すぎたのであり、そして同盟国と共に立ち上がるのが遅すぎた、ということだ。
さらに彼が付け加えているのは、もしアメリカが「決定的瞬間」を捉《とら》えることができなければ、それは「すべての歴史の中で最大の戦略的誤り」になるということだ。[*14]
マッカーサーの言葉はまさに予言的だった。当時フィリピンにいた彼の準備不足だった軍隊、そして太平洋全域のアメリカ軍は、その後の日本との戦争の緒戦《しょせん》で敗退したからだ。したがって、二〇二一年にインド太平洋軍のアメリカ軍の情報部のトップが、それと全く同じ言葉で中国の新たな全体主義の脅威を表現したことは、注目に値する。「彼らは進撃しており、これはもう時間の問題だ」と彼は説明したのだ。[*15]
確かに「時間の問題」である。アメリカは、戦争のリスクが最も高く、今後なされる／なされないという決定が、それから数十年間にわたる世界政治を形成するというタイミングで、中国との競争における真に重要な局面を迎えている。つまり「決定的な瞬間」が再びやってきているのであり、アメリカは手遅れになる前に、再び準備を整えなければならないのである。

第一章
中国の夢

目指すは「唯一の超大国」

地政学的な大惨事は「野心」と「絶望」が交錯《こうさく》したときに発生するものだ。習近平の中国は、まもなくその両方に突き動かされることになるだろう。

われわれはその「絶望」が、経済の減速と、忍び寄る包囲網と衰退の感覚にあると説明していく。だがその前に、まずはその壮大な「野心」、つまり習近平が何を達成しようとしているかを整理する必要がある。中国が目指す高みを理解せずに、中国の崩壊がどれほど困難かを把握《はあく》するのは難しいからだ。

中国の目標は高い。なぜなら中国共産党はアジアをはじめとする世界の秩序を塗り替えようとする壮大なプロジェクトに取り組んでいるからだ。中国は、国際システムにおけるいくつかの極の一つとしての「超大国」になりたいわけではない。国際システムの中心の地政学的な太陽である「唯一の超大国」になろうとしているのだ。

習近平はこの野心を二〇一七年一〇月に発表している。だがそこで使われた言葉は、修正主義的な大国がその意図を曖昧《あいまい》にするためによく使う、不透明なものであった。これが発表されたのは「中国共産党第十九回全国代表大会」で、これは中国の指導部が五年に一度、自分たちの業績を誇示し、今後の計画をプレビューするために開催されるものである。

習近平はすでにこの大会で憲法に「習近平思想」を明記し、潜在的な後継者を排除し、毛沢東《もうたくとう》以来の圧倒的な指導者としての地位を確立すると表明している。三時間を超えるマラソン演説の中で、習近平は国内での権力基盤を強化しつつある中、北京が海外のパワーバランスを揺るがす準備が整っていることを示唆《しさ》した。

中国共産党の指導の下、中国は「立ち上がり、豊かになり、強くなりつつある」と習近平は宣言した。西洋諸国がかつて民主主義を見習うよう望んだ国は、いまや「あとに続く他の発展途上国のために新たな道を切り開く」ようになった。

北京はすでに世界政治の「センターステージ」に近づきつつある。二〇四九年の中華人民共和国建国一〇〇周年までに、中国は「国力と国際的な影響力」において「世界のリーダー」となり、中国の「国家の復興」が完全に達成され、さらに「安定した」世界秩序を構築することを掲げたのだ。[*1]

習近平の言葉は、素人目《しろうとめ》には実に平凡《へいぼん》なものに見えるかもしれない。ところが共産党の幹部たちがこの言葉を聞いて強く自覚したのは、中国が今やアメリカに対抗できる大国だということである。その数年前、習近平自身、あまり知られていない演説の中でこの点を率直に述べていた。彼の説明によれば、たしかにこの先の道のりは険《けわ》しく、それを乗り越えるためには「偉大な戦略的決意」が必要だという。ところがその目的地は明確だった。中国は「資本主義に勝《まさ》る社会主義」を構築し「主導権を握り、優位に立つ未来」を実現するというのだ。[*2]

このような野心は、中国共産党幹部たちの発言からも見すごすことはできなくなった。それは世界有数の海軍造船計画から、ユーラシア大陸の戦略地理を作り直そうとする努力まで、実際に中国共産党が行っていることからも一層明白になっている。

中国の大戦略《グランドストラテジー》には、中国共産党の権力基盤を強固なものにして、弱かった頃に奪《うば》われた領土を取り戻すという身近な目標の追求だけでなく、地域での影響圏を拡大し、世界的規模でアメリカの権力に対抗するという、より拡大的な目標も含まれる。

中国共産党の目指す目標には、中国の歴史的宿命という感覚と、二一世紀の近代的な権力手段を重視するもの、両方が混じり合っている。それらは多くの大国を突き動かす普遍的な地政学的野心と、中国の独裁的な政権を悩ます、飽くなき不安感に根ざしたものだ。

中国が世界を再編しようとする動きは習近平以前からあったが、ここ数年の間に劇的に加速している。今日の中国共産党の幹部たちは「台頭する中国は衰退するアメリカを凌駕《りょうが》する」と自信満々に発言している。ところが内心では「中国の夢」が本当に「夢」で終わってしまうのではないかと懸念《けねん》し始めているのだ。

中国が求めるもの

中国が求めるものは何か、それを見極めるのは難しい。なぜなら現状変更を行おうとする国は、その目標を徹底して隠そうとしたがるからだ。さらに中国共産党は秘密主義の独裁主義政党であり、外国だけでなく自国民を欺《あざむ》くことにさえ、何のためらいも感じていない。

結果として、中国の大戦略（何を達成しようとしているかについての、国の包括的な概念）は、通常、将来に向けた詳細で段階的な計画文書よりも、エリート間の大まかなコンセンサスの中に見られることになる。[*3] ところが注意深く見れば、中国共産党が四つの主要目標からなる、断固とした多層的な大戦略を追求していることの十分な証拠が存在している。

中国共産党がこの目標を追求できる立場にあるのは、過去五〇年間の世界政治の最大の変化、すなわち中国が大国として台頭したからだ。一九四九年、建国当時の中華人民共和国は、技術的に遅れ、貧困にあえぐ国だった。アメリカの戦略家ジョージ・ケナンは中国を「あらゆる責任を回避する、広大な貧民窟《ひんみんくつ》」と書いたほどだ。[*4]

一九七六年に毛沢東が亡くなった時点でも、この国は驚くほど未発達なままであった。ところが幸運と賢明な経済改革が重なり、中国は社会主義的な停滞から、独裁主義的な活気のある資本主義へと移行した。

その結果、中国は驚異的な成長を遂げた。一九七八年から二〇一八年の間に、実質国内総生産（実質GDP）は三七倍に成長した。[*5] 今日の中国は、世界最大の経済規模（購買力平価で測定）や、製造業生産高、貿易黒字、および金融準備高を誇っている。

二〇一八年には世界の一二八カ国にとって最大の貿易パートナーになった。[*6] 以上は、中国の指導者たちが非常に大きな夢を抱くことができるようになったのを意味する。

まず中国共産党は、あらゆる独裁政権が持つ永遠の野望、すなわち権力の「鉄の支配」を維持しようとしている。中国は、開かれた議論や選挙を通じて国益を追求する、一般のアメリカ人が思い描くような「普通の国家」ではない。中国にも政治的な議論はあるが、それは中国共産党の優位性が憲法に明記された一党独裁体制の中でしか行われない。

一九四九年以来、中国の政権は、常に「国内外の敵との闘争に巻き込まれている」と考えてきた。指導者たちは、もう一つの偉大な社会主義国家が終焉した、ソ連崩壊の悪夢に悩まされている。彼らは共産党主導の体制が崩壊すれば、個人的にも災難に巻き込まれ、おそらく命に関わると理解している。その結果、ある中国学者によれば、ゼロサムの倫理観が「君が死ねば、私は生き残れる」という厳しい原則で人々の心をとらえているという。[*7]

中国の政治では、パラノイアは悪というよりむしろ美徳でさえある。かつて中国政府トップだった温家宝《おんかほう》は「なぜ危険が迫っているのかを考えることは、自分の安全を確保することにつながる。なぜ混乱が起こるのかを考えれば、平和を確実にすることにつながる。なぜ国が滅びるのかを考えることが、自分の生存を保障することになる」と述べている。[*8]

中国共産党は歴史的に見ても、権力を守るために多大な労力を使ってきた。たとえば文化大革命で国を狂気に陥《おとし》れ、一九八九年の天安門事件で数百、数千の国民を殺害してきた。「権威を永続させる」という目標は、中国共産党のあらゆる重要な決定の核心にある。二〇一七年に、ある当局者は、習近平の根本的な目的は「あらゆる面で共産党の主導的な役割を確保すること」だと説明している。[*9]

第二に、中国共産党は過去の内乱と外国からの侵略の時代に失われた領土を取り戻すことで、中国を再び統一することを望んでいる。この目標もまた、数十年前にさかのぼることができる。中国共産党は、政権を握った直後にチベットを占領し併合した。習近平が今日思い描いている中国の地図には、中国共産党が主導する国家に完全に組み込まれた香港（そのプロセスは事実上完了している）と、中国の支配下に戻った台湾が含まれている。習近平は自治状態にあるこの島の「異常な状態」を「次世代へ受け継ぐことはできない」と述べている。つまり北京は離反した省が戻ってくるのをいつまでも待つことはできないというのだ。[*10]

中国共産党は、その周辺部、つまりインドから日本までの間の国々とも、未解決の国境紛争を抱えている。また、北京は世界で最も商業的に重要な水路の一つである南シナ海の約九〇％を自分たちのものだと主張している。中国政府の高官たちは、これらの紛争には一切の妥協《だきょう》が許されないと述べる。二〇一八年、習近平はアメリカのジェームズ・マティス国防長官に対して「われわれの祖先たちが残した領土を一インチたりとも失うわけにはいかない」と言い、「われわれは他人のものは全く欲しくない」との寛大な言葉を付け加えた。[*11]

そもそも東シナ海と南シナ海での中国の領有権の主張は、国境から数百マイルに及ぶものであるため、これらの「主権問題」を、より大きな東アジア支配を達成する活動と区別するのは難しい。

中国共産党の第三の目標は「アジア人のためのアジア」、すなわち外部のアクター、特にアメリカを周縁に追いやり、中国が最高位にある地域的な影響圏を作り出すことである。北京は、冷戦時代にソ連が東欧で行ったような徹底的な物理的支配までは想定していないはずだ。アジア全域で軍事的に暴れまわることもないかもしれない。

中国共産党はむしろ、魅力と強制を組み合わせた形で、海洋アジアの経済がワシントンではなく北京を指向し、小国が中国共産党に節度を持ち、従順で、もはやアメリカが地域に問題を引き起こすような同盟関係や、地域の軍事的プレゼンスや影響力などを中国の庭先で持たないようにすることを目論《もくろ》んでいるのだ。かつてズビグニュー・ブレジンスキーが書いたように「中国の影響圏とは、様々な首都で最初に『これに対して北京はどう考えているのか』と質問されるような状況」であると定義できるだろう。[*12]

習近平がこの野心を公に宣言する状態に最も近づいたのは、二〇一四年に「アジアの問題を運営し、アジアの問題を解決し、アジアの安全を守るのはアジアの人々である」と述べた時だ。これはつまり、アメリカがこの地域から追い出され、中国の力に対抗する術《すべ》がない状況を婉曲《えんきょく》的に表現したものである。[*13]

だが政府高官たちはさらにあからさまだ。二〇一〇年、中国の楊潔篪《ようけっち》外相は、東南アジアの一〇カ国に対し「中国は大国であり、あなた方は小国であり、それは事実である」ため、北京の意向に従わなければならないと述べている。[*14]

ところが実際の北京は地域覇権《はけん》以上のものを求めている。その戦略の第四の目標は、グローバル・パワー、ひいてはグローバルな優位を獲得することだ。中国の国営メディアや共産党幹部たちは「ますます強大になる中国は、アメリカが主導する体制に安住することはできない」と説明しはじめた。二〇一六年、外交政策の主要幹部である傅瑩《フーイン》は、この体制は「もはや体に合わないスーツ」であると書いている。[*15] 習近平は「天下万民が一つの家族」となり、中国共産党の父親的な指導に従わざるを得ないような世界的な「運命共同体」の創設について語っている。[*16]

中国の国営通信である新華社《しんかしゃ》は、中国の復興が実現した後、誰が世界の問題を形成するか、何ら隠すことなく表現している。『中《なか》つ国』を傷つけ、恥辱《ちじょく》の時代に陥れたアヘン戦争から二百年後の二〇五〇年までに、中国はその力を取り戻して世界の頂点に再登場するだろう」。[*17] 民族主義的《ナショナリスティック》な新聞である環球時報《グローバルタイムズ》は「世界一になるための闘いは……『人民の戦争』だ」と宣言した。「それは大河のように広大かつ強大になり、誰にも止められない潮流となるだろう」[18]。

当然ながら、中国政府は「中国の特色ある世界秩序」についての詳細な計画を公表していない。中国共産党の幹部はつい数年前まで、中国がアメリカに挑戦したり、凌駕する可能性を示唆することさえ慎重に避けてきた。

ところが習近平の演説、政府の公式文書、その他の資料から、北京が世界に戦力展開できる規模と質の軍隊と、経済力と軍事力を生み出すハイテク産業による世界支配を目指していることは明白だ[19]。中国中心の世界では、アメリカのグローバルな同盟ネットワークは弱体化し、無力化されるだろう。北京は独自の戦略的国際関係と、自らの意志で自由に変えられる国際機関を通じて、グローバルリーダーシップを発揮することになる。中国台頭の時代には、民主主義の支配の時代が終わるため、とりわけ独裁主義的な政府は保護され、むしろ特権的なものとさえなるだろう[20]。

学者のナデージュ・ローランドは、北京は「世界を完全に支配する」つもりはないかもしれないと書いている。つまり「西側の自由民主主義国の影響力が最小に抑えられ、地球の大部分が中国の勢力圏に類似してきた世界において、支配的な地位を得ることだけで満足しそうだ」という[21]。

別の中国研究者ライザ・トビンは、習近平の「運命共同体」に厳しい評価を下している。「中国を中心としたパートナーシップのグローバルネットワークが、アメリカとの条約を通じた同盟体制に取って代わることになれば、国際社会は北京の権威主義的な統治モデルを、西側の選挙による民主主義より優れたものと見なすようになる。すると世界は中国共産党が平和、繁栄、近代化への新しい道を開発し、他の国々もそれに続くことができると信用するようになるだろう」[*22]。

これらの評価が示すように、中国の大戦略の四つの目標はすべて重なり合っている。中国共産党は、中国が待ち望む「国家の復興」は、自党の指導下においてのみ達成できると主張する。そして地域と世界でのパワーの追求は、中国共産党の国内の権威も強化することになる。

社会主義という政権の本来のイデオロギーが放棄《ほうき》された現在、力の追求は中国のナショナリズムを煽《あお》って、自分たちの正統性《レジティマシー》を確保できる。また、中国の支配層にとって、国内のみならず世界的な威信《いしん》も得ることができる。さらに、中国が積極的に利用する能力、つまり国際的な批判を黙らせて、独裁的な国家を保護するグローバルなルールを作り上げる力を与えることにもなるのだ[*23]。

このように、中国の大戦略は、狭い意味での自国防衛と、その支配体制の防衛の範囲をはるかに超えたものも含まれている。そこで目指されている目標は、ある覇権国が衰退し別の覇権国が台頭するときに起こる、地域的・世界的なルールの劇的な変化の追求と密接に結びついている。ヘンリー・キッシンジャーは「帝国は、国際システムの中で活動することに関心がない……なぜなら帝国は国際システムそのものになることを熱望するからだ」と書いた。[*24] これこそが、今日の中国の国家運営における究極の野心である。

政策に見られる証拠

多くのアメリカ政府関係者たちは、ほんの数年前までこうした中国への評価を「過度に煽動的《せんどう》だ」と警戒していた。たとえば二〇一六年のオバマ大統領は、複雑な世界におけるリーダーシップの重荷を建設的に共有できる「成功して台頭しつつある中国」を応援すべきだと主張していた。[*25] 数年後、アメリカの見方は次第に暗転していったが、それでも北京がアジアと世界で全く異なる現実を作ろうとしているという考えは、いまだに一部から疑いの目で見られている。[*26] しかし残念ながら、その証拠は中国の実際の行動の中に見てとることができる。

まず際限《さいげん》のない軍備増強だ。中国の軍事費の支出額（インフレ調整後）は、一九九〇年から二〇二〇年の間に一〇倍も増加しており、近代史の中でも他に類を見ない持続的な拡大率となっている。[*27] 中国共産党はその潤沢《じゅんたく》な資金を使い、対艦弾道ミサイルから静粛性《せいしゅくせい》の高い攻撃型潜水艦まで、西太平洋からアメリカ軍の艦船と航空機を締め出すのに必要な兵器を製造し、台湾や他の近隣の敵に対し北京が自由に行動できるようにしている。

北京は現在、アジアの軍事費の半分以上を占める。世界最大の弾道ミサイル部隊、艦船数で世界最大の海軍、そして統合された防空システムを保有している。[*28] 中国軍は、アメリカとその地域の同盟国に対して「短く鋭い戦争」の準備をしており、中国共産党の台湾征服を可能にする軍事改革を完了させようと急いでいる。

その一方で、人民解放軍は核戦力を急速に拡大し、より洗練された核弾頭の運搬手段を開発しつつある。北京は二〇三〇年代までに、核兵力でもアメリカの本格的なライバルとなる勢いだ。さらに中国は空母を建造し、海外基地を獲得し、インド洋だけでなく世界各地への戦力投射《とうしゃ》のための能力を開発している。

実に印象的な統計がある。北京は二〇一四年から二〇一八年の間に、イギリス、インド、スペイン、台湾、ドイツの全艦隊の合計よりも多くの艦船を進水させているのだ。[*29]

軍事力の増強は、北京の野望を実現するいくつかの方法のうちのたった一つに過ぎない。北京は一〇年以上にわたり、南シナ海の支配力を強化する様々な強制力を行使してきた。とりわけ人工島を建設し、その上に空軍基地、ミサイル、その他の軍事的な装備を備えたのだ。

また、フィリピンから係争地の支配権を奪い、近隣諸国の排他的経済水域に石油掘削装置、漁船団、準軍事的な海洋民兵を送り込んでいる（さらに中国船は係争中の岩礁《がんしょう》や地形の近くに人糞《じんぷん》の山を投棄しており、ある環境専門家は「中国よ、スプラトリー［南沙］諸島で糞をするな」と叫んだほどだ)。[30]

二〇一七年、習近平はフィリピンの大統領に「われわれはあなたたちと喧嘩《けんか》したくはない。しかしあなた方が問題を強要するのであれば、われわれは戦争をするつもりだ」と語った。[31]さらに遠方に目を移すと、人民解放軍は東シナ海で係争中の尖閣諸島周辺で、日本の空と海の守りに挑戦し、ヒマラヤではインドに対し軍事的な嫌がらせを行い、台湾にも威《い》嚇《かく》している。人民解放軍の幹部は、中国が侵略したら台湾には「勝ち目がない」とあざ笑っているほどだ。[32]

さらに大胆なのは「一帯一路構想」(BRI)である。これは習近平が「世紀のプロジェクト」と呼ぶ、世界最大規模の貿易、インフラ、投資策だ。[33]BRIには多くの側面と動機があり、その中には比較的平凡なものもある。だがその戦略の中核においてBRIは、ユーラシアの歴史的なハートランドを北京寄りの地政学的空間に変えようとする、一兆ドル規模のプロジェクトだ。[34]

中国は東南アジアからヨーロッパ南部に至る資源、市場、影響力を確保するため、数々のインフラプロジェクトや融資、貿易などを使っている。いざ戦争になった場合に備えて、中国はアメリカ海軍が石油と食糧の重要な輸送を妨害してきても困らないよう、陸上の補給路を建設している。中央アジアと接する長い陸上の国境線沿いに、さらに大きな影響力を発揮するため、中国は開発プロジェクトを活用している。

また、インド洋へのアクセスを向上させ、中国空軍の戦略的な行動範囲を拡大するために、港湾やその他の施設へのアクセスを獲得しつつある。したがってBRIのツールには、国有企業から中国の増強中の海軍に至るまで、あらゆるものが含まれている。その根本的な目的は、世界最大の陸地を、中国の戦力投射のためのプラットフォームとすることのように思われる。学者のダニエル・マーキーは「ユーラシア大陸の資源、市場、港湾へのアクセスは、中国を東アジアの大国から世界の超大国へと変える可能性がある」と書いている。[*35]

BRIだけでなく、中国が行っているすべての行動には、技術面での優位の追求が不可欠だ。中国共産党は長年にわたり、知的財産の窃盗《せっとう》、強制的な技術移転、商業スパイといった、世界レベルのプログラムを通じて中国の台頭を加速化させようとしてきた。

北京は現在「デジタルシルクロード・プロジェクト」を通じて、ファーウェイやZTEといった企業を、通信インフラや高度な監視機器の世界的な主要供給企業にしようとしている。二〇一八年にはファーウェイ一社だけでも一〇〇カ国以上で七〇〇件以上のハイテク「安全都市」プロジェクトを運営しているという。[*36] 中国はそれらの企業を通じて、インターネットの物理的配線を構成する光ファイバーケーブルとデータセンター――これはかつてイギリスが海底電信ケーブルのネットワークを通じて行使した権力の現代版である――を建設または購入し、世界のデータを北京が利用するために吸い上げようとしている。[*37]

これらすべての動きの根底には「中国製造二〇二五」というプログラムがあり、人工知能、量子計算など、将来の経済・軍事力のバランスを形成する主要技術への、次世代を見《み》据《す》えた投資を行っている。習近平は「国際的な軍事競争がますます激しくなる状況下では、革新者だけが勝つことができる」と宣言している。[*38]

中国共産党は、中国を制度機関の面でも大国だと位置づける。アメリカは長い間、国際通貨基金（ＩＭＦ）や世界銀行のような、国際制度機関の広大なネットワークを通じて権力を行使し、実力以上の大きな力を発揮してきた。北京はその教訓を学んでおり、経済的な影響力を行使し、自国民を権威ある地位につかせることで、世界保健機関（ＷＨＯ）や国連人権委員会などでの影響力を構築する、計算された長期戦略を追求している。

同様に、中国は新技術の規制やインターネット管理など、難解だが重要な問題を扱う機関においても主導的な役割を果たしている。また「アジア・インフラ投資銀行」（ＡＩＩＢ）のような独自の国際機関を設立し、グローバル・ガバナンスの中核を担《にな》おうとするケースもある。中国共産党の国営通信社は、中国の世界的な制度機関における影響力の追求は「偉大な近代社会主義国」台頭に向けて「有利な環境を作り出す」ためだと説明している。[*39]

そして、イデオロギー面での攻勢がある。たしかに北京は、地球の果てまで狂信的に政治モデルを広めようとする、救世主的なマルクス主義政権ではないかもしれない。だがその政策は、高度な監視システムを販売し、外国の官僚に反対派の弾圧方法を教育し、アフリカや南米など遠く離れた地域の暴君を支援するものであり、世界を独裁的にしようとする傾向があるのは明らかだ。

グローバルな舞台で、中国は政治面での自由よりも経済発展を強調するために「人権」の概念をねじ曲げ、批判の声を上げる民主主義者から独裁者を守る「主権」の概念を支持している。[*40] そして北京は、かつて自国の独裁主義と資本主義を混ぜたものを海外で売り込む際に持っていた慎重さを捨て去ってしまった。二〇一三年、習近平は「われわれの社会主義体制の優位性がますます明らかになることは避けられない」と予言している。「必然的に、わが国の道はさらに拡大し、必然的に、わが国の発展の道は世界に対してますます大きな影響力を持つようになる」[*41]。

他にも、中国は世界的に強制力を発揮する能力を蓄《たくわ》えることで、政策に凄《すご》みを与えている。たとえばある中国の外交官は「われわれは友人を高級ワインでもてなすが、敵にはショットガンを用意する」と自慢している。[*42] 二〇一六年、韓国がアメリカのミサイル防衛システム（THAAD）のレーダー設置受け入れに同意すると、中国は持続的な経済的懲《ちょう》罰《ばつ》のキャンペーンを展開し、対抗してきた。

二〇一〇年にノーベル平和賞が中国の反体制派作家・劉暁《りゅうぎょう》波《は》に贈られると、北京はノルウェーに猛烈な批判と貿易上の罰を加えて、経済的な打撃を与えた。その後、オーストラリアからリトアニアまで、多くの国々がこれと同様の運命に見舞われた。

つまり中国は、賄賂《わいろ》、政治献金、偽情報、さらにはディアスポラ（海外居住者＝華僑）を使って、民主主義社会の公的な議論を歪《ゆが》めようとしている。習近平はこのようなやり方こそが中国の「魔法の武器《マジックウェポン》」であり、ライバル国たちに不和《ふわ》をまき散らして、北京の世界的優位への道を容易にするために使用されると述べている。[*43]

同時に、中国は国境を越えた外国で自国の法律を適用――反体制派を誘拐《ゆうかい》するか、さもなければ強制送還――する傾向をますます強めている。[*44]

われわれは中国が世界の秩序を変えるべく、行っている具体例についてまだまだ列挙することができる。しかし基本的な点はいずれも変わらない。中国の戦略は、あらゆる意味で「壮大《グランド》」なのだ。それは「大国は外洋海軍を建造して世界の海を支配しなければならない」と主張したアルフレッド・セイヤー・マハンの地政学的洞察《どうさつ》と、ユーラシア大陸の「ハートランド」が単一の行為者《アクター》によって支配されれば難攻不落《なんこうふらく》の地政学的要塞《ようさい》になるという考えを広めたハルフォード・マッキンダーの原則を組み合わせたものだ。[*45]

この戦略は、中国の地域的優位性を世界での影響力発揮の踏み台にして、軍事、経済、外交、そしてイデオロギー面での様々な目的を、数多くの手段を使うことで達成しようとするものだ。

中国の戦略が壮大な理由はもう一つある。それは、アメリカとの厳しい競争、さらには対立まで必要としている点だ。

中国の「アメリカ問題」

アメリカ人たちは、中国の指導者たちがアメリカを「他国を押さえつけようとする危険で敵対的な国家である」とみなしていることに驚くかもしれない。二〇一〇年にヒラリー・クリントン国務長官（当時）は、アメリカが「中国を封じ込めようとしている」という考えを一笑に付《ふ》し、アメリカの世界秩序の中で「中国は圧倒的な成長と発展を遂げてきた」と指摘しているほどだ。[*46]

ところが中国が多くの意味で「パックス・アメリカーナ」の中で繁栄《はんえい》してきたとしても、その指導者たちは長いこと「アメリカは中国共産党の望むほぼすべてのことを脅かしている」と懸念《けねん》してきた。[*47]

歴史はそこに大きな影を落としている。中国の政策担当者たちは、アメリカにはドイツ帝国、大日本帝国、ナチス・ドイツ、ソビエト連邦といった世界の最も深刻な挑戦者たち、さらにはより小さなライバルたちの多くを打倒してきたという驚くべき歴史があることを忘れることはできない。二〇一四年、人民解放軍のある幹部は「世界政治の霊安室《れいあんしつ》には、社会主義国の死体が高く積まれている」と発言したが、その死体の多くを押し込んだのはアメリカだ。[*48]また、中国政府の幹部たちはアメリカが中国共産党のすべての計画を邪魔できる態勢にあることをけっして忘れない。

毛沢東から習近平に至るまで、中国の指導者たちはアメリカを「中国共産党の政治的優位を脅かす存在」と見なしてきた。冷戦時代、アメリカと中国が敵対関係にあったとき、アメリカは共産党政権に抵抗するチベット人たちを支援し、中国の正当な支配者であると主張する台湾の蔣介石《しょうかいせき》を支援してきたのだ。

過去数十年間、アメリカの指導者たちは「中国の発展を願っている」と主張してきた。ところがビル・クリントン大統領（当時）の発言にあるように、アメリカは中国の独裁主義的な政治モデルは「歴史の間違った側にいる」と宣言してきた。[*49] 天安門虐殺事件の後や、最近ではウイグル族に対する中国共産党の残虐行為に応じる形で、アメリカは中国に経済制裁を加える国々のグループを主導したことさえある。中国共産党はこのような策略を見抜いており、ある中国指導者は「アメリカは社会主義政権を転覆《てんぷく》させる意図を決して放棄していない」と説明しているほどだ。[*50]

アメリカ側に「独裁者を弱体化させよう」との意識はなくても、相手は脅威を感じずにはいられない。実際のところ、アメリカの存在は反体制派たちにとって「希望の光」となっている。

中国共産党の人々は、三〇年前の天安門事件の抗議者たちが巨大な自由の女神像のレプリカを建てた時と同じように、二〇一九年から二〇二〇年にかけて香港の抗議者たちが独裁支配の強要に抵抗する際にアメリカの国旗を大きく掲げていたことに警戒感を抱いたはずだ。

アメリカのニュースメディアが北京の汚職と腐敗の詳細な暴露記事を発表すると、彼らは怒りの声を上げた。[*51] アメリカ人が無害とみなすもの——例えば人権や、政府の説明責任に焦点を当てた非政府組織の運営など——は、自らの権力に限界を認めない中国共産党にとって、実に破壊的な脅威のように映るのだ。

アメリカは、中国共産党に脅威を及ぼすのを中止できない。アメリカが世界の自由の運命に関わる自由な民主主義国家であることをやめない限り、止められないのだ。中国の有名な学者である王緝思《ワンジーシ》が二〇一二年に書いたように、共産党政権が「アメリカには共産党指導部を妨害し、中国をその属国にしようとする邪悪な計画があると常に強く信じている」のは驚くに値しない。[*52]

アメリカは、他のやり方でも中国の栄光への道のりを邪魔している。中国共産党は台湾を取り戻すことなくして中国を再統一できないが、アメリカは武器売却、外交支援、暗黙の軍事援助の約束を通じて、台湾を北京の圧力から守っている。

同様に、アメリカの海軍とその航行の自由を求める声は、中国の南シナ海支配への動きを阻《はば》んでいる。アジアにおけるアメリカの軍事同盟と安全保障パートナーシップは、小国たちに中国の力に対抗する勇気を与えている。ある中国軍関係者は、ベトナム、フィリピン、そして日本は「アジアにおけるアメリカの三匹の走狗《そうく》」であると述べているほどだ。[*53]
アメリカは世界レベルの有能な軍隊を維持しており、中国がそれと同じようなものを持とうとすれば露骨《ろこつ》に警戒し、その強大さを利用して「国家がどのように行動すべきか、どのような政治システムが最も正統なものか」についての国際的な見解を形成している。ある中国の専門家は、どの政府が「善」でどの政府が「悪」なのか判断することから生じる「西側の道徳的優位性」を、北京は「打破《だは》しなければならない」と指摘している。[*54] 中国共産党のエリートたちは、アメリカのパワーはほぼすべての分野で中国のパワーを阻《はば》むものであると見なしている。

ただし、中国はアメリカ主導の秩序を全面的に否定しているわけではない。中国共産党は開かれた世界経済へのアクセスをうまく利用し、その軍隊は国連の平和維持活動にも参加している。だが中国の指導者たちは多くのアメリカ人たちよりも、米中関係は基本的に敵対的であることを理解している。中国共産党は、現在の秩序を弱め、分裂させ、最終的に置き換えることなしに、自らの利益と価値を反映する体制を作り出すことはできないのである。

王緝思が書いたように「中国の政治的エリートの多くは〝歴史の間違った側にいる〟のは中国ではなく、むしろアメリカではないかと疑っている」という。彼らは「アメリカでは……中国の台頭は自分たちの超大国の地位に対する最大の挑戦と見なされている」ことを理解しているというのだ。[*55]

北京とワシントンが友好的に見えた時期でさえ、中国の指導者たちはアメリカの力について、極めて偏《かたよ》った見方をしてきた。たとえば鄧小平は、自らの経済改革がアメリカの市場と技術に依存していたにもかかわらず、アメリカは中国共産党を打倒するために「煙の出ない第三次世界大戦」を仕掛けていると主張していた。[*56]

二〇一四年には西側の二人の著名な政治家たちが、北京では一般的に「アメリカの中国政策は〝五つの方針〟を中心に展開されている」と信じられている旨を報告した。それは「中国を孤立させること」「中国を封じ込めること」「中国を衰退させること」「中国を内部分裂させること」、そして「中国の主導権を妨害すること」である。[*57]

こうした認識は「中国の夢の実現のために、最終的に国力が試されることになる」との信念につながる。二〇一九年に習近平は、中国共産党はアメリカとの関係で「新たな長征《ロングマーチ》」に直面していると述べた。これはつまり、覇権と生存のための危険な闘争であるという認識だ。[*58]

習近平の言う通り、両国は衝突する方向に向かいつつある。中国共産党の大戦略は「東アジアと西太平洋を支配しようとする敵対勢力の台頭阻止」というアメリカが長年宣言してきた権益を脅かすものだ。この戦略は「ユーラシア大陸で優位に立つライバルが、世界規模でアメリカに挑戦してくる」というアメリカが長年抱えてきた恐怖を刺激するものだ。

ペンタゴンの総合評価室《ONA》の伝説的な局長であるアンドリュー・マーシャルは、すでに二〇〇二年の時点からアメリカは「ユーラシア大陸と環太平洋地域における影響力と地位のための……長期的な競争」に備えなければならないと主張していた。[*59]

技術的優位を目指す中国の動きはかなり明白だ。そして「テクノ・オートクラシー」（技術者優位の独裁主義）が台頭する世界は、民主制度が安泰な世界ではない可能性が高い。

現在の米中関係が緊迫している根本的な理由は、アメリカが過去一〇〇年間に達成したことを覆《くつがえ》すような方法で、中国共産党が次の世紀を形づくろうとしているからだ。この事実はさらに深い問題を提起している。なぜ北京はアメリカとの危険な対立につながることを知りながら、その体制を根本的に覆《くつがえ》そうとしているのか？　ということだ。

中国対外行動の源泉

その答えには、地政学、歴史、そしてイデオロギーが関わってくる。ある意味で、中国が主導権を握ろうとしている動き、世界で最も古い物語における新たな章の話だといえる。台頭する国家は、より大きな影響力、尊敬、権力を求めるのが普通だからだ。弱小国であれば耐えられた屈辱《くつじょく》も、強くなれば耐えられなくなり、それまでは手の届かなかった分野にも重要な権益を見出すようになるものだ。

一九世紀末から二〇世紀初頭にかけて、台頭するドイツはその権益を主張するようになり、南北戦争後に経済的に台頭したアメリカは、西半球からライバルを追い出し、世界規模で影響力を発揮し始めた。現実主義の偉大な学者であるニコラス・スパイクマンが書いているように、「強力でダイナミックな国家が拡大を止めた……あるいはその権力目標に適度な限界を設定した事例の数は、本当にごくわずか」なのだ。[*60]

このように考えると、中国について唯一珍しい点はそのダイナミックさにあることがわかる。近代において、これほど長期にわたって速く成長した国はない。近代において、世界を変える能力がこれほど劇的に拡大した国はない。したがって中国が、アメリカが主導する世界に喜んで落ち着くわけがなかった。なぜならそのためには、大国が永遠に許容しないような様々な取り決め――アメリカが台湾を保護し、中国の海洋周辺にアメリカの軍事同盟を配置する――を受け入れる必要があったからだ。

北京が地政学的な周辺地域を支配し、遠く離れた地域にも影響力を及ぼし、世界を中国の欲望に従わせようとするのは必然的なことだ。なぜならそれは、アメリカが世界的な大国になった際に行ったことだったからだ。シンガポールの偉大な首相であったリー・クアンユーは、中国がアメリカの優位に対抗するのは「当然だ」と言っている。「アジアで、そしていずれ世界でナンバーワンになることを、彼らが目指さないわけがない」というのだ。[*61]

ところが中国は、地政学の冷徹《れいてつ》な論理だけで動いているわけではない。なぜなら彼らは「歴史的な宿命」として栄光への道を歩んでいるからだ。中国の指導者たちは、自分たちのことを歴史上ほとんどの期間にわたって「超大国」であった国家の後継者であると見なしている。

歴代の中華帝国は「天下」を使命として周辺の小国に恭順《きょうじゅん》を示すよう求めてきた。アジアウォッチャーのベテランであるマイケル・シューマンは「このような歴史が、中国人の中に、自分たちや自国が現在の世界で果たすべき役割、さらには遠い将来にわたって果たすべき役割に対する、確固たる信念を育ててきた」と書いている。[*62]

北京の考えでは、中国が二級レベルの大国にとどまる「アメリカ主導の世界」は、歴史においていつも見られる「規範」ではなく、非常に残念な「例外」的状態なのだ。この秩序は第二次世界大戦後、つまり分裂した中国が、強欲な外国勢力に略奪された「屈辱《くつじょく》の百年」の末期に作られたものだという。

したがって中国共産党の使命は、中国を頂点に戻し、その歴史を正すこととなる。習近平は二〇一四年に「一八四〇年代のアヘン戦争以来、中国国民は長い間、偉大な国家の復興を実現するという夢を抱いてきた」と述べた。中国共産党の支配下で、中国は「いかなる国からもいじめられることを二度と許さない」というのだ。[*63] 習近平が中国共産党主導の「運命共同体」という考えを持ち出したり、北京が適切な敬意を受ける世界を再創造すると語るとき、彼は「中国の優位は自然の摂理《せつり》である」という、深く根付いたこの信念を主張しようとしている。

特に、そこにはイデオロギーから来る義務感も関係している。もちろん中国が自由な民主政国家であったとしても、強く、誇り高くなれば、それだけでアメリカにとって問題となる可能性があるのは確かだ。だが「国内では自由主義に対し冷酷《れいこく》で、抑圧に熱心な独裁主義者たちに支配されている」という事実が、世界中で中国の修正主義に拍車《はくしゃ》をかけているのである。

極めて独裁主義的な国家は、被支配者の自由意志に基づく同意を得られないため、自らの支配状態に安心することができない。また、民主国家群が支配する世界では、リベラルな国際規範が自分たちの非リベラルな国内での振る舞いに挑戦してくるので、安心することはできないのだ。

中国専門家のミンシン・ペイは「独裁国家は、国内で独裁主義を維持しながら、海外で自由主義を実践することが不可能なのだ」と書いている。[*64] これは決して誇張《こちょう》ではない。習近平主席の就任当初に出された政治指令、悪名高い「九号文件」は、中国共産党が自由主義的な世界秩序を本質的な脅威と認識していることを表していた。「中国に敵対する西側勢力と国内の反体制派は、依然として絶えずイデオロギーの領域に侵入している」[*65]。

独裁政権の永続的に抱えている不安感は、中国の国家運営に強力な意味を持っている。

中国の指導者たちは「国際的な規範と制度を、非リベラルな体制に友好的なものに変えなければならない」という強迫観念を抱いている。

彼らは、自由主義の危険な影響が中国国内に入ってこないようにしたいのだ。彼らは独裁国家を破滅に追いやってきた長い歴史を持つ民主主義の大国から、国際的な権威を奪い取らなければならない。そして独裁主義的な中国が強力になるにつれて、その影響力を強化し、自らのモデルを確認する方法として、必然的に海外の非リベラルたちの力を強化しようとする。[*66]

こうした動きは、ある意味当然のものと言える。たとえばアメリカが世界大国となった際、彼らは民主的な価値観を受け入れる世界を築いた。ソ連が東欧を支配した際には、共産主義体制を押し付けている。古代からある大国間の対立では、イデオロギー面での対立が、地政学的な対立を悪化させてきた。政府の国民に対する視点の違いは、その政府の世界に対する視点に、大きな違いを生むのである。

中国は典型的な修正主義国家で、世界における重要な地位を取り戻そうとする帝国であり、終わりのない不安を抱えながら自己主張しようとする独裁国家である。これは実に強力で不安定な組み合わせだ。

今こそチャンス

これらのことは、中国の対外行動の源泉が一人の指導者に縛《しば》られていないことを意味する。アメリカは「習近平の問題」を抱えているのではなく「中国の問題」を抱えているのだ。中国共産党の修正主義的なプロジェクトは習近平が就任する前から始まっているのであり、これは国際政治の本質と中国の体制の本質に深く根ざしたものである。ところが中国が国際的に突きつけてくる挑戦が、時間の経過とともに鋭くなってきたことも間違いない。

一九八〇年代後半から一九九〇年代初頭にかけての中国共産党の指導者たちは、自分たちの中国に関する計画が、世界におけるアメリカの優越的な地位といずれ対立することになると早くも理解していた。ところが鄧小平は、中国が落ち着いた国際環境と世界経済へのアクセスを切実に必要としているときに世界唯一の超大国との関係を悪化させることは、自殺行為ではないにしても愚《おろ》かなことであると考えていた。鄧小平は「われわれはいかなる扉も閉ざさない。過去からのわれわれの最大の教訓は、世界から自らを孤立させないことだ」と述べている。[*67]

これこそが、中国は「能力を隠して時を待つ」必要があり、より公然と自己主張できるほど十分に強くなるまで対立を避け、アメリカの力を鈍《にぶ》らせるしたたかな方法を見出さなければならないという、鄧小平の格言（韜光養晦《とうこうようかい》）の始まりだった。中国が「先進国のレベル」に到達すれば「中国の強さと世界におけるその役割は全く違ったものになるだろう」と鄧小平は説明していた。[*68]

一九九〇年代の中国は、ワシントンに対し安心を供与する政治を実践し、決して「拡大や覇権」を求めないと約束していた。北京はアメリカと深い商業・金融関係を築いたが、これは自国の発展を促《うなが》し、アメリカによる中国の孤立化を困難にするためのものであった。また、アジア諸国に対して善隣《ぜんりん》外交を行い、アメリカが活用しようとするあらゆる同盟からアジア諸国を引き離そうとした。[*69]それと同時に、中国共産党はハイテクなアメリカ軍に対抗するのに必要な能力を開発することによって、将来のトラブルに対して静かに備えるようになった。

北京は、東南アジア諸国連合（ＡＳＥＡＮ）などの地域組織との関係も強化し、内部から空洞化させ、その組織が反中国的な目的に転じることがないようにしている。清華大学国際問題研究院院長の閻学通《えんがくつう》は、その全体的な目標は「アメリカが世界の超大国としての中国台頭を抑えこむことに集中するのを妨げる」ためだったと認めている。[*70]中国は「ステルス的」に台頭するというわけだ。

中国の国家戦略は、時間の経過とともに大胆になった。アメリカの九・一一事件以降の中東での戦争は、ワシントンを太平洋から遠く離れた紛争に巻き込むことによって、中国の指導者が「戦略的機会の時期」と呼ぶものを作り出した。

さらに二〇〇八年から二〇〇九年にかけて起こった世界金融危機《リーマンショック》は、あるアメリカの政府高官が指摘したように、多くの中国のアナリストに「アメリカは衰退しているか、気が散っているか、その両方である」と確信させることになった。[*71]

これを受けて、胡錦濤《こきんとう》とその後の習近平は、さらに公然と中国の影響力を行使し始めた。南シナ海の支配を追求し、ワシントンに対してアジアにおける中国の優位性を受け入れることを意味する「新型の大国関係」を受け入れるよう求める動きは、すべてこの時期に起こったことだ。

北京は「韜光養晦」戦略を捨て、習近平のモットーである「達成への努力」を優先させた。閻学通は「以前は、他国が強く自分たちは弱かったため、目立たないようにしなければならなかった。今は……周辺国に対して、われわれは強く、あなた方は弱いと示しつつある」と発言している。[*72]

二〇一六年以降、変化は再び加速した。まず二〇一六年のドナルド・トランプの当選、イギリスがEUからの離脱を決めた後のEUの危機、そしてその他の混乱が、既存の秩序の中に大きな混沌《カオス》を作り出したからだ。

この頃から中国の高官たちは、アメリカのリーダーシップからの歴史的な転換の可能性について公然と語り始めた。北京は一帯一路やデジタルシルクロードの推進、アメリカと同盟国の間にくさびを打ち込むこと、さらには不快な国々を罰するなど、国際制度機関において攻勢に転じ始めた。また中国はアメリカを追い越すために、次第にあからさまな意見表明をするようになった。

習近平は二〇一九年に「いかなる力も偉大な祖国の地位を揺るがすことはできない。いかなる力も中国人民と中華民族の前進を止めることはできない」と述べている。[*73]

これらはすべて新型コロナウイルスのパンデミックの前哨戦《ぜんしょうせん》であった。世界的な危機が発生した当初のアメリカは大きなショックを受けたように見えたが、中国は比較的早く回復し、これによって北京は多方面で前進する機会を得たのである。まず台湾に軍事面で圧力を強め、香港の政治的な自律性の最後の痕跡《こんせき》を破壊し、複数の近隣諸国との紛争を一気に（時には暴力的に）エスカレートさせ、中国共産党の行動に疑問を表明する国々に対して超攻撃的な「戦狼《せんろう》」外交を仕掛けたのだ。[*74]

二〇二〇年末から二〇二一年初にかけてアメリカ政治の混乱が深まり、大統領選の争いと連邦議事堂への暴徒の襲撃によって、中国の政策面での侮辱《ぶじょく》的な態度は目に見えるものとなっていった。二〇二一年三月に米中の政府高官たちが会談した際、楊潔篪《ようけっち》はワシントンが「強者の立場」から北京と交渉できるとする考えを公然とあざ笑った。[*75]アメリカの情報機関は、中国の指導者たちが「画期的な地政学的変化」が進行中であると確信していた、と評価している。[*76]

これはまさに彼のボスが表明していた見解そのものであった。習近平は同年一月に「東洋が台頭し、西洋が衰退している」と宣言している。アメリカの覇権の時代は終わりを告げ、中国が権力を握る時代が到来したというのだ。[*77]

現在のアメリカ、そして世界が直面しつつあるのは、まさにこのような中国である。彼らは上昇志向が強く、この上なく自信があり、ほとんどあらゆる場所で、圧倒的な影響力を主張することを決意している。

アメリカが混乱し、分裂し、挫折するさなかに、中国は前進を続けている。しかし習近平とその側近たちが果たしてそこまで楽観的でよいのか、われわれは疑わざるを得ない。

中国の政治を注意深く分析すると、政府の報告書や声明に微妙な不安感を見て取ることができる。楽観的なテーマの中にも「警戒心や深い不安」が混在しているのだ。[*78]

習近平は北京の力を誇示しながらも「西洋が強く東洋が弱い」点が多々あることを認めている。彼は新型コロナウイルスが発生した直後でも「迫《せま》り来るリスクと試練」について警告していた。そして「誰もわれわれを打ち負かしたり窒息死《ちっそくし》させたりすることができない」ように、中国自身が「無敵」にならなければならないと宣言したのだ。そして自分の幹部たちに、これから始まる過酷《かこく》な闘争に備えるよう忠告している。[*79]

習近平の懸念は間違っていない。たしかに詳しく見てみると、それとは別の中国の姿も見えてくる。国内では問題が山積《さんせき》し、国外では敵を増やしている中国だ。そのプロパガンダがどうであれ、この中国が長期的にアメリカを超えるのは至難《しなん》の業《わざ》であろう。だからこそ、近い将来にはさらに危険な存在になるかもしれないのである。

第二章
ピークを迎えた中国

「家族の価値を高める」

中国共産党はアメリカだけを脅威として懸念しているわけではない。二〇二一年に彼らは「中国の復興」にとってもうひとつの致命的な敵に狙いを定めた。それは「離婚」である。

北京は、離婚を求める夫婦に三〇日間の「冷却期間《クーリングオフ》」を義務付けて、その間にどちらかが離婚を取りやめることができるようにした。これについて女性の権利を主張する人々は、この新しい政策によって虐待《ぎゃくたい》された妻が暴力的な夫から離れにくくなると警告しており、この措置は北京の目指す政策の全体的な傾向の一端であることを指摘した。

二〇一八年のことだが、中国の裁判官たちは裁判所に持ち込まれた件のうちのわずか三八％しか離婚を認めず、その割合は過去最低となった。新型コロナの大流行時に中国当局は公式に、ロックダウンが長引けば愛国的な子作りが活発になるはずだと宣言し、子供のいない夫婦から特別税を徴収することを提案した。中国共産党はパイプカット（精管切除）手術さえ取り締まったのである。

中国共産党は、これらの措置を「家族の価値」を高めるための政策だと説明した。しかしこの問題の核心は、人口減少に対する強い恐怖心だ。過去数十年間の中国の出生率は、現在の人口規模を維持するのに必要となるレベルをはるかに下回っている。

人口が減少して高齢化が進めば、強い経済成長は望めなくなる。強い経済成長なくして「中国の夢」はありえない。これはつまり、離婚、子供のいない女性、そしてパイプカットをした男性は、中国共産党から見れば「中国の地政学的な将来への脅威」だということだ。

アメリカの政治家たちは「外交は国内から始まる」と言うことが多いが、中国共産党はその格言を文字通り受け止めている。また、彼らは問題が発生する可能性を示唆《しさ》すると、それを封印しようとする。二〇二一年四月にイギリスのフィナンシャル・タイムズ紙が、中国は一九六〇年代（毛沢東の大躍進で三〇〇〇万人以上が死亡した時代）以来、初めて人口減少に転じようとしていると報じた後、北京の国家統計局は「中国の人口は増え続けている」と主張する、たった一言だけの声明を急遽《きゅうきょ》発表している。[*1]

今日のアメリカでの中国に関する議論は、台頭する自信に満ちた大国がもたらす問題、すなわち「アメリカというスパルタに対するアテネ」という使い古されたアナロジーに焦点が当てられている。ところがアメリカは、実際により複雑で暴発しやすい脅威に直面している。それは、楽観と同時に不安を抱きながら将来を見据《みす》えている、すでに強力だが不安定な中国である。

数十年間にわたる急成長のおかげで、中国はアメリカや既存の国際秩序に根本的に挑戦できる経済力と軍事力を持っている。ところが実際の中国は、見かけほどうまくはいっていない。

ここ数年の中国は、急激な経済減速を経験しており、しかもそれを隠蔽《いんぺい》してきた。政治問題の拡大や、資源不足の深刻化、そして人口動態の破局などに直面しているのだ。

とりわけ中国共産党は、その台頭を支えた開放的な喜ばしい世界との関係を失いつつある。中国は一九七〇年代から近代史に前例を見ないほど恵まれた環境を享受《きょうじゅ》したおかげで、急速に台頭してきた。ところが今やその恩恵《おんけい》は失われつつあり、中国は停滞と抑圧という厳しい未来を見つめている。

つまり「ピーク・チャイナ」の時代がやってきたのだ。北京は最も脅威となるタイプの修正主義的な大国へと急速に変貌《へんぼう》しつつあり、その「チャンスの窓」は開き始めたのだが、それは長くは続かないという状態だ。

奇跡を起こす

中国の台頭は驚異的かつ持続的であるため、多くの人が「中国の台頭は必然である」と考えている。現在、世界の半数以上の人々が一九八〇年以降に生まれており、絶え間なく成長する中国しか知らない。

ところが中国の台頭というのは、必ずしも運命的に定まっていたものではなく、中国共産党の幹部はそのことをよく知っている。一九七〇年代から中国は、五つの要因からなる、奇跡的な組み合わせの恩恵を受けてきたのだ。すなわち、①異常に快適な地政学的環境、②経済改革に積極的な指導層、③ワンマン支配を薄めて専門的な官僚機構に力を与えた制度改革、④史上最大の人口増加によるボーナス、⑤豊富な天然資源である。これら中国の台頭を可能にしてきた要因を理解することは、中国の将来がなぜ不安定になるかを理解するのにも役立つはずだ。

①快適な世界

一九六九年、毛沢東は四人の退役陸軍元帥たちに対して、中国の地政学的な状況を分析するよう命じた。その結果はあまり芳《かんば》しくなかった。中国は一九四九年に毛沢東の共産党が政権を握って以来、アメリカと敵対関係にあった。中国はアメリカに対して朝鮮戦争とベトナム戦争という、宣戦されていないが血なまぐさい戦争を戦ってきたのだ。

ところがいまや北側に新たな脅威が迫っていた。中国の名目上の同盟国であったソ連が、共産勢力の分裂による国境紛争と核戦争の危機を招き、北京を脅かしていたからだ。元帥たちは「ソ連の修正主義者たち」の方が「アメリカの帝国主義者たち」よりも敵対的になったと結論付けた。[*2]

その後三年間にわたって、毛沢東は共通の敵であるソ連を封じるために、静かにワシントンとの「政略結婚」を探った。一九七二年にリチャード・ニクソンが劇的な中国訪問を行ったとき、彼は「今週で世界が変わった」と宣言した。[*3] そしてこの訪問は、たしかに中国の戦略的なポジションを劇的に変えたのである。

中国は歴史的に荒《すさ》んだ地域で生きてきた。[*4] ユーラシアと太平洋の結節点に位置する独特で脆弱《ぜいじゃく》な領土を占めており、五つの複雑な準地域に接していた。それは北東アジア、東南アジア、南アジア、中央アジア、そしてオセアニアである。

この中心的な位置の利点は、それがもたらす影響力であり、中国はほぼデフォルトの状態で世界政治の主要なプレーヤーとなる。その反対のマイナス面としては、海外の不安定要素や圧力に、全方位からさらされることだ。

さらに悪いことに、中国の領土は自然の境界によってまとまっているわけではない。政治の中心地と農地の大部分は洪水や干ばつに見舞われやすい華北平原に集中しており、数千年にわたり何十、何百もの軍閥《ぐんばつ》による残忍な戦いに見舞われてきた。

中国の淡水と港湾のほとんどは南部にあり、深いジャングルとなだらかな高地によって国土の他の部分と隔《へだ》てられている。南部の沿岸部の主要都市の多くは、北部の表向きの同胞よりも、外国の商人との取引が多い時期が長く続いていた。

その他にも、中国の鉱物と主要河川の源流の大部分は西部に位置している。この地域は中国の国土の七五％を占め、そのほとんどが砂漠、ツンドラ、あるいは地球上で最も高い山々で構成されている。かつてこれらの地域は、侵略や動乱の進入経路であった。現在でもこの地域には、自らを中国人と認めず、北京の支配に抵抗する少数民族が多く存在している。

中国の近代史は、その厳しい環境のせいで紛争と苦難の連続であった。一八三九年の第一次アヘン戦争から一九四九年の国共内戦終結まで、中国は外国勢力に引き裂かれ、内乱に見舞われ、貧困と飢餓《きが》に悩まされ続けた。この「屈辱の世紀」の間に、中国は自国内で十数回の戦争を強いられ、荒廃と国土の分断を余儀なくされた。また中国は歴史上最大の内戦も経験している。「太平天国の乱」（一八五一～一八六四年、死者二〇〇〇～三〇〇〇万人）、そして「国共内戦」（一九二七～一九四九年、死者七〇〇～八〇〇万人）である。

一九四九年に統一された後も、国内の治安は悪いままであった。アメリカの対日介入により、中国は第二次世界大戦を、領土を明け渡すことなく乗り切った。しかし毛沢東の共産党が内戦に勝利してソ連に傾《かたむ》くと、アメリカは中国共産党を転覆《てんぷく》したり、軍事基地で包囲したり、モスクワとの関係を断絶させることを狙った、いわゆる「圧力政策」（policy of pressure）で対抗した。[*5]

アメリカは蔣介石率いる台湾の国民党政府を武装させ、同盟を組んだ。そして共産党率いる中国に対しては厳しい制裁を科し、実質的に世界経済から切り離したのだ。一九五〇年代の一連の台湾海峡危機では、アメリカは中国に対して核攻撃を行うと脅している。事態はさらに悪化した。中ソ関係が、イデオロギー論争と巨大な独裁主義の隣国同士に不可避の摩擦《まさつ》のために崩壊したからだ。一九六〇年代後半には、中ソ国境は地球上で軍事的に最も緊張した国境線となり、結果的に中国は四方を敵対勢力に囲まれることになった。

ところがソ連の敵意は、中国にとって貴重な財産となった。なぜなら毛沢東の対米開国を可能にしたからである。この神業《かみわざ》的な戦略の変換は、今日の「中国の台頭」を可能にした三つの要因につながった。

第一に、アメリカを「宿命的な敵」から「準同盟国」に変えたことだ。アメリカはベトナムと台湾から軍を撤退させ、冷戦においてソ連に対抗するために、中国を支援し始めた。ヘンリー・キッシンジャーはソ連軍の動向に関する機密情報を北京と共有し、モスクワに対して「中国への攻撃はアメリカの死活的利益に対する攻撃である」と警告した。[*6] 一九七九年に中国がソ連の同盟国であるベトナムに侵攻すると、アメリカは再びモスクワに対し干渉しないよう警告している。[*7] 冷戦期の地政学の奇妙なめぐり合わせのおかげで、いまや北京には超大国《アメリカ》が味方につくことになったのである。

第二に、対米開放は、中国の国際社会への統合を加速させた。国連は総会と安全保障理事会の中国の議席を、台北ではなく、北京に移した。世界銀行や国際通貨基金（IMF）などの国際制度機関への加盟も始まった。世界各国は次々と国交関係を台北から北京に切り替えた。中国の歴史的な敵国であった日本までも、最大の援助国となった。このような新たな外交関係によって、中国は、日本、イラン、西ドイツといったソ連の近隣諸国と提携して、ソ連を取り囲むことができるようになった。

第三に、北京は外交関係の改善によって経済的な苦境から脱することができた。中国は初めて国防費を削減し、経済発展に専念できるようになったからだ。西側との敵対関係が解消されたことで世界との貿易が可能となり、海運にも安全がもたらされた。

中国には安全な祖国と、外国の資本・技術・消費者への容易なアクセスという、最高の条件が揃《そろ》ったのである。

現在の米中対立の最大の皮肉は「中国を永続的な不安と没落から解放したのはワシントンとの和解だった」という事実である。そしてそのタイミングも完璧だった。なぜなら中国に、このチャンスを生かすことのできる政権がようやく登場していたからだ。

②改革と開放

アメリカとの和解後も、毛沢東は中国の発展を阻《はば》む存在であり続けた。毛沢東は史上最大の人災ともいえる「大躍進政策《だいやくしんせいさく》」の立案者であり、この政策に対する一切の批判を許さなかった。毛沢東は自分の四番目の妻が率いる中国共産党の急進派グループ（「四人組」）を焚《た》きつけて、経済改革や政治改革を妨害したのだ。

この行き詰まりは、一九七六年に毛沢東が死去し、その二年後に鄧小平《とうしょうへい》が最高指導者になってからようやく解消された。鄧小平とその何人かの重要な顧問たちは「経済的自立」と「自ら招いた政治的混乱」という毛沢東のやり方が中国を後進国にしていることを分かっていた。彼らは、中国の「社会主義」を救うには資本主義を受け入れる必要があるのを、十分理解していたのだ。[*8]

中国共産党は、規制の緩《ゆる》い村営企業を設立することで、農村コミュニティが地域的な実験を行うのを許可した。外国企業は、中国に資金と技術をもたらすという理由で「経済特区」(SEZ)で自由に活動することを許可された。

改革運動は、天安門虐殺事件後にほぼ崩壊してしまった。中国共産党の強硬派たちが全面的に改革を撤回しようとしたからだ。ところが彼らには中国を前進させる代替案となる経済政策がなかった。一九九二年の初頭に、鄧小平は半《なか》ば引退した状態から「南巡講話《なんじゅんこうわ》」を行い、およそ一〇年前に設立された経済特区を訪問して支持を表明し、注目を浴びた。同年後半の第一四回党大会では改革派が勝利して「社会主義市場経済」という矛盾した概念を支持した。一九九三年、中国共産党は全面的な経済改革計画を承認し、これによって中国にはさらに近代的な法律と規制の枠組みが与えられ、強固な徴税システムも構築できたのだ。

外資が中国に流入し、肥大化した国営部門は競争の激化と国家支援の削減のおかげで、一九九二年の七六〇〇万人から、二〇〇五年の四三〇〇万人へと劇的に縮小した。[*9] 中国の市場経済への転換は、二〇〇一年の「世界貿易機関」（WTO）への加盟で頂点に達した。これらの措置が相《あい》まって中国の経済成長はさらに加速したが、それは中国の政権が改革と開放という重大なプロセスに取り組んでいたからこそ可能だったのだ。

実際、中国は急速に変化する世界経済の中で、成功が約束された完璧な立場にあった。一九七〇年から二〇〇七年の間に、全世界の貿易額は六倍に急増していた。生産コストの低かった中国は、超グローバル化の波に乗った。[*10] 一九八四年から二〇〇五年の間に貿易額は三〇倍になった。貿易の対GDP比は六五％にも達しており、これは経済大国としては驚異的な高水準にあった。[*11] 外国の技術、資本、ノウハウの流入は、中国を「世界の工場」に変え、何億人もの国民を貧困から救い出した。中国共産党がこの改革的な時期を維持できたのは、実質的にやや穏やかな形の専制政治を受け入れようとしていたからであった。

③賢い独裁体制

これまでの中国共産党の政治は独裁主義以外の何ものでもなく、脅威を感じれば最も強烈な弾圧を躊躇《ちゅうちょ》なく行った。しかしすべての独裁主義は同じではなく、実際に中国共産党の専制政治のアプローチは時代によって変化してきた。

毛沢東が政権についていた時代は、個人による単独支配の神格化を象徴し、権力の極端な中央集権化をともなう、ひどい個人崇拝と乱暴な政治の激動があった。

毛沢東の後継者たちは、毛沢東式の統治モデルが、中国が一流の大国になるために必要な安定性、成長、革新などとは相容《あいい》れないものであるのを理解していた。毛沢東の死後から約三五年間にわたり、中国はよりスマートな形の独裁体制へと変化していったが、そこに至るまでのプロセスは、つまずきながらの部分的な変化であった。

中国共産党は最高指導者の権力を弱め、対等な立場の集団指導体制の中のトップとして統治するような形に変化させてきた。トップの任期制を導入したことで、「悪い皇帝」が一世代以上にわたって君臨《くんりん》する可能性は低くなった。同様に、政治エリートたちは、特に天安門事件以降に党内のコンセンサスを追求すると強調するようになった。中国共産党は、官僚のテクノクラート的な能力や、地方や省レベルの優れた経済実績に報酬《ほうしゅう》を与えるようになった。

政治は依然として中国共産党だけが行うものであったが、一党独裁体制の中で、中国政府は説明責任を果たすようになり、自滅的でなくなった。[*12]

この変化は極めて重要だった。中国の政策を国外の人々により信頼できるものにすることで、資本と技術の流入を促《うなが》したからだ。また、独裁的な政権と取引する際に生じる道徳面での懸念《けねん》も緩和された。

これによって共産党は外の世界に対して「中国は時間の経過と共に脅威ではなくなる方

向に変化している」と安心させることができた。そして中国が何世代にもわたって経験したことのない国内の（相対的な）安定をもたらし、中国の経済的成功のために必要な、強力な政治的基盤を築いたのである。

すべての大国は、その特性を生かす効果的な官僚統治機構を必要としている。一九七六年以降、中国の制度機関は中国の発展を妨げない程度に有効であった。

④人口面でのボーナス

中国が歴史上最大の人口ボーナスを享受していたことも、その台頭に大きな役割を果たしている。国家の成長と発展には、健全な政策だけでなく人口も必要となる。健康な労働人口の多さは、経済的成功の基盤となるものだ。[*13] そして中国の人口動態は、経済専門家たちにとって夢のような状態を四〇年間にわたって保ってきた。

二〇〇〇年代には、中国は六五歳以上の高齢者一人に対して一〇人もの労働人口を抱えていた。[*14] 経済大国のほとんどでは、その平均は五人ほどである。中国の極端な人口統計面での優位性は、振れ幅の大きい乱暴な政策の幸運な結果によるものであった。

一九五〇年代から一九六〇年代にかけて、中国共産党は長年の戦争と飢饉《ききん》によって減少した労働人口を増加させるため、中国の女性に多くの子供を産むように奨励《しょうれい》した。中国人の家族はそれに献身的に従い、そこから三〇年で人口は八〇％も増加した。[*15] ところが一九七〇年代後半になると中国政府は人口増の暴走を懸念するようになり、一家庭の子どもの数を一人に制限する政策を打ち出した。

その結果、一九九〇年代になると中国は巨大なベビーブーム世代が働き盛りを迎えることになり、しかも高齢の親や幼い子どもの面倒を見る人の数も比較的少なかった。これほど生産性が高まった国民はかつて存在したことはない。人口統計学者たちの中には、このアンバランスだけで一九九〇年代から二〇〇〇年代にかけての中国の急成長の四分の一を説明できると考える人もいるほどだ。[*16]

⑤豊富なリソース

大国は資源を必要とする。一九世紀初頭にイギリスが他の国々に先駆けて躍進《やくしん》できたのは、鉄道、蒸気船、および産業の燃料となる石炭を大量に保有していたこともあると言われる。[*17]アメリカが一九世紀後半に急速に成長できた理由の一端は、他のどの国よりも多くの耕作地と国内の水路を持っていたことも一因だった。そしてその膨大な石油埋蔵量は、変革的な製造業のブームに火をつけることになったのだ。[*18]

今日、多くの天然資源はグローバル市場で取引されているが、それでもいくつもの研究で、国家が持つ資源の豊富さと経済力との間に、依然として強い相関関係があることが分かっている。[*19]耕作地、エネルギー、水などの埋蔵量が多い国は、一般的に豊かであり、これらの資源を持たない国のほとんどが貧しい。資源不足も紛争を引き起こす原因となる。ほとんどの戦争では必死な（または貪欲な）資源獲得が動機となっているものが多い。

過去四〇年にわたって、中国は幸運にも食料、水、そしてほとんどの天然資源をほぼ自給自足できてきた。これらの資材を安く手に入れることができ、さらに低い人件費と緩《ゆる》い環境基準によって、中国は産業大国になれたのだ。

その結果、中国企業は外国メーカーと競争できたのであり、セメントや鉄鋼などの産業を支配することができた。そして改革開放の開始という絶好のタイミングで比較的手付かずの環境と未開発の資源を入手できたことが、決定的な違いを生んだのである。

幸運の逆転

中国には、大国として飛躍するための資金、環境、人材、政策のすべてが正しく備わっていた。だが一過性の成功は、永遠には続かない。過去一〇年のうちに、中国の躍進を可能にした条件は悪化した。国を上昇させてきた資産の多くは急速に負債となり、中国を苦しめ始めたからだ。

⑴ 人口大災害

はじめに、中国には経済成長の原動力となる、健康な労働生産年齢にある人口が不足している。つい最近まで前例のない人口ボーナスの恩恵を受けてきた中国は、いまや史上最悪の平時の人口危機に見舞われようとしている。

これはまさに「一人っ子政策」のせいである。中国が初めてこの政策を実施した頃は、これは強力な経済刺激となった、上昇志向が強く、比較的自由な、親となる世代を生むことになったからだ。しかしそのツケが回ってきた。この親たちの代わりとなる子どもたちがいなくなってしまったからだ。

二〇五〇年までに、中国には退職する一人を支える労働者が二人しかおらず（二〇〇〇年代初頭には退職者一人に対して一〇人の労働者がいた）、国民の三分の一近くが六〇歳以上になる。[*20] 今世紀末には中国の人口は現在のちょうど半分となり、早ければそれが二〇六〇年代にも実現しそうだ。[*21] つまり経済的な影響は悲惨《ひさん》なものになりそうなのだ。

現在の予測では、基本的なレベルの高齢者介護を提供し、たとえば高齢者の行き倒れを防ぐためには、中国の高齢者関連支出は今後三〇年間でＧＤＰの一〇％から三〇％へと、三倍になる必要があるとされている。[*22]

これを考えるために、中国のすべての政府支出の合計が現在、ＧＤＰの約三〇％であると仮定してみよう。中国は、二億人近くの労働年齢人口を失う一方で、二億人近くの高齢者を獲得していることになり、これは崩壊しつつある徴税基盤と生産性の低い労働力から、この天文学的な額の歳入をどうにかして捻出《ねんしゅつ》しなければならないということだ。

中国はとりわけ、伝統的な社会保障制度の源である「家族」をもたないまま、数が膨れ上がる高齢者たちの面倒を見なければならない。現在、中国の平均的な三〇代の若者一人には約五〇人の従兄弟がおり、その祖母を支える稼ぎ手は大勢いる。

しかし二〇五〇年代には、その数は五分の一に減少すると言われている。その頃には五〇歳未満の中国人の四〇%が一人っ子となり、血縁者はほとんどいなくなる。もしいたとしても、それは自分たちが一人で支えなければならない年老いた両親である。[*23]

もちろん中国政府は事態の深刻さを認識しているが、それを変える力はない。もうすぐ高齢者となる中国の膨大な人口と、彼らを支えねばならない少ない人口の「一人っ子世代」は、すでに生まれている。

二〇一六年に中国は一家に二人の子供を持つことを認め始め、後に上限は三人に引き上げられた。それでも出生率は二〇一六年から二〇二〇年にかけて五〇%近く低下している。[*24]二〇二〇年に生まれた中国の赤ちゃんの数は、同国が史上最大の飢饉《ききん》に見舞われて人口が現在の半分以下だった一九六一年以降のどの年よりも少なく、同国政府は出生率が当面の間、低下すると予想している[*25]（中国では二〇二五年までに大人用おむつの売上が赤ちゃん用おむつの売上を上回るかもしれないという予測さえある[*26]）。

この低迷の理由の一つは、出産適齢期の女性の不足が深刻であることだ。一人っ子政策によって親は息子を産むことを望み、娘を堕《お》ろすよう仕向けられた。[*27] 中国はいま、その代償を払っている。中国の二〇代の女性の人口は、二〇一〇年から二〇二一年にかけて三五〇〇万人も減少した。[*28] しかも同年齢の独身女性よりも、およそ四〇〇〇万人も多くの独身男性がいるのだ。[*29]

さらに悪いことに、結婚や家庭を持つことを選ぶ女性が少なくなっている。二〇一四年から二〇一九年にかけて、結婚率は三分の一近く下がり、離婚率は四分の一上昇した。[*30] つまり残酷な事実として、中国の人口はまさに崩壊しようとしており、持続的な経済成長は、ほぼ不可能となりつつあるのだ。

また、これは別の問題も引き起こすことになりそうだ。そもそも対応する能力をもっていない政府に対して、高齢化した国民からの要求が高まるため、中国国内の政治的緊張が高まることが予想されるからだ。つまり国内的な暴力が高まる可能性があり、これはあまりにも多くの男性があまりにも少ない女性を取り合う社会でよく見られる現象だ。

中国政府は「余剰人員を肉挽き機に投入する」ことはできないため、戦争を始めることさえいとわなくなるかもしれない。人口動態的に欠陥を抱えた中国は、かつてのような社会的な活発さが維持できない一方で、より無謀《むぼう》になる可能性はある。[*31]

(2) 枯渇する資源

中国で不足しているのは人材だけではない。資源も枯渇《こかつ》しつつある。中国の目覚《めざま》しい経済成長はまさに「持続不可能な成長」なのだが、その過程で環境を破壊してしまったからだ。その結果、北京は基本的な資源に割増料金を支払わなければならなくなり、経済成長に非常に高いコストがかかるようになった。

「資本産出比率」とは、一ドルの生産物を生み出すために必要となる支出額を示すもので、原材料が安価な国はこの比率が低く、投入資源が高価な国は比率が高くなる傾向がある。中国の資本産出比率は、二〇〇七年以降に三倍となり、これは同じ額の経済生産物を生み出すために三倍の経済投資が必要になったことを意味する。[*32]

最近になって中国のこの比率は、アメリカなどの富裕国の平均値を上回ったが、未開発の投資チャンスは通常の場合、先進国よりも途上国の方が豊富であることを考えると、これは驚くべき展開だ。[*33]

中国の環境危機は、多くの統計によっても明らかだ。だが実際に中国の空気を吸い、水を飲んでみて初めてその破壊の大きさが実感できる。

たとえば中国の河川水の半分と地下水の九〇%近くが飲用に適していない。[*34]中国の河川水の四分の一と地下水の六〇%はあまりにも汚染されているため、政府が「人が触れてはならない」「農業や工業にさえ使えない」と宣言したほどだ。[*35]中国の一人当たりの水の利用可能量は世界の中央値のおよそ半分であり、主要都市の半分以上が極度の水不足で苦しんでいる。[*36] 北京では、一人当たりの使用可能な水の量が、サウジアラビアとほぼ同じだ。

しかもこの危機はさらに悪化している。なぜなら中国は依然として地球上で最も水の利用効率が低い国の一つであり、その地理的条件から、南の揚子江から北の乾燥した都市や田畑に水を流さなければならないからだ。中国政府は水不足への対処のために少なくとも年間一四〇〇億ドルの支出を負担して生産性を低下させており、しかもこの負担は時の経過とともに上昇すると見込まれている。[*37]

中国の食糧安全保障も悪化している。これは消費量の増加（良いこと）と耕作地の荒廃（悪いこと）によって生じたものだ。[*38] 二〇〇八年、中国は穀物の純輸入国になり、「自給自足政策」の伝統を崩してしまった。[*39] 二〇一一年には世界最大の農産物輸入国となった。

政府は農家に多額の補助金を出すことで自給率を回復させようとしているが、それは単に農地の枯渇を加速させているだけだ。二〇一四年、新華社通信は中国の耕地の四〇％以上が乱用による「劣化」に直面していると報告している。[*40] 政府の公式調査によると、中国の耕地のほぼ二〇％が汚染されており、これはベルギーの面積とほぼ同じだ。[*41] さらに一〇〇万平方マイルの農地が砂漠に変わり、これによって二万四〇〇〇の村が移住を余儀なくされ、ゴビ砂漠の東端が北京から五〇マイル（八〇キロ）以内に迫ってきている。[*42] 食料の供給を増やす選択肢がほぼ消滅してしまったため、北京は締め上げへと転じた。

二〇二一年に政府は暴飲暴食と贅沢な宴会を禁止し、ケータリング業者に対して、顧客に少量の注文を促すよう要求し始めた。配給は増加傾向にある。[*43]

さらに、急速な発展によって中国は世界最大のエネルギー純輸入国になった。アメリカ人はほんの一〇年前まで自国の石油が外国に依存していることに頭を悩ませていた。ところが今日の北京は石油の七五％近くと天然ガスの四五％を輸入しており、その一方でアメリカはフラッキング革命のおかげでエネルギーの純輸出国になっている。[*44]

中国のエネルギー輸入には、毎年五兆ドルのコストがかかっている。[*45] また、中央アジアを通る陸上パイプラインや、インド洋とペルシャ湾を巡回できる外洋海軍の建設など、中国は高価なエネルギー安全保障措置を取らざるを得なくなってきている。ペルシャ湾の石油の流れが中断されれば、中国は一九七〇年代後半にアメリカが直面したオイルショックよりもはるかにひどいエネルギー危機に陥るだろう。

(3) 制度機関の衰退

コンピュータが強力で効率的なオペレーティングシステムを必要とするのと同じように、国家も有能で説明責任のある制度機関を必要とする。[*46] 良い政府とは、権威と説明責任の間でバランスをとっているものだ。つまり法律を執行し、物事を成し遂げるのに十分強力でありながら、社会に対して透明性を保ち、政治的なコネではなく市民権に基づいて人々を平等に扱う。

中国が一九七〇年代以降に繁栄したのは、おそらく良い統治体制ではなかったにせよ、より良い統治を行える制度改革があったからだ。しかし、秩序があって透明性があり、しかも独裁的であるシステムを無期限に維持することは難しい。[*47] 習近平率いる中国は、いまや「新全体主義」へと後退しており、これが経済成長を損《そこ》なっている。

過去一〇年の間に、中国は明らかに家父長制《かふちょうせい》的で抑圧的になっている。二〇一二年に政権に就いて以来、習近平は自らを「万物の主席」に任命し、すべての重要な委員会の指揮を執《と》り、集団統治の形跡を一切排除してきた。

二〇一七年の党大会では「毛沢東思想」を意識した「習近平思想」が国の指導思想の一部とされ、あらゆる教育レベル、日常生活のほぼすべての場面で教化が浸透《しんとう》した。この偉大な指導者に逆《さか》らう者は、たとえ財界の大物や映画スターであっても、世間から姿を消してしまうことになったのだ。

勢いに乗る習近平は、政府の最高レベルに息のかかった人物を送り込み、主席の任期制限を廃止した。[*48] 事実上、彼は毛沢東以後の個人支配に対する安全策を、組織的に取り除いていった。いまや中国は、終身独裁者によって支配される、硬直した寡頭制《かとうせい》国家となったのである。

このようなことは、もし習近平が賢明な経済改革派であるならばそれほど悪いことではないかもしれない。ところが習近平は、一貫して経済効率よりも政治支配を優先している。例えば、これまでは民間企業が中国の富のほとんどを生み出していたが、習近平政権下では政治的コネのある国有企業が、中国の銀行が提供する融資と補助金の八〇%を受け取るようになった。[*49] つまり国営のゾンビ企業が支援される一方で、民間企業は資本を奪われ、生き残りのために共産党員を買収することを余儀なくされてきた。

別の例を挙げると、中国の経済発展を引っ張ってきたのは、地方政府によるイノベーションであった。[*50] しかし習近平は、インサイダーから反体制派に転じたある者が「大後退」(great leap backward) と呼んだように、毛沢東式の中央集権体制への回帰を加速させている。[*51]

彼の苛烈《かれつ》で広範囲にわたる「反腐敗キャンペーン」は、地方の指導者たちが経済実験を行う意欲を削いでいる。彼らは習近平派ではない、間違った政治ネットワークを支援したために不正行為で告発されることを恐れるようになったからだ。[*52]

その一方で、検閲《けんえつ》によって独立した経済専門家やジャーナリストたちは沈黙させられ、適切な改革や調整がほぼ不可能になった。そして習近平の政治的な動きは、起業家精神を萎縮《いしゅく》させている。五〇人以上の従業員を抱えるすべての企業に、共産党の政治委員を配置することを義務付けたからだ。

習近平政権下の中国共産党は、異論を潰《つぶ》し、社会のほぼすべての面で支配を強めた。二〇二一年、習政権は「五カ年計画」を発表し、インターネットやテクノロジー関連のあらゆる経済部門に厳しい規制を課した。それには医療、教育、交通、食料配達、ゲーム、保険など、一見すると「非戦略的」な業界のものも含まれていた。企業はデータを国家に引き渡さなければならず、北京の承認と指導がなければ、融資を受けたり、海外に上場したり、合併したり、データの安全性や消費者情報のプライバシーに関連するいかなる動きもできなくなった。

二〇二一年の秋までに、国内最大のテック企業は、これらの規制の結果として既に一兆ドル以上の時価総額を失った。[*53] 厳しい政治支配の実現は、同時に経済停滞を生み出すことになっている。[*54]

(4) 厳しさを増す地政学的環境

運命の逆転の実例として最後につけ加えるのは、中国以外の国々が容易に経済成長できなくなっていることだ。冷戦時代の国際政治の状況のおかげで、中国の経済面での奇跡は可能になった。絶え間ない軍拡からの束《つか》の間《ま》の解放をもたらしてくれたからだ。ところが北京はいまや全くちがった状況に直面している。

転機になったのは、二〇〇八年から二〇〇九年にかけての金融危機《リーマンショック》だった。アメリカはじめ多くの西側の民主国家は、この金融危機で中国の台頭をより強く意識するようになった。『中国が世界を支配するとき』『中国の不満の対象になること』『中国による死』といったタイトルの本がベストセラーになり、欧米の情報機関は中国がアメリカを抜き、世界最大の経済大国になると予測した。こうした不安は、中国が貿易大国として台頭することへの懸念に拍車をかけた。

ある調査によれば、中国のWTO加盟で、多国籍企業が労働集約的な製造業を中国に移転したため、アメリカは二四〇万人の雇用を失ったとされる。[*55] 北京は今や経済面での強力なライバルとなり、アメリカやその他の国々が厳しい時代に入ると、彼らの怒りの矛先《ほこさき》が向かう「ターゲット」になった。

一方の中国は、海外では自慢げに振る舞いながらも国内では不安を感じている、有害な心理状態の組み合わせのまま経済危機を脱した。中国の指導者たちは、自国の経済成長モデルの持続可能性を懸念していた。閉鎖的になりつつある海外市場への輸出に大きく依存していたからだ。[*56]

この暗い経済の展望は、中国共産党を窮地《きゅうち》に陥れた。党としては政治的な動揺を招きかねない、持続的な景気後退を許すわけにはいかないからだ。だが党の権力基盤である縁故《えんこ》式資本主義のネットワークを崩壊させずに、西洋流の経済改革を実施することは不可能であった。

国内秩序を維持しつつ成長を促進するために、中国政府は国内の異論を取り締まり、保護主義的な障壁《しょうへき》を築くことを決定した。海外では重商主義的な拡大を図り、「一帯一路」

などのイニシアチブを通じて、資源、市場、経済的影響力を固定化しようとした。

アメリカをはじめとする各国の有力者はこの動きに気づいた。中国の経済保護主義や重商主義的な拡張主義は、欧米の経済界を警戒させた。労働組合や団体たちは報復を要求しはじめた。中国の低価格な輸入品の氾濫《はんらん》を嫌ったからだ。二〇一二年、共和党の大統領候補となったミット・ロムニーは、中国の貿易政策を「就任初日から」罰すると約束した。その四年後に、ドナルド・トランプはさらに生々しい表現で「中国がわれわれの国をレイプするのをこれ以上許すことはできない」と宣言した。[*57]

もちろん中国の政策が厳しい反応を引き起こしたのは貿易の分野だけに限らない。結果として貿易障壁や投資・技術移転の制限、そしてサプライチェーンの国外移設などの波が次々と押し寄せることになった。世界最大の経済大国の集まりであるG20を構成する国々は、二〇〇八年から二〇一九年までに、中国企業に二〇〇〇件以上の貿易制限措置を課した。[*58] 全体として、中国は二〇〇八年から二〇二一年の間に外国から約一万一〇〇〇件の新たな貿易障壁を突きつけられることになった。[*59]

二〇二〇年後半までに十数カ国が一帯一路から脱退し、さらに一六カ国（ほとんどが欧米の経済大国だが）が中国の影響から逃れようと、自国の通信ネットワークから中国企業の機器を排除している。アメリカとその同盟国の多くは、中国の主要企業に対して厳しいテクノロジー禁止令を出し、重要な技術（例えば半導体など）の供与を拒否して、その長期的な存続を脅かした。

今日では多くの国々がサプライチェーン網から中国を排除しようと積極的に動いている。日本のように、自国企業に資金を与えて中国から撤退させようとしている国もある。

中国は、かつて享受していた海外市場、技術、資本への容易なアクセスを失いつつある。中国の台頭を促した超グローバル化の時代は、いよいよ終わりを告げようとしている。それは、これ以上ないほど悪いタイミングで起こっているのだ。

(5) 中国経済の泥沼化

中国の驚異的な経済パフォーマンスは、決して永続的に続くものではなかった。発展の果実を得てしまえば経済成長は鈍化するものだからだ。低賃金で莫大な労働力を持つ国が経済大国になる経済の方程式は、成熟した情報化経済への移行を可能にする方程式とは違う。逆風が常に避けられないものとわかっていても、実際にそれに直面すると、それがいかに猛烈か、常に驚かされることになる。長年蓄積された問題のおかげで、中国経済は毛沢東時代以来の持続的な減速期に入り、しかもその終わりは見通せないのだ。

一つの示唆《しさ》に富《と》む統計を見てもらいたい。中国の公式な国内総生産（GDP）成長率は二〇〇七年には一五％あったが、二〇一九年には六％に落ちた。これは三〇年ぶりの低成長率であり、これに新型コロナウイルスのパンデミックが追い打ちをかけて、中国経済は赤字に転落している。
もちろんこの「六%」という成長率はまだ目を見張るものだが、それも「もしその数字が真実であれば」という条件付きの話だ。電力使用量、建設、税収、鉄道の貨物量のように、客観的に観察可能なデータに基づく厳密な調査によると、中国の実際の成長率は公式発表の数字のおよそ半分であり、中国経済は報告よりも二〇%小さいことが分かっている。[*60]中国国家統計局の前局長や現首相などの政府高官たちは、政府が財政帳簿をごまかしているのを認めている。
さらに悪いことに、二〇〇八年以降の中国のGDP成長は、実質的にそのすべてが、政府が経済に資本を注入した結果である。一部の経済学者たちは「政府の景気刺激策を除《のぞ》けば中国経済は全く成長していない」と主張している。[*61]富の創造に不可欠な要素である「全要素生産性」は、二〇〇八年から二〇一九年の間に毎年平均一・三%ずつ減少しており、これは中国が毎年支出を上げながらも生産量を落としていることを意味している。[*62]
このような非生産的な成長継続の兆候は簡単に見つけることができる。たとえば中国は五〇カ所以上の幽霊都市（鬼城《きじょう》）を建設している。これは空になったオフィス、アパート、ショッピングモール、そして空港が広がる大都市のことだ。[*63]
全国では住宅の二〇%以上が空き家となっており、約九〇〇〇万人分の空き物件がある。この数はドイツの全人口を上回る。[*64]主要産業の過剰生産能力は三〇%を超え、工場は遊休状態となり、商品は倉庫で腐っている。[65] 中国のインフラプロジェクトのほぼ三分の二は、建設コストがその経済面での報酬よりも高くついている。このような無駄の総損失を計算するのは困難だが、中国政府は、二〇〇九年から二〇一四年の間だけでも少なくとも六兆ドルを「効果のない投資」に費《つい》やしたと見積もられている。[66]

世界におけるこうした大国の生産性の急落は、一九八〇年代のソビエト連邦以来のことだ。[67] もちろんソ連は、石油収入の沈下や高すぎる防衛費など、他にも深刻な問題を抱えていた。中国には市場志向の民間経済や、成長する中間層など、まだ多くの有利な点はある。だが中国の生産性の問題は、ソ連を苦しめたものと酷似《こくじ》している。国家主導の投資が、経済停滞した分野に積み重なっているからだ。中国の民間経済は確かにダイナミックだが、民間が創造する以上の価値を破壊する、肥大化した国営経済に束縛《そくばく》されている。[68]

この非効率的なシステムの当然の結果として、巨額の負債が発生している。中国の総負債は二〇〇八年から二〇一九年の間に八倍にも跳ね上がり、新型コロナウイルスのパンデミックの直前にはＧＤＰの三三五％を超えた。[69] 過去一〇〇年間にこれほど急速に負債を積み上げた国は、戦時やパンデミックのメガショックに直面した場合以外には存在しない。[70]

この問題は悪化の一途をたどっており、中国の大手企業一〇〇〇社のうちのおよそ四分の一が、総利益より利息に支払う金額が上回るほどの負債を抱えているのだ。中国における新規融資の半分が古い融資の利息を支払うために使われていて、これはまさに「自転車操業ファイナンス」として知られる現象である。[*71]
多くの銀行家（ある調査によれば九三％）は、実際の負債額は上記のデータが示すよりもさらに悪いと考えているという。なぜなら中国企業の多くが、公式の統計に含まれない「影の銀行《シャドーバンク》」から融資を受けているためだ。[*72]
さらに中国国民は、およそ二〇一〇年から政府が二〇二〇年に取り締まるまで、携帯電話を使った個人融資サービスを大活用して、通常のルートでは決して得られないような融資を得ていた。このような「路地裏金融」は中国の負債問題を深刻化させている。[*73]
二〇一〇年から二〇一二年にかけて、中国の「影の金融機関」は融資残高を五兆八千億ドルまで倍増させており、これは中国のGDPの六九％に相当する額となっている。
二〇一二年から二〇一六年にかけて、中国の「影の融資」は毎年さらに三〇％ずつ増加した。中国は三兆ドルという莫大な外貨準備高を保有しているかもしれないが、これは北京の負債総額の一〇分の一以下でしかない。[*74]
われわれはこの物語の結末を知っている。投資主導のバブルが崩壊し、経済が長期にわたって低迷するというものだ。生産性を超える成長モデルを追ったすべての国が直面したように、非効率的なシステムに多くの資金を投入すれば、収益は先細りする。
日本では「失われた三〇年」のデフレと（ほぼ）ゼロ成長をもたらした。アメリカでは、過剰な融資が世界金融危機《リーマンショック》を発生させた。一九九七年から一九九八年のアジア金融危機では、重債務を抱えるインドネシア経済が破綻《はたん》した。

中国の破綻はさらに深刻になる可能性がある。中国はソ連以来の長期にわたって「何でもあり」の開発モデルに頼っており、その負債額はインドネシアとは桁違《けたちが》いの規模だ。二〇二一年末に中国の不動産開発大手「恒大集団《エヴァーグランデ》」を襲った連鎖的な金融危機は、来るべき事態の予兆に過ぎないかもしれない。

このような経済の嵐は、中国共産党にとって存亡の危機であり、これこそが同党が致命的ともいえる借金依存症からなかなか脱却できない理由の一つとなっている。一九七〇年代以降の中国共産党の正統性《レジティマシー》の基盤は、賃金の上昇と生活水準の向上にあった。この党が国民にシンプルで厳格な社会契約を提示することができたのは、経済面では絶好調という実績があったからだ。

すなわち「党は絶対的な権力を保持し、国民はより多くの富を得る」というものだ。選挙も、独立したメディアも、無許可の抗議活動もなく、組織的な政治反対運動も全くない。この基本的な「契約」によって、中国の政治体制は強固になったが、同時にそれを非常にもろくすることにもなった。なぜなら経済が回り続けている限り政治体制が機能することになるからだ。経済的な成果が出なくなれば、中国共産党は一九七〇年以前の正統性の基盤である過激なナショナリズムと、定期的に行われる殴打、投獄、さらには処刑に頼らざるを得なくなる。このような体制は、中国に慢性的な貧困、紛争、対立をもたらしたものだ。したがって共産党の指導者たちが急速な成長を再び実現しようと決意するのは何ら不思議なことではない。

あいにくだが、彼らの選択肢は限られている。一つ方法があるとすれば、私有財産権を確立し、資本と労働の自由な流れを認め、競争を促進することで、経済を完全に自由化することであろう。ところが歴史からもわかるように、独裁主義的な政権は自由主義的な改革に消極的である。そのような道を歩《あゆ》むためには、まずは国営企業への補助金を削減する必要がある。信用供与は、政治的なコネではなく、経済的なメリットによって判断される必要がある。そして非効率な、国が好む企業は倒産させなければならない。自由な情報の交換も認めなければならない。このような政策には、既得権益層から激しい抵抗があることは言うまでもない。

これを象徴する例がある。二〇一三年一一月に中国共産党は中国の成長モデルを転換するために「市場が国家資源の配分において決定的な役割を果たす」のを可能にする六〇件もの改革案を発表した。だがこれら改革案の中で実際に実施されたのは一〇%未満だった。[*75]

もう一つの方法は、イノベーションを進めて経済問題を解決していくことだ。[*76]例えば二〇〇六年以来、北京は研究開発（R&D）への支出を三倍に増やし、科学者とエンジニアを世界で最も多く雇用し、史上初の大規模な企業スパイキャンペーンを展開している。ところがこれらの措置も、これまでのところ低迷する生産性を高めるには至っていない。

もちろん中国には経済的に優れた分野が存在する。特に家電製品、繊維製品、鉄鋼、ソーラーパネル、そしてシンプルなドローンなど、製造業のいくつかの分野では世界をリードしており、これは低い賃金と政府の手厚い補助金によって企業が安価な製品を生産できるようになったためだ。

また、中国には世界最大の電子商取引市場とモバイル決済システムがあり、デジタル通貨の開発と普及を進めている。さらに中国はインターネット・ソフトウェアや通信機器の世界市場でも高いシェアを獲得しているが、これは主に中国政府が国内における外国のインターネット企業や通信企業の活動を禁止しているからだ。これによってアリババ、バイドゥ、テンセントなどの中国企業は、一四億人の市場を独占できている。

しかし、先端科学研究を商業に応用する分野（医薬品、バイオテクノロジー、半導体など）や複雑な部品のエンジニアリングと統合（航空、医療機器、システムソフトウェアなど）を伴うハイテク産業では様子が異なる。この分野での中国の世界市場に占める割合は、アメリカ、日本、欧州の主要国と比べて全般的に小さい。[*77]

その最大の理由は、中国のトップダウン式の研究開発システムが、リソースの動員には優れているものの、持続的な最先端のイノベーションに必要な情報のオープンフローや、従来の常識に挑戦する意欲を阻害《そがい》しているためだ。

例えばコンピュータ、ひいては現代経済の要《かなめ》である半導体産業を見てみよう。中国はこの分野でリーダーになろうと何百億ドルも費やしてきたが、中国は現在も、ハイエンド半導体と半導体製造装置をアメリカとその同盟国からの輸入に頼っており、アメリカ政府はこの脆弱性を利用してファーウェイやZTEといった中国企業を締め上げている。[*78] 中国最大の半導体製造企業である「中芯国際集成電路製造有限公司」(SMIC)は、いまだにその収益の四〇%を補助金に頼り(アメリカ企業は三%)、外国の競争相手のものよりも五年ほど遅れたチップ(これは購入者たちにとっては百年遅れといっても過言ではない)を生産している。[*79]

赤い警告灯

中国の指導者たちは不吉なメッセージを受け取っている。投資主導の成長モデルは息切れしており、国民は間もなく高齢化して大量に消滅する予定であり、国土は不毛になりつつあり、トップダウンでイノベーションを起こそうとしてもうまくいかないと気づいているのだ。また、経済の低迷が長引けば、国家の台頭や、さらには中国共産党の終わりまで意味することも分かっている。持続的な経済成長がなければ、中国の指導者たちが強力な利益団体(国営企業のボスたちや、地方政府、とりわけ軍や公安機関)を維持するために用いている補助金と賄賂《わいろ》の供給源が停止してしまう。

中国が海外で忠誠心を買う力も同じだ。海外のパートナーに配る大量の現金がなくなってしまえば、中国のソフトパワーはどうなってしまうのか？　経済成長の鈍化で、中国共産党は、軍に兵器を購入させるか、それとも高齢化社会に対応した社会サービスを提供するかという、究極の選択を迫られる。もし中国の指導者が国民よりも軍事を優先させれば、暴動が発生する可能性もある。だが国防費を削《けず》って社会保障を充実させれば、「失われた領土を取り戻す」という夢に別れを告げなければならない。

　このようなジレンマの他にも、中国経済の中枢に投資している指導者たちは、個人的な資産についても心配しなければならない。党は、中国のほぼすべての土地と、最大手の銀行や産業界の企業を含む資産のおよそ三分の二を所有している。さらに党員は、中国の最大の民間企業の九五％の幹部職を占めている[*80]。つまり経済の減速は、中国共産党の国内の正統性や国際的な影響力だけでなく、その八〇〇〇万人の党員たちの生活も脅かすのだ。

　中国の指導者たちは、公の場では経済に対して平静を装《よそお》っている。しかしその裏では不安の色が見え隠れしている。中国政府の内部報告書では悲観的な経済状況が描かれ、上述したような負債や収穫逓増《しゅうかくていぞう》、そして人口動態と環境危機が鮮明に描写されている[*81]。

　数年にわたった経済ブームの絶頂期の二〇〇七年、温家宝《おんかほう》首相は中国の成長モデルが「不安定でバランスが悪く、連携されておらず、そして持続不可能」になってきたと警告している[*82]。二〇二一年には彼の後継者である李克強《りこっきょう》もその評価を繰り返した[*83]。そして中国の勝利の究極的な提唱者である習近平も「黒い白鳥」と「灰色のサイ」（システムを破壊する経済危機を意味する投資家たちの専門用語）によって引き起こされるソ連型の崩壊の可能性を警告する、部内向けの演説を複数回行っているのだ。[*84] 党の経済面での不安は「中国で語られていないこと」というより「語ることを許されていないこと」に表れている。習近平政権下では、成長の鈍化、地方政府の債務の増加、あるいは消費者信頼感の低下の兆候を示す非公式なデータなどを含む、経済に関する否定的なニュース報道が実質的に禁止されている。[*85] 客観的な経済分析は、政府のプロパガンダに取って代わられた。そして、テクノクラートは「政治屋」に取って代わられつつある。習近平政権はかつて国の中央銀行が享受していた相対的な自律性をすでに削ぎ落としてしまった。[*86]

多くの中国国民は、政府の経済に関する話はつじつまが合わないことを知っており、自分の足で投票している。つまり、金持ちは資産と子供を国外に大量に移している。どの年の調査結果でも、中国の大富豪や億万長者の三〇〜六〇%は中国を離れるか、その予定があると言っている。[*87] 中国人たちは二〇〇八年以降の一〇年間に、ホスト国への多額の投資で得られる居住許可を意味する「ゴールデン・ビザ」の、世界全体の少なくとも六八%を受け取っているのだ。[*88] 中国の労働者は、彼らの「血と汗」への補償を要求して、毎年数千件の抗議活動を起こしている。[*89] 一国のエリートが逃げ出し、労働者が蜂起《ほうき》しているのは決して良い兆候ではない。ある中国の大物がマルタに移住後に説明したように「中国経済は、断崖絶壁に向かっている巨大な船のようなものだ……根本的な変化がなければ、船は難破し乗客が死ぬのは避けられない」のだ。[*90]

だが最悪の兆候は、中国政府の弾圧が劇的に増加していることだ。中国の治安対策向けの予算は二〇〇八年から二〇一四年の間に倍増し、二〇一〇年には国防費を上回り、それ以来政府支出全体よりも三割増しの速さで増加している。[*91]

中国の主要都市の半分は「グリッド管理」（網格化管理）の下に置かれ、すべてのブロックが警備員のチームによって巡回され、一日二四時間、カメラによって監視されるシステムとなっている。[*92] また、政府は音声認識・顔認識技術を使用して、中国の市民一人一人を常に監視し、即座に処罰する「社会信用システム」を活用しはじめた。中国共産党によれば、そのシステムは「信頼できる者が天下のあらゆる場所を歩き回ることを可能にする一方で、信用できない者が出歩くのを難しくする」ものだという。[*93]

オーウェル［ディストピア小説の名作『一九八四』の著者］的な警察国家を建設することは、活気ある経済大国の特徴とは言い難い。習近平が政権に就いてから最優先してきたのは、政敵となりうる人物を投獄し、処刑し、その姿を消すことであったという事実も同じだ。二〇一二年後半以降、当局は共産党政治局レベルの指導者十数人、軍の将官の二十数人を含む、三〇〇万人近くの官僚を調査し、一五〇万人以上を処罰してきた。[*94] これは中国共産党の上層部の世代交代に相当する数であり、これこそ経済基盤が崩れ始めているのを知った、政権のパラノイアを物語るものだ。

もちろん誤解しないでいただきたいのは、われわれは「中国が経済崩壊の危機に瀕《ひん》している」とか「世界に大きな問題をもたらすだけの資金や力は持っていない」とは言っていないことだ。むしろわれわれが言いたいのは「中国の台頭に関する従来の見解には欠陥《けっかん》がある」ということだ。中国の急成長に目を奪われる人々が多い中で、われわれはそこに巨額の負債とソ連並みの非効率性を見ているのだ。

人々がきらびやかなインフラを目にする一方で、われわれは幽霊都市や、どこにもつながっていない橋を見ている。人々が世界最大の人口に注目する中で、われわれは迫り来る人口動態の破局を見る。人々が中国の莫大《ばくだい》な輸出に目を見張る一方で、われわれは脆弱な供給網や国内消費の乏しさを見ている。そして人々が、賢明な指導者が自信を持って経済至上主義の大計画を実行しているのを見ている一方で、われわれは退廃的《たいはいてき》なエリートたちがわれわれと同じように自国を見ており、だからこそ世界が見たこともないような最先端の治安システムを構築していると見るのだ。

本章で取り上げた負債、生産性の低下、急激な高齢化、保護貿易への動き、環境悪化などのいずれもが、中国経済を破綻《はたん》させる可能性がある。これらを総合すると、中国が深刻かつ持続的な景気後退に見舞われることはほぼ確実だ。そしてこの景気後退は、戦略的包囲網という、もう一つの脅威が始まろうとしているまさにその瞬間に、中国の体制を根底から揺るがすことになりそうなのだ。

第三章

閉じつつある包囲網

裏目に出た中国の攻撃

二〇二〇年六月一五日から一六日にかけての夜、インドと中国の間での、ヒマラヤ国境沿いの孤立地帯、ガルワン川流域は、高地の「恐怖の戦場」と化した。ほぼ暗闇《くらやみ》の中での手探りの戦闘で、インドと中国双方の数十名の兵士の命が奪われた。北京にとってこの血みどろの戦いは戦術的な小さな勝利となったが、戦略的には大きな敗北であった。

このガルワンでの衝突の原因は、数十年前にさかのぼる。この二つのアジアの巨人は、一九五〇年代から地球上で最も険しい山岳地帯にある、共有するフロンティアのポジションをめぐって争ってきた。

一九六二年末、世界がキューバ危機で騒然《そうぜん》とする中、中国とインドは大規模な戦争を行い、インドは大敗した。それ以来、ニューデリーと北京はビルマ（現ミャンマー）とネパールの間の国境地帯の東部と、ネパールとパキスタンの国境地帯である西部の地区で、互いに優位に立とうと競争を続けている。とくに二〇二〇年までの数年間で、紛争は徐々に激化していった。

二〇一七年には、インドが「友好的な緩衝《かんしょう》国家」と見なすブータンが主張する領土内で、人民解放軍が戦略的な場所に道路の建設を開始したことによって、印中間で軍事的な膠《こう》

着 状《ちゃく》態が長期化する事態が発生した。

さらに大胆なことに、中国は世界的に「ブータン領」と認められている土地に、人民解放軍を伴って一つの村を密《ひそ》かに建設した。二〇一九年には、中国によるインドとの事実上の国境への侵入が著《いちじる》しく増加している。[*1]

この期間を通じてインドと中国のパトロール隊の衝突も定期的に発生していたが、そこでは沸騰《ふっとう》する緊張を抑えて「銃は使わず殺害しない」という長年の暗黙《あんもく》のルールが存在していた。ところが二〇二〇年にはこの行動規範《こうどうきはん》が崩壊し、ヒマラヤ山脈の辺境をはるかに超えて広範囲に影響を及ぼすことになった。

今回の衝突は五月に始まり、中国軍はインド側が主張する領土の大部分を一時的に占拠している。その後インド軍が押し返すと、そこからはいつもの暗黙のルールが遵守《じゅんしゅ》された。

ところが六月一五日の日没後の小競《こぜ》り合いでは死者が出た。中国兵は錆《さ》びた釘を打った棒など、原始的だが残忍な武器を使ってインド軍のパトロール隊を攻撃した。いくつかの報告によると、人民解放軍の兵士はインド軍兵士の上から大きな岩を転がして押しつぶそうとしたという。[*2]

戦闘は六時間続き、最大で六〇〇人の兵士が参加した。暗闇の中で何が起こったかはまだ不明なところがあり、その後に行われた両政府による説明は全く食い違っていた。しかし二〇名ほどのインド兵と不明な数の中国兵が死亡し、その多くは山の尾根から下の谷間の川に落ちるか、落とされたかして死亡したという。

狭い視点でみれば、この戦闘は中国側の勝利であった。中国軍はインドが主張する領土の一部を簡単に奪い取ることができるのを示したと同時に、ニューデリーがより強い国に対して大きな戦争を起こさずに対応することがいかに難しいかを示した。

ところが中国は得たものよりも失ったものの方が大きかった。インド政府の関係者たちは、長年にわたって中国の野心に懸念を抱いていた。ナレンドラ・モディ政権はこの当時、すでに北京がスリランカとパキスタンでの「一帯一路」プロジェクトを利用して、インドにあらゆる方面から圧力をかけていることを懸念していた。

ガルワン案件の後には、インドの中国への反発は厳《きび》しいものとなった。インドの群衆は中国製のスマホを破壊し、習近平の肖像画を燃やしている。民族主義的なマスコミは、復讐を呼びかけた。モディは「国全体が傷つき怒っている。誰も私たちの土地を狙おうと考えることとさえ許されない」と警告した。[*3]

それは単なるレトリックではなかった。たとえばインドは防衛力を強化するため、ロシアの戦闘機やその他の軍事アセットの緊急購入に動き出した。インド政府はライバル国へのデジタル依存を制限するため、TikTokやWeChatなど数十の中国製のスマホ用のアプリを禁止し、ファーウェイやZTEを5Gネットワークの運用試験から締め出した。最も重要なのは、インドが長期にわたって続けていたアメリカへ接近する動きが加速したことだ。

二〇二〇年六月以降の一年間で、インド太平洋地域の民主国家たちによる「反中同盟」のように見える、アメリカ、オーストラリア、インド、そして日本によるパートナーシップ「クアッド」を巡る外交が活発化した。

二〇二一年三月にニューデリーは新型コロナウイルスのワクチン構想の製造拠点となることに同意した。これは東南アジアで一〇億本のワクチン接種を行い、中国の影響力を後退させることを狙ったものだ。オンラインで開催されたクアッドの首脳会談で、モディとそのカウンターパートたちは、あからさまに中国を名指しすることはなかったが「自由で開かれたインド太平洋」を維持するために協力することで中国の地政学的野望を挫《くじ》くことを事実上発表した。[*4]

二〇二一年夏には、インドが国境に数万人の増派部隊を移動させ、それと同時に、戦時に中国の海上供給路を遮断《しゃだん》するためにワシントンをどのように支援すべきか研究していた。[*5]アメリカの政府高官たちは、インドを対中戦略の要《かなめ》とすることを公的に言及し始めた。[*6]

中印関係の専門家たちは、北京が一年前に国境紛争をエスカレートさせた動機は、アメリカに協力し始めたニューデリーを罰するためだった可能性があると推測している。[*7]もしそうだとすれば、習近平は誤算《ごさん》を犯したことになる（しかもそれは初めてではない）。ガルワンで起きた死闘は、中国の攻撃的な振る舞いが裏目に出始めたことを示す一例に過ぎない。

冷戦後の中国は、歴史的に長い間、ユーラシア大陸の覇権国家を目指す多くの国々に降りかかってきた運命、すなわち力の台頭を牽制《けんせい》する対抗同盟の登場を免《まぬが》れてきた。だがそれはもはや過去のこととなった。北京は自らの行き過ぎた行為により、その台頭を助けてきた超大国を敵に回してしまったのだ。そして近隣・遠方の国々から、恐怖と抵抗を引き起こしている。

中国が何十年にもわたって享受してきた「戦略面での休暇《ストラテジック・ホリデー》」は終わった。中国共産党のライバルが四方八方から迫り、戦略的な万力《まんりき》のネジがギリギリと締め上げられつつあるのだ。

ユーラシア最大の問題

戦略的包囲網は習近平の中国にとって「寝耳《ねみみ》に水《みず》」の事態だと言えそうだが、歴史に詳しい人々にとってはお馴染《なじ》みの話であろう。過去数世紀がわれわれに教えてくれたことがあるとすれば、それは「海に囲まれた国々だけが、世界から抵抗を招くことなく世界の権力を握る、最良の機会を持っている」ということだ。

ライバルたちに囲まれる国々は「拡大すれば孤立化して敗北する」という事態を常に警戒しておかねばならない。世界政治は不動産と同じで、その立地条件が重要である。ユーラシア大陸という地政学的な大釜《おおがま》の外側に位置する国々は、その渦中にある国々に比べて優位に立つという点で、はるかに有利な位置にある。

その理由は、アメリカと中国の違いを見ればわかる。アメリカは地理的に孤立しているからといって、常に「自由な安全保障」を享受できていたわけではない。アメリカは建国から最初の一〇〇年間を、北米大陸の支配をめぐる、ヨーロッパの列強たちやアメリカ先住民たちとの戦いに費やしてきた。[*8]

だがこの争いが、首都から何千キロも離れた領土を守らなければならないアメリカのライバル大国たちにとって「アウェー」のゲームであったことが、ワシントンに決定的な優位性を与えた。

一九世紀後半には、西半球のどの国の組み合わせも、アメリカの安全保障を脅かすことはできなくなっていた。ヨーロッパの大国であるイギリスは、裏庭からアメリカに挑戦してくる可能性を唯一もっていた国だったが、欧州でドイツに脅かされたおかげで、代わりにアメリカと宥和《ゆうわ》することを選択した。[*9]

アメリカは西半球で唯一の大国となり、そのおかげで世界中に戦力投射できるようになった。アメリカは国境線を厳しく固める代わりに、外洋艦隊を構築することができた。しかも二〇世紀の世界大戦に遅れて参戦することで、ヨーロッパとアジアの国々に戦闘と死闘の責任を負わせることができたのだ。

しかもアメリカはヨーロッパとアジアから遠く離れていたため、これらの地域の国々はアメリカに征服されるのを恐れるよりも、自国に近い侵略者に対抗するために同盟国として迎え入れようとする傾向が強かった。一九四〇年代に西ヨーロッパ諸国がアメリカをNATOに引きずり込もうとしたのは、まさにこの理由からであった。

中国も一九七〇年代に同じことを行っている。毛沢東はアメリカへの接近を「遠くの野蛮人」を使って「近くの野蛮人」を抑制する方法だと説明した。[*10] アメリカは「旧世界に位置していない」という理由によって、その地域で大きな影響力を行使するよう誘われていることに気づかされたのだ。

アメリカの力の使い方も非常に重要だった。自由主義的《リベラル》な政治原理によって建国されたアメリカという国は、比較的に自由主義的な地政学的システムを構築した。開放的な世界経済を推進し、友好国にはうまみのあるアメリカ市場へのアクセスを提供してきた。

アメリカは何十もの主要国を保護する同盟関係を作り上げ、殺戮《さつりく》の場だった西ヨーロッパと東アジアを相対的に平和な地帯に変えてしまった。[*11] 地理的条件と民主主義の組み合わせにより、アメリカはかなり穏やかな超大国となり、他の国々はその覇権を支持することに利益を見出すようになった。

それに比べ、中国は呪《のろ》われている。ユーラシア大陸は広いが混雑した空間で、そこにはたった一つの大国ではなく複数の大国が存在する。ユーラシア大陸を支配する国は、そのそばに位置する国々の主権、さらには生存にとって、致命的な脅威となりがちだ。つまり一つの強力な大国の台頭は、他の国の反発を必然的に引き起こしてしまうのだ。

実に何世紀にもわたって、ユーラシア大陸で積極的に拡張を続けてきた国々は、不安を抱く近隣諸国による対抗バランシングを、遅かれ早かれ招いてきた。このような近隣の国々は、自国の相対的な弱さを、イギリスや、最近ではアメリカのようなオフショアにいる強力な同盟国と連携することによって補《おぎな》おうとしてきた。

このような動きは、近代に世界的な超大国になろうとしたユーラシアの国々に破滅をもたらしてきた。ナポレオン率《ひき》いるフランスはヨーロッパの大部分を征服したが、大英帝国を中心とするライバル国の連合体の犠牲となった。二〇世紀のドイツは、ヨーロッパの敵たちがアメリカと手を結んだことによって（二度も）滅ぼされた。冷戦時代、ソ連はアメリカの支援を受けた北東アジアから西ヨーロッパまでのあらゆる敵対勢力に阻まれた。

覇権的な野望は、ユーラシア大陸に位置する国々を破滅に追い込んできた。彼らが敵の群れに追い詰められて滅ぼされる確率はかなり高いのだ。

中国はとりわけこのような苦境にさらされている。アメリカは二カ国の友好国と陸上で国境を接している。ところが中国は二〇カ国に囲まれ、四方八方で歴史的なライバルに直面している。北はロシア、東は日本、南はベトナム、西はインドだ。

中国の隣国には、世界の人口数の上位一五カ国のうちの七カ国、核兵器を保有する四カ国、過去八〇年間に戦争をした五カ国、そして中国の領土の一部を今も主張している一〇カ国が含まれている。

さらに中国は事実上、アメリカをも隣国にしている。それはアジアの地図上に点在する、アメリカの同盟国たちや戦略的パートナーシップを結んでいる国々、そして軍が配備されている国々が隣国に存在するからだ。

中国はかつてユーラシアの帝国であったかもしれない。しかしある中国の学者によれば、今日では「大国たちの中で最も過酷《かこく》な世界的地政学的安全保障の状況に苦しんでいる」という。[*12]

実際、地理的な条件は中国にとって戦略的な罠《わな》となっている。「いたるところに危険が潜《ひそ》んでいる」という認識は、拡大への強い衝動を促すものだ。

そうなると中国は「フロンティアを確保し、供給ラインを保護し、厳しい環境が課す束《そく》縛《ばく》を断ち切るためには外に拡大するしかない」と感じることになる。[*13] ところがその拡大の衝動は他国に不安を感じさせ、彼らを北京に対抗して団結するよう促《うなが》すことになる。

中国共産党は国内で非常に冷酷に権力を行使しているため、国外では「強力な権力を責任ある形で行使する」と他国に訴えてもなかなか納得してもらえないという、本質的な難問に直面している。

したがって台頭する中国は、包囲され敗北する可能性が高い。ただし過去の自己顕示欲《じこけんじよく》の強いユーラシアの大国たちがたどった運命から逃れることができるなら、話は別だ。北京はたしかに長年にわたってこの点では幸運だった（そして上手くやっていた）のだが、今やその幸運も尽《つ》きつつある。

中国の「戦略面での休暇」の終わり

中国の戦略面での休暇《ストラテジック・ホリデー》は、冷戦時代のリアリズムの問題として始まった。すなわち「アメリカの敵の敵」は「アメリカの友」となったのだ。ところがハードボイルドな現実主義者たちにとって、次に何が起こるかを予測するのは困難だったはずだ。

中国の戦略面での休暇は、ソ連の脅威が消滅した後の一世代にわたって続いたのである。しかもそれは、中国共産党が権力維持のために最も忌《い》まわしい手段をとることを、天安門事件で示した後の期間も含めてだ。

二〇一五年に国務省の元高官トーマス・クリステンセンが書いたように、ワシントンの対中アプローチは「冷戦期のソビエトに対する『封じ込め政策』とはほぼ正反対のもの」であった。[*14]おそらく中国の台頭で最も驚くべき点の一つは、世界が押し戻しを開始するまでにかなりの時間を要したことだ。

アメリカも完全に見過ごしていたわけではなかった。冷戦後には少数の鋭い専門家たちが、繁栄する中国がいつの日か地域的な、あるいは世界的なライバルになる可能性があることに気づいていた。いくつかの政権はこの可能性に対して、太平洋に強力な空軍と海軍を保持することで備えていた。

それでもアメリカは中国の爆発的な成長を後押しし続け、アメリカ政府関係者たちは北京が世界情勢においてさらに積極的で影響力のある存在になるよう奨励《しょうれい》していた。クリステンセンが記したように、アメリカの政策は北京の台頭を「妨げたり遅らせたり」するのではなく、経済・外交面での関与を強調して、中国が台頭し続けるのを助けたのだ。[*15]

このような独りよがりの原因の一つは、強欲にある。一九九〇年代初頭、中国の軍事面での脅威はわずかで、巨大な金儲けのチャンスを提供していたため、関与政策は実に論理的なものであるように思われていた。

一三億の人口と、東アジアの中心にある長い海岸線、そして大企業のために反対意見を弾圧して環境破壊もいとわない独裁主義的な政権を持つ中国は、消費市場としても低賃金の製造基盤としても、見過ごすにはあまりにも惜しい存在だった。そこで欧米の多国籍企業や金融機関は、中国をグローバルなサプライチェーンに組み込むよう各国政府に迫っている。

もちろん各国政府も喜んでそれに従い、いざ中国共産党の人権侵害についての話題が出れば「経済的に開放された中国はやがて政治的にも開放されるはずだ」と主張した。ジョージ・W・ブッシュは「中国と自由に貿易を行えば、時間がわれわれの味方になる」と説明したほどだ。[*16]

このような安心感は、中国の戦略面での休暇が続いた第二の理由、つまり冷戦後の欧米の過大な自信、さらには傲慢《ごうまん》さから来るものだった。アメリカが圧倒的であった時代には、中国を積極的に封じ込めようとすることはほとんど無益にさえ思えたからだ。

中国はまだ比較的貧しく、技術的にも弱かったため、一九九〇年代には中国共産党が台湾に到達するには「百万人の兵隊たちによる水泳」が必要だというジョークがあったほどで、中国の成長をわざわざ抑制する必要はないと思われていたのだ。

アメリカ主導の世界経済が中国を豊かにしていることを考えれば、北京がそのシステムを支持することに価値を見出すのは間違いないはずだった。また、多くの独裁的な政権が近年の世界的な民主化の流れで倒されたことを考えれば、中国もいずれは同じようになるはずであった。

アメリカは中国を変革、つまり中国がアメリカ主導の秩序を変革する機会を得るよりも早い時点で、中国を「責任あるステークホルダー」や、さらには自由な民主国家にさえ変えてしまうはずだった。[*17]

アメリカの対中関与政策が揺《ゆ》らぐ瞬間もあった。一九九五年から一九九六年にかけて、中国が挑発的に台湾周辺にミサイルを撃ち込み、ペンタゴンが（空母二隻によって構成される）

二個空母打撃群を送り込み、北京を後退させた。中国は「偉大な軍事大国」かもしれないが「西太平洋で優越した――つまり最強の――軍事大国はアメリカである」と当時のウィリアム・ペリー国防長官は発言している。[*18]

二〇〇〇年の大統領選でブッシュ候補は中国を「戦略的競争相手」と呼び、大統領就任後は強硬路線をとることを約束した。[*19]しかしそれはほぼ実現できなかった。なぜなら第三の要因である「注意をそらす」事態が起こったからだ。

九・一一連続テロ事件はアメリカの中国への関心を一〇年間にわたってそらし、「テロとの戦い」において中国の外交支援への依存度を高めた。

その後、オバマ政権は「アジアへの軸足移動」(pivot to Asia)で遅れを取り戻そうとしたが、ISISの台頭や再度の中東での長期にわたる戦争に振り回されることになった。中国が将来、あるいは何十年後かに対処すべき問題として残ったのは、目の前の問題があまりにもエネルギーを消費するものだったためだ。あるアメリカの情報担当の当局者は「中国は、われわれがいつも読もうと思っているが結局は来年の夏まで読まない分厚い本のようなものだ」とコメントしている。[*20]

中国にも褒《ほ》めるべきところはある。中国の戦略は、アメリカの対処を先延《さきの》ばしさせたからだ。鄧小平の「韜光養晦《とうこうようかい》」政策は「中国の脅威」への恐怖を和《やわ》らげた。中国は世界の民主国同士を巧みに翻弄《ほんろう》し、アメリカが厳しくなればボーイング社ではなく欧州のエアバス社から飛行機を買うと脅した。中国の戦略が徐々に攻撃的になっても、中国共産党は「アメリカ側の競争を煽《あお》るような動きは、核拡散や気候変動などの問題に対する二国間協力の妨げになる」と警告した。習近平の外交官たちがあざけるように使うフレーズのように「冷戦思考」は「ウィンウィンの協力」を阻害することになるというのだ。[*21]

この戦略は驚くほど成功し、中国共産党はこの二〇年にわたる猶予《ゆうよ》期間を最大限に活用した。中国は西側の技術と資本を吸い上げ、自国市場を相対的に閉鎖したまま海外市場に製造品を投下し、国際機関のトップに中国の高官を据《す》えて、軍備を増強しつつも平和的な意図しかないと宣言した。

これは国際政治への冷酷な勝ち負け主義的なアプローチを隠すために「ウィンウィン外交」という幻想を利用する、実に鮮《あざ》やかな手法だった。[*22]だがそれは、いつまでも続けられるものでもなかった。

アメリカの「潜在的なライバルを（孤立させるのではなく）統合させる」という政策は、中国の成功に不可欠だった。この政策は冷戦後も維持されていたが、その理由は、アメリカが自らの優位性をあまりに過信し、関与を続ければ中国を正しい方向に導《みちび》くことができると自信を持っていたからにほかならない。

ところが世界金融危機後に中国の力が増大したことで、第一の前提は弱まり、第二の前提も中国の強引で独裁主義的な行動によって消滅していった。中国共産党がそれまで眠っていた地政学的な不安をすべて呼び起こし始めたことで、アメリカの対中政策の振り子は、それまでとは真逆の方向に動きはじめた。

アジアでは、中国の海洋面での強要が高まったおかげで、誰も「北京が西太平洋の既存の秩序を遵守《じゅんしゅ》している」とは信じられなくなった。アメリカ海軍のある提督は、南シナ海で「大きな砂の長城」を築《きず》いている国は「責任あるステークホルダー」から離れつつあると言い切っている。[*23]

およそ二〇年の間に、中国の軍備増強は警戒すべき水準に達した。信頼度の高い、いくつかのシンクタンクの報告書では、ペンタゴンが台湾海峡やその他のホットスポットで優位を失いつつあると分析されていた。[*24]

これについては二〇一四年、フランク・ケンドール国防次官も、アメリカの軍事面での優位は「何十年も見たことがないような方法で挑戦を受けている」と同意しつつ「これは将来の問題ではない。これはたった今、目の前にある問題なのだ」と述べている。[*25]

警鐘《けいしょう》を鳴らしたのは彼らだけではなかった。グーグル社の元CEO、エリック・シュミットのようなテクノロジー界の大物たちも、アメリカが人工知能（AI）の分野における覇権争いで中国に敗北する可能性があると警告していた。[*26]

一方、中国のサイバー攻撃と知的財産の窃盗《せっとう》は、最近引退した国家安全保障局のキース・アレクザンダー元長官が「歴史上最大の富の移動」と呼んだように、アメリカ企業から毎年数百億ドルを奪っていた。[*27]

二〇一三年の「一帯一路」計画の発表は、中国がアメリカ主導のシステムに従わず、独自のシステムを構築していることをさらに証明するものだった。その他にも、習近平政権下の圧倒的な権力集中は、改革時代に決定的な終止符《しゅうしふ》を打った。アメリカの関与政策はより穏やかで自由な中国を生み出すことを狙っていたのかもしれないが、実際にはその反対の、好戦的で強大な独裁国家を生み出したように思われる。

二〇一五年、中国研究の専門家でアメリカ政府の顧問も時々務めているマイケル・ピルズベリーが、この新しい時代のムードを的確にとらえた。ベストセラーとなった『百年マラソン』（邦題は『China 2049』）の中で、ピルズベリーはアメリカが、世界支配の探求に乗り出した中国共産党のタカ派に騙《だま》されていたと主張した。[*28]

やがてワシントンでは「中国を失ったのは誰のせいだ？」という本格的な議論が巻き起こり、批評家たちはそれまでの対中関与政策を「歴史的な失態」と揶揄《やゆ》するようになった。

確かに対中関与政策は、中国共産党を手なずけることも変革することもできなかった。ところが中国も失敗している。このような破滅的な成功を収めてしまったからだ。中国が台頭したことで、これまで中国を受け入れてきた国際的な環境が破壊された。世界中の国々は、中国の「長い休暇」の終わりを告げ始めた。その先頭に立っていたのは、かつての仲間であったアメリカだった。

徐々に、そして突然に

アーネスト・ヘミングウェイの小説『日はまた昇る』の中のある登場人物は、自分が破産するまで「二つの段階があった。それは徐々に、そして突然にやってきた」と説明している。これは米中関係の崩壊をうまく言い表している。

アメリカの政府関係者は、ある日突然、中国が「地政学的にナンバーワンの敵」であることに気づいたわけではない。二〇〇〇年代初頭のアメリカが「責任あるステークホルダー」論を宣伝していた頃にも、当時のジョージ・W・ブッシュ政権はアメリカの太平洋地域における軍事態勢《たいせい》を静かに（そして非常に目立たない形で）強化していたのである。

オバマ政権の「アジアへの軸足移動《ピボット》」は、アメリカの同盟関係を強化し、空軍と海軍の戦力をこの地域に移し、北京の人工島埋め立てキャンペーンに対抗するもの（あまり効果的ではなかったが）であった。しかし関与政策は二〇一六年まで続いていた。ホワイトハウスはペンタゴンが中国を「ライバル」と公言するのを禁止していたほどだ。[*29]

米中関係の断絶は、二〇一七年にようやく訪れた。これは最も型破りな大統領ドナルド・トランプが、関与政策のパラダイムを打ち破って全面的な競争を開始したからだ。トランプ政権時代の戦略文書は、怒りの言葉に満ちあふれていた。

　二〇一七年一二月に発表されたトランプ政権の「国家安全保障戦略《NSS》」では、中国は国際的な無法者であり、「アメリカの価値と利益に反する」やり方で世界を作り変えようとしているとされた。その一カ月後に発表されたペンタゴンの「国家防衛戦略《NDS》」では、アメリカの戦略的指針は「修正主義勢力」との「長期的、戦略的競争」にあると宣言された。国家安全保障会議の報告書では、中国共産党が技術革新の主導権を握り、自由社会を脅かし、西太平洋を「中国の湖《みずうみ》」にすることを阻止するための、実に詳細な計画が示されていた。[*30]

　国務省も負けずに、冷戦の黎明期《れいめいき》にジョージ・ケナンが書いた有名な「長文電報《ロング・テレグラム》」を模《も》倣《ほう》して「中国共産党は本質的に有害な攻撃性を持っている」と主張する、さらに長い文書を発表している。

　当時のマイク・ポンペオ国務長官は、中国をその「適切な場所」に留《とど》めておくために、民主国家たちによる世界的な同盟を呼びかけた。[*31]これはニクソンが北京を訪問して以来の米中関係における最も劇的な変化であり、しかもそれは単なる口先だけのものではなかった。

　国防費の大幅な増額で、ペンタゴンはここ数十年で最大規模の、海軍とミサイルの拡張に着手した。トランプ大統領は、戦後において最も持続的かつ積極的な懲罰《ちょうばつ》的関税を中国に課した。アメリカは冷戦以来最も厳しい投資と技術的な制限を加えてファーウェイを潰《つぶ》そうとし、世界各国に中国の5Gプロバイダーを採用しないように働きかけた。

アメリカの連邦議会は、一帯一路計画への対抗として六〇〇億ドルの「国際開発金融公社」（DFC）を創設し、連邦捜査局（FBI）は蔓延《まんえん》する中国のスパイ行為と影響工作を捜査しはじめた。FBIのクリストファー・レイ長官は「およそ一〇時間ごとに中国関連の防諜《ぼうちょう》案件の新たな捜査を開始している」と発表している。[*32]

中央情報局（CIA）のジーナ・ハスペル長官も、数十年にわたってテロ対策に取り組んできたCIAを、巨大な国家の脅威がもたらす問題に集中させるように舵《かじ》を切った。[*33]アメリカの国家安全保障の官僚機関は、その比類なき能力を、正面から中国に対処するために方針転換していたのだ。

アメリカの政策は、複数の領域で鋭さを増して「対立的」とも言える状態になった。アメリカは二〇一九年から二〇二〇年にかけて、香港の政治的自由を破壊する工作を行った中国共産党の幹部に制裁を科した。国務省は、中国によるウイグル族への大量監禁や強制不妊手術、そして組織的な虐待プログラムは「ジェノサイド（大量虐殺）」に相当すると宣言した。

アメリカ海軍は南シナ海での中国の領有権の主張に挑戦するために「航行の自由作戦」を強化し、前線に位置する脆弱《ぜいじゃく》な国家たちへの武器売却と軍事支援を増加させた。トランプ大統領の閣僚たちは世界中を飛び回り、ヨーロッパ、アフリカ、ラテンアメリカの聴衆に、中国の「新帝国主義」の脅威を説いた。

貿易取引さえも競合的な武器となった。二〇一九年に署名されたアメリカ・メキシコ・カナダの貿易協定は、署名国が北京と個別の自由貿易協定を結ぶことを事実上禁止している。もしアメリカが中国との競争での遅れを取り戻そうとしているように見えたとしたら、それはトランプの部下たちがまさにそのような観点で問題を捉《とら》えていたからだ。[*34]

確かにアメリカの政策は、必ずしも効果的でなかったし、一貫性があるわけでもなかった。だからこそ習近平政権はトランプ政権に脅威と同じくらいチャンスを見出した。全世界を相手に「アメリカ・ファースト」を標榜《ひょうぼう》するトランプ大統領は、「アメリカは敵だけでなく同盟国からも被害を受けている」という考えを持っていたために、自身の反中国の指向性を打ち消してしまっていた。

トランプは就任早々に「環太平洋経済連携協定」（TPP）から離脱したが、これは前の二つの政権が中国の影響力に対抗するものと見なしていたものだ。また、彼はアメリカにとって最も親密な民主主義の仲間に対しても貿易戦争を開始し、数十年来の同盟関係を破壊することに喜びを感じていた。

最も奇妙だったのは、自称「強者」であるトランプが、習近平の国内での残虐行為をたびたび賞賛《しょうさん》していたことだ。これは自分の政権がまさにその習近平の犯罪を罰しようとしたことと矛盾する。[*35]だがどのような矛盾があるにせよ、トランプは米中関係を不可逆的《ふかぎゃくてき》に破壊しており、ワシントンの大半はそれを称賛したのだ。

新型コロナウイルスは、トランプが始めたこの仕事を終わらせた。中国共産党の驚くべき行動は、中国の国際的な評判を大きく失墜《しっつい》させるものだった。なぜなら彼らは最初に「世紀のパンデミック」の存在を隠蔽《いんぺい》しようとし、次に新型コロナウイルスが作り出した混乱を利用してライバルを打ち負かそうとしたからだ。

中国政府からリークされた報告書の中身や欧米の独立系機関の分析によると、中国に対する否定的な見方は天安門事件以来の高さにまで上昇した。中国を好ましくない存在だと答えたアメリカ人の割合は、二〇一七年の四七％から二〇二〇年には七三％に上昇している。[*36]

二〇二〇年の大統領選挙は、中国バッシングのコンテストとなった。結果としてトランプは選挙に敗れたが、アメリカの政策の基本的な方向性はほとんど変わらなかった。かつて習近平との親密な関係を自慢《じまん》していたジョー・バイデン大統領は、今では中国共産党に対する「極限の競争」を実行するとの公約を掲げている。[*37]

バイデンは本気でそれを信じているような行動をとっている。ペンタゴンは緊急の中国対策本部を設置し、人民解放軍の増強に対抗するためのより良い解決策を模索《もさく》しており、アメリカ当局は将来的な台湾防衛のために同盟国を結集しようと動き始めた。

バイデン大統領はトランプ政権の対中制裁の大半を維持する一方で、アメリカの半導体産業を強化するため五〇〇億ドルの取り組みを提案し、人民解放軍や中国共産党の情報機関と関係のある中国企業をアメリカの資本市場から追い出し始めた。[*38]
中国を狙い撃ちにした法案は、アメリカの科学研究への投資を増やし、北京を重要なサプライチェーンから切り離し、アメリカの立場を強化することを目的としたもので、これは超党派の幅広い支持を集めた。
また、バイデンはこれがイデオロギー面での戦いであるとも指摘し、民主主義と権威主義との間の画期的な闘争が進行中であると宣言した。そして北京の抑圧的なモデルを打ち負かすために、ワシントンは技術、貿易、防衛、その他の問題において仲間の民主国家たちと手を結ばなければならないと宣言したのである。[*39]中国外交部（外務省）の副部長は、二〇二一年七月に「中国を崩壊させることを狙った全政府と社会全体のキャンペーンが行われているようだ」と不満を述べている。[*40]
もちろんこれらの措置《そち》は、競争的な戦略の端緒《たんしょ》にすぎない。ただし厳しい現実として存在するのは、北京から見れば「中国共産党が世界的な超大国の第一の標的《ターゲット》になってしまった」という事実だ。ある中国の軍事専門家は「アメリカでは統一戦線《とういつせんせん》が形成された。中国への敵意はワシントンで超党派の意見が一致するポイントになった」と書いている。[*41]
そしてアメリカの中国接近が一九七〇年代以降に非常に多くの扉を開いたように、アメリカの中国からの撤退は、それらの扉を閉じることにつながった。アメリカ主導の世界秩序から利益を得てきた国々は、北京によって運営されるシステムのリスクを理解し始めている。中国が優位に立とうとするあらゆる場所で、ライバルたちが反撃しはじめたのである。

すべての前線で

第一に、中国は戦うことなく台湾を取り戻す可能性を失ってしまった。何十年もの間、北京は台湾の統一を「買う」ことができると考えていた。台湾との経済的なつながりを構築する一方で、各国には台湾との外交関係を断つよう買収できると思っていたからだ。

ところが平和的な統一の見込みは急速に失われつつある。台湾人の多くは好戦的な新たな全体主義国家の統治下で生きたいとは思っていないことが判明したからだ。

二〇二〇年には台湾島全体の人口の六四%が、自分たちのことを「中国人」ではなく「台湾人」だと認識しており、これは二〇一八年の五五%から上昇した。[*42] 中国との統一に対する国民の支持率は過去一〇年間に急落しており、北京との良好な関係を好むと見られがちな国民党は、選挙で何度も罰を受けてきた。

また、台湾は遅ればせながら自らを「戦略的なヤマアラシ」に変えようとしている。二〇二〇年に北京が香港を飲み込むのを見た後、台湾政府は軍事費の一〇%増と、大胆な新たな防衛戦略を承認した。[*43] この計画では、台湾は移動式ミサイルランチャーや武装ドローン、そして機雷など、膨大《ぼうだい》な兵器を獲得する予定だ。

また、あらゆる海岸に一時間で数万人の軍隊を急行させるための即応体制を築き、これらの正規軍を、都市部、山岳地帯、ジャングルなどでゲリラ的に戦えるよう訓練された一〇〇万の予備役でバックアップし、国民に数カ月間の激しい戦闘を心理的に乗り切るために、燃料、医薬品、食料、水を備えた巨大なシェルターのネットワークと大量の備蓄をするというのだ。

台湾の外相は「われわれは最後の日まで自衛する」と宣言している。[*44] この計画は二〇二一年の国防費の補正予算によっても強化されたが、これがもし完全に実行されれば、北京による台湾の征服は極めて困難になるはずだ。

アメリカはこうした変化をすべて下支えしている。一九七〇年代にアメリカと中国が国交を回復したとき、アメリカがいずれ台湾を切り捨てることは当然視されていた。ところがこの関係はその後も続き、中国の圧力のせいで逆に強化されたのだ。アメリカは次第に台湾を実質的な独立国として扱うようになり、この姿勢を裏付けるため台湾軍を援助している。

トランプとバイデンの両政権も、アメリカの政府高官の台湾訪問を容易にした。二〇二〇年にはアメリカの連邦議会が、アメリカ政府が国際機関における台北のプレゼンス強化を支援することを義務付ける法律を成立させせた。同時にトランプ政権は、ミサイルランチャー、機雷、無人機など、水陸両用攻撃を阻止するのに役立つ二〇〇億ドル近い兵器類を台北に売却した。

トランプとバイデンの両政権下で、ペンタゴンは台湾防衛を軍事計画の中心に据えている。アメリカ政府高官たちは自分たちの台湾支援を「盤石《ばんじゃく》」であると公言し、アメリカが中国の侵略に武力で対応することをかなり明確にほのめかしている。[*45] 台湾海峡の軍事バランスは中国に有利な方向へシフトしているが、台北とワシントンはこの状況を打破しようとしている。

アジアの海域にある国々も同様だ。東シナ海で中国の強要のターゲットとなっている日本は、冷戦以降で最も積極的な軍備増強に取り組んでいる。日本は一〇年連続で防衛費を増やし、南西諸島に沿った狭い海域に対艦ミサイルや高品質の潜水艦を配備して、中国の太平洋へのアクセスを遮断《しゃだん》する計画を立てている。[*46]

もちろん現時点では全体的な海軍艦船の総トン数は北京に有利だが、日本は依然として中国よりも水上戦闘艦を多く保有している。この数には長距離対艦ミサイルで武装した、急速に増えつつあるF－35ステルス戦闘機を搭載する予定の、空母に換装された輸送揚陸艦などが含まれる。[*47] 中国の戦略家は「第一列島線」(西太平洋におけるアメリカの同盟国およびパートナー国の戦略的包囲線)を断ち切ることを夢見ているが、東京はそれを「血なまぐさい夢」に変えることができるのだ。

日米同盟もまた、反中的な傾向を帯びてきている。歴代のアメリカ大統領たちは、日米同盟が係争中の尖閣諸島をカバーするものであると表明しており、尖閣諸島をめぐる日中間の戦争は米中戦争に発展することになると警告している。日本側も憲法を解釈し直して、自衛隊がアメリカと共に戦うため、より積極的な役割を果たすことを認めた。

日本の艦船や航空機は、中国の近海を通過するアメリカの軍艦や航空機をエスコートしている。アメリカ軍のＦ－35は日本の「準空母」への着艦訓練を行っている。[*48]

中国にとって最も憂慮《ゆうりょ》すべきことは、日本が二〇二一年に、中国が台湾を攻撃した場合、アメリカと緊密に協力すると合意したことだ。日本の副首相は、台湾への攻撃は日本の生存に対する脅威を構成すると宣言し、ワシントンと東京は共同戦闘計画の作成に着手している。

この計画には、台湾からわずか九〇マイルの最南端の沖縄列島に強力な長距離ミサイルを配備しているアメリカ海兵隊も関わっていると報告されている。[*49] その一方で、日本は二〇一七年にアメリカの離脱後もＴＰＰを維持することにより、中国の経済覇権に対する地域の抵抗を主導してきた。

中国の指導者たちが東シナ海の方を向いてみると、彼らは「小さくて脆弱《ぜいじゃく》な敵」ではなく「世界最強の大国に支えられた地域の主要な敵」の姿を見ることになるのだ。

南シナ海周辺の諸国はそれほど強くなく、反中的な取り組みも弱い。だが完全に無防備なわけではなく、北京を寄せ付けないための軍事力の整備と、戦略的な友好関係の構築を進めている。

ベトナムは陸上の移動式の対艦巡航ミサイルの砲兵部隊や、ロシア製の攻撃型潜水艦、高性能地対空ミサイル、新型の戦闘機、高性能の巡航ミサイルを装備した水上艦を獲得している。[*50]これらの兵器によって、ベトナムはその沿岸二〇〇マイル以内で活動する船舶と航空機を破壊することが可能となった。この海域は、南シナ海の西側の三分の一と、海南島にある中国の巨大な軍事基地を含む。[*51]また、ハノイはアメリカの軍艦を受け入れており、対米関係はかつてないほど緊密になっている。

南側に目を移すと、シンガポールが東南アジアにおけるアメリカの主要な軍事拠点となっており、対潜哨戒機、高速の沿海域戦闘艦《LCS》、さらにその他のペンタゴンのアセットを静かに受け入れている。この都市国家は、アメリカの条約上の同盟国ではないかもしれないが、かつてアメリカ海軍の上級司令官が発言したように、ほぼ同盟国のように行動している。[*52]

南シナ海周辺の他の場所でも、インドネシアは二〇二〇年に国防費を二〇％、二〇二一年にはさらに一六％も増やしており、数十機のＦ－16戦闘機や、長距離対艦巡航ミサイルを装備した新しい水上艦が購入可能になった。[*53]

二〇二一年三月、インドネシア政府は、日本の防衛装備品を取得したり、中国が自国と主張する南シナ海の島々を共同開発するという協定に調印した。同年五月には、中国の海洋侵略に対応するため、潜水艦艦隊を三倍に増やし、新しいコルベット艦を購入すると発表した。[*54] また、ジャカルタは自国の領海で漁業や掘削を行う外国船を沈めると宣言しており、時々テレビの全国放送で拿捕《だほ》した中国漁船を爆沈《ばくちん》させる様子を放映し、その脅迫を実行に移してきた。

南シナ海の東側における、中国の威圧の最大の被害者はフィリピンであり、ロドリゴ・ドゥテルテ大統領の下で、宥和と抵抗の間で揺れ動いてきた。しかし中国の経済攻勢はドゥテルテによるフィリピンの主権の売り渡しにはつながっておらず、フィリピン内では北京への不満が高まった。

テオドロ・ロクシン外相は、二〇二一年の初頭に中国のいじめについてツイッター上で冒瀆《ぼうとく》的な言葉を並べて、わめき散らしている。これについて、かつてバラク・オバマを「売春婦の息子」と呼び、口が悪いことで有名なドゥテルテ大統領は、国家運営のツールとして卑猥《ひわい》な言葉を使うことが許されるのは自分だけだと述べている。[*55]

にもかかわらず、マニラは空・海軍のパトロールを強化し、アメリカと軍事演習を行い、インドからのブラフモス巡航ミサイルの購入に動いている。[*56] またトランプ・バイデン両政権下で、フィリピン政府はもし戦闘が発生した場合のフィリピン軍への支援について、ワシントンからさらに強固な保証を得た。[*57]

つまり、中国は南シナ海で軍事面での優位を獲得したが、それは結果的に多くの近隣諸国を敵に回すことになったのである。また中国の強い自己主張は、南シナ海の問題を世界的な懸念材料にしてしまった。日本、オーストラリア、そしてイギリスなどの国々は、海洋警備行動の部隊を派遣するなどして、世界の海運の三分の一が通過するこの海域における中国の支配的な地位に反対している。

また、この地域のアメリカの同盟国たちは、防衛連携協定に署名して互いの距離を縮めると同時に、アメリカに接近していった。

実際、中国が大きな影響力を求めれば求めるほど、周囲からますます大きな敵意に直面するようになっている。オーストラリアは二〇二〇年以降に中国が仕掛けた経済強要キャンペーンを切り抜けて、外国からの干渉に対し社会をより強固にする決意を固めている。オーストラリアの指導者たちは「アメリカと中国のどちらかを選ぶ必要はない」という安易な幻想をほぼ捨て去り、「アメリカとの同盟の対案は、北京に従属すること」だと認識したのだ。

オーストラリアは現在、過去数十年間で最大の国防大改革に取り組んでいる。アメリカ軍の艦船や航空機を受け入れやすくするため北部の基地を拡張し、通常型の長距離ミサイルに投資し、南太平洋の戦略的位置にある島々で、中国の影響工作に対抗する活動を行っている。[*58]

二〇二一年になるとオーストラリアの国防大臣が、台湾をめぐる戦争でアメリカを支援しないことは「考えられない」とまで述べた。[*59] 同年にキャンベラは、アメリカの技術で原子力攻撃型潜水艦を建造する画期的な協定を、ワシントンとロンドンと締結した。

この協定はオーストラリア海軍を、インド洋と南シナ海において侮《あなど》れない存在にするもので、英語圏の三カ国を「反中協商」として結びつけるものだ。オーストラリア政界では「パンダハガー」（親中派）が絶滅危惧種《ぜつめつきぐしゅ》となり、代わりに「パンダを殴る人」が幅《はば》を利《き》かせるようになった。

同じことが、アジア大陸での中国のパワーに対する主要な防波堤、インドにも当てはまる。ニューデリーは中国を恐れ、数十年前から徐々にアメリカに近づいていたが、そのスピードは近年明らかに加速している。モディ首相は「インドの前進のためのあらゆる分野で、私はアメリカを不可欠なパートナーとして見ている」と宣言している。[*60]

インドは二〇一七年に、一〇年前から停滞していたクアッドを復活させることに合意した。インド海軍は、ベトナムの軍艦と並んで南シナ海を通過した。アンダマン・ニコバル諸島（戦時における中国の通商封鎖の中継点）にミサイル発射装置《ランチャー》を設置し、世界で最も進んだ対艦ミサイルを装備した艦船を建造している。[*61]

もちろん「非同盟」はインドで依然として強力なイデオロギーだが、もはや妥当な戦略とは言えない。ニューデリーは「北京からの迫り来る脅威を相殺《そうさい》するためにワシントンに傾倒《けいとう》する」というアンバランスな三角関係を追求している。
インド太平洋の先に目を向けると、中国の世界的な野望が世界的な反応を引き起こしていることがわかる。二〇一九年に欧州連合は、北京のことを「システム上のライバル」とレッテル貼りし、多くの加盟国が中国のテクノロジーによる5Gネットワークを禁止したり、静かに排除したりした。[*62]
一帯一路に署名して同盟国に衝撃を与えたイタリアは、二〇二一年にその決定を実質的に覆《くつがえ》した。西ヨーロッパの三大国、フランス、ドイツ、イギリスは、南シナ海とインド洋に海軍の哨戒《しょうかい》部隊を派遣し始めた。フランスは二〇二一年の四カ国合同軍事演習を公然とリードし、一〇月にはアメリカ、イギリス、日本、カナダ、ニュージーランド、オランダの海軍部隊がフィリピン海に集結して一緒に訓練を行った。東京、キャンベラ、ロンドン、パリでは、政府高官たちが「中国が攻撃してきたら台湾を助けに行く」と囁《ささや》き始めている。[*63]
このような姿勢の大転換は、特にイギリスで目立つ。二〇一五年にはデービッド・キャメロン首相が、対中関係は「黄金時代」に入ったと宣言し、二〇一九年までイギリスは、ファーウェイに5Gネットワークの制御を許可することで、技術面で北京の「付属品」になってしまう危険にさらされていた。
ところが二〇二〇年以降に潮目が変わった。ボリス・ジョンソン政権は、中国との競争を「グローバル・ブリテン」戦略の中心に据えて、それに見合う国防費の引き上げを発表した。[64]

反撃しているのは大国だけではない。二〇二〇年には「宥和《ゆうわ》のための犠牲」になることの意味をよく知っているチェコ共和国が、思いがけない形でアメリカのファーウェイへの攻撃に加わることになった。チェコの上院議長が台北を訪れ、ジョン・F・ケネディの有名な西ベルリンへの旅を思わせる言葉で「私は台湾人だ」と宣言したのだ。[65]

その翌年、カナダは、外国人を「外交的な人質」として勾留《こうりゅう》――これはまさに中国が二〇一八年、二人のカナダ国民に対して行ったことだが――する国を孤立させることを約束する、五八カ国による外交イニシアチブを開始した。[66]

リトアニアは、台湾が首都ビリニュスに外交代表部（非公式の大使館）を開設することを許可し、一方で中・東欧における中国の影響力に対抗するキャンペーンを開始した。同時に地域を超えた民主国家のグループは、新疆ウイグル自治区での大虐殺に関与した政権関係者たちに制裁を科すことで、中国共産党の支配体制の弱点を突いたのである。

これに対して北京は猛反発した。中国共産党は欧州の高官だけでなく、シンクタンクにさえも制裁を加えた。その結果、北京が米欧間のくさびとして期待していたEUと中国の投資協定は頓挫《とんざ》した。ある学者が鋭く指摘しているように、これこそ「中国の負け方」の典型的な例だ。つまり、高圧的で反射的な強硬さによって、多くの国々は中国共産党主導の世界で生きることがどれほど嫌なものかを思い知らされたのだ。[67]

長期化する中国の勝算

といっても、あまり調子に乗りすぎないことも重要だ。反中的な連携が不完全なまま止まっているのは、多くの国々がいまだに北京との貿易に熱中しているからだ。中国の経済面での存在感《プレゼンス》は、東南アジア、アフリカ、南米などの発展途上地域に広く浸透している。シンガポールのリー・シェンロン首相は、二〇一九年にワシントンに対し「このような国々が北京との関係を簡単に断つようなことを期待しないほうがよい」とアドバイスしている。「世界であなたの居場所はどこにあるのですか？　そしてあなたのシステムには誰がいるのでしょう？」と彼は尋《たず》ねている[*68]。

フランスやドイツのようなアメリカと緊密な同盟国でさえ、時に優柔不断《ゆうじゅうふだん》に見える。冷戦で傷ついた記憶を持つこれらの国々は、世界を再び二分するような二度目の冷戦を回避しようと躍起《やっき》になっている。中国はこのような国々が使うヘッジをさらに強めている。経済面での影響力を利用してASEAN、さらにはEUのような地域グループを分断・分裂させたり中立化させるからだ。

さらに、政府が望むものとビジネス界が望むものは別物であることも重要だ。たとえばワシントンと東京が二〇二〇年から二〇二一年にかけて中国への依存度を軽減しようとしたときも、アメリカと日本からの投資は相変わらず中国に流れ込んでいた。[*69]

軍事的な問題に目を向けても、台湾の防衛と西太平洋の安全保障に関する多国間協議はまだ未成熟で、ペンタゴンがＮＡＴＯの同盟国たちと享受しているような、数十年にわたる訓練と戦闘を通じて培《つちか》われた深い協力関係のようなものは存在しない。中国に対するバランシングは「二歩進んで一歩下がる」ような感覚なのだ。

その一方で、中国は戦略的な孤立状態をいかに回避すべきか追求してきた。プーチン率いるロシアは怒れる修正主義的な独裁国家であり、侵略を好み、敵を作る才能に長《た》けているが、そのロシアとも同盟関係を築いている。このパートナーシップは西側諸国の観測筋の予測を超えて、一〇年前よりも経済的、技術的、外交的、軍事的に協力関係が深化している。

北京とモスクワの間には「かつて争ったことのある国境で互いに問題を起こさない」という暗黙《あんもく》の了解があり、その結果としてユーラシア大陸と世界に向けて、アメリカとその同盟国に及ぼすトラブルを最大化できている。

ロシアによるウクライナ侵攻の前夜、習近平とプーチンは自分たちの友情に「限界はない」と宣言した。その後のモスクワの攻撃と、それが引き起こした世界規模の安全保障危機は、ヨーロッパとアジアで同時に力の均衡が損《そこ》なわれていることを浮き彫りにした。たしかに中国とロシアは伝統的にその歴史的な対立を抑えるのに苦労してきたが、現時点では反米・反民主主義のアジェンダのおかげで結びつきは深まっている。[*70]

この連携がもたらす戦略的な効果は極めて重要だ。たとえばドイツと日本は、世界に対する長期的なビジョンが根本的に違っており、実際は曖昧《あいまい》で互いに不信感を感じていたパートナー同士であったにもかかわらず、第二次世界大戦に至るまでは互いの前進が生み出した混乱と圧力から利益を得ていた。

中国とロシアは、アメリカが自分たちのどちらか一方だけに完全に集中できないという事実から利益を得ている。そして今後の中露関係は、さらに緊密化する可能性がある。ロシアがウクライナへの侵攻によって孤立を深めれば、経済面でも戦略面でも中国への依存度が高まるだろう。北京がアメリカとその同盟国たちの手でさらに果敢《かかん》な「封じ込め」を経験することになれば、ロシアとの穏やかで生産的な関係はさらに価値を増すことになる。

アメリカの中国・ロシアとの大国間競争が、ユーラシア大陸の大部分を占め、まとまっていく「独裁主義連合」との争いへと集約されていくシナリオを想像することは、もはや馬鹿げたことではなくなった。[*71]

ところが北京にとっては、このシナリオも好都合だとは言えない。プーチンは習近平にとって「ヒトラーにとっての東条英機」なのかもしれないし、あるいはムッソリーニのように「弱くて不誠実な同盟国」で、その失策が強者側に逆にマイナスの結果をもたらすかもしれないのだ。[*72]

ロシアによるウクライナ侵攻は、中国にいくつも難問を突きつけた。プーチンと親密な関係にある習近平に、国際的な詮索《せんさく》と疑念を巻き起こしたからだ。[*73]「ロシアと密接な中国」は「世界の多くの国からさらに疎遠《そえん》になる中国」となるはずだ。そしてプーチンの攻撃は世界中で独裁主義国による侵略への恐怖を高め、より激しい北京に対するバランシングを各国に促すことになりかねない。

実際、全体的な傾向はこのように明白で、中国共産党の見解からすれば不気味だ。さまざまなアクターたちが力を合わせて中国のパワーを牽制《けんせい》し、それを戦略として結実させようとしている。そして今後、こうしたことがより一層、起こっていくはずだ。

世界で最も革新的な国家群は、中国企業を排除するような技術的な基準を設定し、さらには欧米での生産やデジタル・ネットワークから締め出すこともあり得る。民主国家の同盟が変化することで、世界中の自由主義体制を守ろうとしながら、人権侵害を行っている中国を名指しで非難し制裁を加えることもあるだろう。

拡大したクアッドは、中国の侵略があった場合に諜報《ちょうほう》活動と軍事行動を調整することができる。それと同時に、活性化した英語圏の国々は、北京を排除した形で技術協力と安全保障協力の深化を追求することができる。たとえばG7を中心とした西側の富裕国たちは、開発・インフラの資源を結集し、一帯一路に対抗することもできる。新型コロナウイルスをきっかけに、世界的なサプライチェーンのネットワークが、生産拠点を中国から、インドやベトナムなどの友好国へ移転する動きが加速する可能性もある。[*74]

ただし第二次世界大戦中の大同盟やNATOのような、単一の包括的な反中同盟はおそらく結成されないだろう。ところが世界ではすでに、志《こころざし》を同じくする国々が共通の関心事に対処することを目指して、複数の重なり合う反中同盟を形成する方向に進んでいる。このような戦略面での反動は、中国の手に負えないものだ。

中国はすでにGDPの一部の指標でアメリカを抜いたかもしれないが、その他の重要な指標ではまだかなり弱い。たとえば「一人当たりのGDP」は、国家が世界権力を追求する上で国民からどれだけの富を引き出せるかを示す重要な指標である。この指標によれば、二〇一九年にアメリカは中国より六倍も豊かであったことになる。[*75]

国連と世界銀行が発表した総資産（年間生産高とは異なる）の推計によると、アメリカは圧倒的にプラスであり、経済が弱まれば中国の見通しは悪化する一方となる。[*76] 北京にとって有利な指標であっても、ワシントンとその同盟国たちは依然として世界の軍事費と経済生産高で、明らかに大部分を占めている。

どの国も、このような不利な状況で永遠に戦い続けることはできない。ましてや停滞中の独裁国家であればなおさらだ。中国共産党はたしかに長期的な目標を達成できるかもしれないが、それは「敵対してくる国々を分断できれば」という条件つきだ。だが実際には逆に団結させてしまっている。

この残酷な現実は北京でも気づかれつつある。二〇二一年には国防部長の魏鳳和《ぎほうか》が、今後数年間は「封じ込めと反封じ込め」の戦いになると予測している。中国はアメリカの覇権主義による包囲網から逃れようとする一方で、ワシントンとその同盟国たちは既存の秩序を維持しようとするというのだ。[*77]

また、習近平を批判することを恐れない一部の識者たちは、さらに明確な見解を示している。人民解放軍の上級幹部である戴旭《たいきょく》は、数十カ国の同盟国を持つ超大国の敵意を刺激することがいかに命取りになるか説明している。彼は「アメリカ帝国主義を張子《はりこ》の虎《とら》だと思わないほうがよい。人を殺すのは本物の虎だからだ。帝国主義のアメリカが敵と見なした相手は大きな問題に直面する」と書いている。[*78]

中国の他の専門家たちも同様のメッセージを発しており、これにはタカ派的な経歴の持ち主も含む。元少将の喬良《きょうりょう》は、アメリカの影響力に対抗する中国共産党のアプローチの知的な面での「生みの親」の一人とみなされている人物だ。ところが彼は二〇二〇年に「あまりにアグレッシブに行動すると、中国の偉大な復興が危うくなる」と警告している。

たしかに新型コロナウイルスは中国にとって「短い戦術的な窓」を作ったかもしれないが、その窓は「将来直面するであろう戦略的ジレンマを解決するには十分な大きさではない」というのだ。[*79] 元外交官で中国共産党の重鎮である袁南生《えんなんせい》も、歴史的な類推《るいすい》という穏健な批判手段を使いながら「四方に敵を持つ」ことは大災害につながると主張している。[*80]

二〇二一年七月には闇学通《えんがくつう》も、アメリカの「多国間クラブ戦略」は中国を孤立させつつあり、経済発展や外交関係に深刻な支障を発生させていることに同意している。[*81]
二〇二一年後半には、あるアメリカのシンクタンクが、ワシントンが「中国を封じ込める方法として多国間機構や同盟国やパートナーたちとの緊密な関係を使っている」という意見については、中国の専門家たちの間にコンセンサスがあると報告している。[*82]
ベテランの中国ウォッチャーであるリチャード・マクレガーが書いたように、習近平はいまや静かな反発に直面しており、部下たちの中には彼の政策が国をどの方向に向かわせるのか、懸念する者もいるという。[*83]
中国政府高官たちは、新型コロナ後の世界を希望に満ちた眼差《まなざ》しで期待しているかもしれない。しかし同時に彼らは、中国が克服できない集団的な敵意を発生させていることも懸念すべきなのだ。

マーク・トウェインは「歴史は繰り返さないが韻《いん》を踏む」と述べた。過去が現在とまったく同じに見えることはなくても、その基本的なパターンは再現されるのだ。歴史に目を向けることは、今日の中国とアメリカの状況を理解する上で特に有益だ。
中国は、多くの意味で「すでに台頭した大国」である。中国はすでに圧倒的な地政学的能力を有しているか、あるいは近いうちに有することになりそうだ。しかし最盛期が過ぎたという意味では、中国は「台頭を終えた」とも言える。

中国共産党は現在、国内および国際的な問題に真正面から取り組んでおり、その結果、北京が長期にわたって最も大きな戦略目標を達成することは、劇的に困難になってきている。簡単に言えば、これほど多くの癌《がん》が転移し、これほど多くのライバルがいる国が、自らの行動が引き起こしたすべての抵抗を、永遠に克服できるとは考えにくいのだ。

アメリカの立場からすれば、これは実に良い知らせのように思えるかもしれない。ところがそれは逆で、これはまったく安心できる話ではない。これから中国の国内問題が本格化すれば、北京の将来はますます暗くなるだろう。中国共産党の幹部たちは「経済的な衰退」と「地政学的な包囲網」という二つの恐怖に容赦《ようしゃ》なくつきまとわれることになるだろう。

私たちが本当に心配しなければならないのは、まさにこの瞬間からだ。世界を欲している国がそれを平和的に手に入れることができないと気づいてしまったら、一体何が起こるだろうか？　歴史が示唆《しさ》するその答えは、「ろくなことにならない」というものだ。

第四章
衰退する国の危険性

第一次世界大戦を引き起こしたドイツ

表面だけ見れば、一九一四年の皇帝《カイザー》ヴィルヘルム二世は、楽観的になって当然だった。ヴィルヘルム皇帝率いるドイツ帝国の前身、プロイセン王国は、その一〇〇年前はナポレオンに大敗していた。後世のあるイギリスの識者によれば、各王国が緩《ゆる》やかに連携していたドイツは一八五〇年代までは「取るに足らない王子の下にある、取るに足らない国家の集まり」でしかなかった。[*1] しかし一八七一年にそれらの国家が統一されてから、ドイツは大国としての地位を確立していく。

ドイツの工場は鉄と鋼鉄を生産し始め、かつて揺《ゆ》るぎなかったイギリスの経済面でのリードを消滅させた。ドイツはヨーロッパで圧倒的な軍隊を作り、海軍を増強してイギリスの海洋面での優位性を脅かした。一九〇〇年代初頭には、ドイツは大陸の重鎮《じゅうちん》となり、植民地と世界的な権力の獲得を狙った大胆な「世界政策《ヴェルトポリティーク》」を推進した。歴史家のA・J・P・テイラーは「ドイツは他のすべての大陸国家の上にそびえ立ち、ヨーロッパはその外の国々まで支配する運命にあるように思われた」と書いている。[*2]

ところがカイザーとその側近たちは自信を持てなかった。自分たちの東側ではロシアが軍隊を増強し、艦隊を拡大し、軍の戦争準備に必要な時間を短縮していた。自分たちの西側では、もう一つの敵であるフランスが、ドイツ攻撃のための軍隊を大幅に増強していた。

さらに悪いことに「三国協商」がドイツを包囲し、「同盟国は腐《くさ》った果実のようにどんどん離脱している」とカイザーは訴えていたほどだ。[*3]おそらく時間はベルリンの味方ではなかった。ヴィルヘルムがすぐ偉業《いぎょう》を成し遂げなければ、ドイツの軍事的優位の地位と世界権力への希望は崩壊しかねなかったからだ。

ドイツ参謀本部総長のヘルムート・フォン・モルトケは、一九一四年、たとえそれが「近い将来に戦争を引き起こす」ことを意味するとしても、ドイツは「勝利の見込みのあるうちに敵を撃滅《げきめつ》」しなければならないと宣言した。[*4]その夏にヨーロッパで外交危機が勃発《ぼっぱつ》すると、カイザーの政府はまさにそれを実行した。オーストリアの王子の暗殺を「第一次世界大戦」という世界的な大火に変える、決断と危険を冒《おか》したのである。

ドイツの台頭が勢力均衡の破壊につながったとするなら、その衰退が差し迫っていたことこそ、ヨーロッパを暗闇に突き落とす攻撃的な賭《か》けに駆り立てた理由だった。

こうしたシナリオは、意外によくあることだ。政治学者の間では、大国というのは台頭するか衰退するかのいずれかであり、台頭する大国はさらに前進して、衰退する大国は後退してゆく。そして最大の緊張と最も破壊的な戦争は、台頭する挑戦者が既存の大国を追い越すときに起こる、というのが定説だ。この説を学者たちは「覇権移行論《はけんいこうろん》」と呼ぶ。だが現実はもっと複雑である。

たとえば、ある国が、台頭するのと同時に衰退し始めることもあり得る。われわれが「台頭国」として振り返る過去の国々は、経済的な減速や敵対勢力による戦略的な包囲を経験していることが多い。危険で好戦的な行動を誘発するのは、国力上昇の持続がもたらす楽観主義ではなく、その結果として生じる「衰退への恐怖感」だ。経済成長が鈍化すると、そこから不安ゆえの拡大政策がとられることが多い。

敵に囲まれた国は、その包囲網を断ち切るために無謀《むぼう》な手を打つ可能性を高める。最も重要なことは「覇権の移行」が起こっていなくても紛争が起こりうる点だ。最大の罠《わな》は、それまで台頭していた挑戦者が「敵を追い越せない」と自覚した時にある。

不満を感じている大国の「チャンスの窓」が閉じ始め、その指導者たちが国民に約束した栄光を実現できないことを恐れるようになると、たとえそれが「確率の低い勝利」への突進であっても「屈辱的な転落」よりはましだと感じるかもしれないのだ。

いいかえれば、中国の行動が危険なのは、中国がアメリカを追い越すのが必然的だからではない。歴史上で最も悲惨な戦争のいくつかは、未来にそれほど希望が持てなくなってしまった修正主義的な大国によって始められた事実があるからだ。

トゥキディデスは間違っていた?

現在の、大国間紛争の原因についての理解は、記録上最も古い戦争の一つから集中的に知識を得たものだ。それは紀元前四三一年から前四〇四年にかけてアテナイとスパルタが戦った「ペロポネソス戦争」の記録であり、トゥキディデスがこれについての古典的な説明を提示している。

無双の海軍力を持ち、帝国を発展させつつあったアテナイの台頭は、それまでギリシャ世界をリードしてきた陸の大国スパルタを脅かすものだった。スパルタは、アテネが成長し、武装し、他の国家を影響圏に引き込むのを神経質に見守っていた。

スパルタはその影響力をますます試されることになった。エスカレートする一連の危機の中で、スパルタは手遅れになる前に戦うこと、つまり「敵対勢力に全身全霊で立ち向かい、できることなら現在の戦争を始めることによって打破する」ことを決意したのだ。[*5]その後に起こった恐ろしい衝突は、双方を荒廃《こうはい》させ、ギリシャ文明の黄金時代を終焉《しゅうえん》に導くことになった。

トゥキディデスは「国際関係論の父」と呼ばれ、彼の大国間の紛争に関する説明はこの分野の学問の中心に残っている。覇権移行論は、新興国が既存の国を追い越す恐れがある場合に戦争が起こる可能性が高まるとする。そして挑戦者が強くなるにつれて、既存のシステムを不安定にすると捉《とら》える。挑戦者が既存の大国の力に挑戦するからだ。

その結果として、敵対関係のスパイラルが発生する。ある政治学者は「戦争が最も起こりやすいのは、台頭し不満を抱く挑戦者の力が、リードしている大国の力に近づき始める時期だ」と書く。[*6]

二〇一五年にハーバード大学のグレアム・アリソンは、古代からの知恵を活かして現在の対立を説明している。アリソンは歴史を通じて「覇権の移行は戦争につながってきた」と主張した。この危険性は、中国が間もなく「世界史上最大のプレーヤー」になるため、とりわけ深刻なものになるという。[*7]

今後数十年間の最大の課題は、アメリカに代わって世界のリーダーとなる運命にある国の台頭を、その途中で激しいカタストロフィ（大惨事）を引き起こさずに管理することだという。驚くことではないが、この考え方は習近平に響いたようで、彼は「トゥキディデスの罠」を引用しつつ、アメリカに対してアジアとその外の地域における中国の優位性を受け入れるよう呼びかけている。[*8]

トゥキディデスのテーゼにはたしかに真実が含まれている。新しい大国の台頭は、必然的に世界を揺るがすからだ。二五〇〇年前にアテナイが強大な超大国になっていなければ、スパルタに対してこれほど脅威を与えることはなかったはずだ。もし中国がいまだに弱く貧しい国であったなら、ワシントンと北京が対立することもなかった。台頭する大国というのは、たいていの場合は既存の大国を脅かす形で影響力を拡大するものだ。

ところが戦争を引き起こすメカニズムというのは、それほど単純ではない。

その理由を知るには、ペロポネソス戦争までさかのぼってみるべきだ。この戦争の研究で現代の第一人者であるドナルド・ケーガンは、紀元前四六〇年から前四四五年にかけて戦われた「第一次ペロポネソス戦争」は、たしかにアテナイの台頭によって引き起こされた可能性があると指摘している。だがその戦争は、包括的な和平調停で終結している。

トゥキディデスが記した「大ペロポネソス戦争」の方は、もっと複雑な原因があった。実はアテナイはこの戦争の数年前から台頭を終えていた大国で、その影響力はもはや拡大してはいなかったのだ。アテナイは急速な衰退を恐れて平和に挑戦するような行動をとり、最終的に平和を破壊した。

この最大の原因は、スパルタの同盟国であるコリントと中立国であるケルキュラとの、エピダムノスという無名の場所をめぐる争いにあった。コリントはその争いに勝ち、ケルキュラの強大な艦隊を自国の艦隊に加えようとした。コリントの同盟国であるスパルタは、これによってアテネの力と繁栄の基盤である海軍の優位性を無効にできる。ケーガンは、アテナイが「パワーバランスの致命的な変化に一気に脅かされることになった」と記している。[*9]この悪夢によってアテナイはコリントとケルキュラの戦いに介入することになり「大ペロポネソス戦争」という連鎖反応を引き起こしたのである。

このエピソードには、大国を絶望に追い込むメカニズムを理解するヒントがある。相対的な富と力が増大して地位が向上している国は、たしかに地政学的な視野を広げるものだ。

だがそのような国でも、クライマックスとなる決定的な紛争の開始は遅らせ、覇権国の怒りを早々に買うことを避けたいと思うものだ。そうした国にとっては、冷戦後の二〇年間に中国が行ったような、自国の能力を隠して時間を味方につける行動が望ましいと思われる。

さらに別のシナリオも考えてみよう。ある不満を抱く国家が力をつけ、野心を高めている。指導者たちは強烈なナショナリズムを煽《あお》り、国民に対して「過去の恥辱を晴らせるし、大きな犠牲を払ったこともきっと報われる」と約束する。ところがこの国はピークを越えてしまった。その理由は、経済が停滞したためか、あるいはこの国の台頭を阻《はば》もうとするライバルたちの同盟に直面したためである。

「チャンスの窓」が閉じ始めて「脆弱性《ぜいじゃくせい》の窓」が迫ってくる。このような状況では、修正主義的な勢力はより攻撃的になり、さらには予測不可能な行動を取るかもしれない。「手遅れになる前に、できる限りのものを手に入れておきたい」という衝動に駆《か》られるからだ。

アメリカと中国が直面しているのは、まさにこの厄介《やっかい》な可能性だ。しかもこのようなことは、過去に何度も、実際に繰り広げられてきた。

壁に突き当たる

まず経済の減速から始めよう。急速に経済成長していた国々が深刻な停滞に陥《おちい》るとどうなるのだろうか？　この問いに答えるため、われわれは過去一五〇年間に、一人当たりGDPが七年間にわたって世界平均の少なくとも二倍の速さで成長し、その後七年間で少なくとも五〇％減速したすべての大国の例を調べた。[*10]　つまり急上昇していたのに急落してしまった国々だ。しかもこうした国々は「墜落《ついらく》」することが多い。

過去一五〇年間に停滞した新興国のほとんどは、重商主義政策（国家権力を使って市場や資源を囲い込むこと）や国際的な市場拡大によって経済を再生させようとした。彼らは国内を厳しく取り締まり、海外では影響圏を拡大した。また、軍事力を増強して積極的に行使している。多くの場合、こうした行動は大国間の緊張を高めることになった。大戦争の引き金になったケースもある。

ではなぜ「つまずいた大国」が問題なのだろうか。そのロジックはシンプルだ。高度成長期はその国の野心を刺激し、国民の期待を高め、ライバルを不安にさせる。この期間が長期化すると、企業は大きな利益を上げ、国民は豊かな暮らしに慣れてくる。そしてこの国は、国際的なパワーと名声を獲得するのだ。指導者たちはこうした期待に応え、国民に繁栄と偉大な未来を約束する。ところが経済の停滞が、そのすべてを危《あや》うくする。

経済成長率が鈍化すると、国家の指導者たちは国民を太らせ、幸せにするのが難しくなる。経済不振は国を弱体化させ、ライバルを優位に立たせる。不穏な情勢を恐れる指導者たちは、国内の反対意見を抑圧するようになる。彼らは強力な経済成長を回復し、外敵を寄せ付けない決意を固める。そこで領土拡大が、脱出口の一つのように見えてくる。なぜならそれによって新たな富の源泉を獲得し、リーダーを中心に国民をまとめ、迫り来る脅威を回避できるように思えるからだ。[*11]

多くの国がこの道を歩んだ。中には意外な国もある。アメリカの主要なＮＡＴＯ同盟国の一つであるフランスは、第二次世界大戦後に長い好景気を経験したが、一九七〇年代にブームは立ち消える。パリはかつての経済的な勢力圏をアフリカに再構築することで対処し、旧植民地に一万四〇〇〇人の部隊を配備し、その後の二〇年間に一二件もの軍事介入を行った。[*12]

日本は一九五〇年代と六〇年代に、フランス以上に急成長したが、同じく一九七〇年代に経済が低迷した。東京は地経学的《ジオエコノミック》な占有地域の確立を期待して東南アジアへの投資を拡大し、日本企業が主要産業でグローバルな市場シェアを獲得し、石油などの重要な資源へのアクセスを確保することを支援して、この事態に対処した。この時の日本は軍事的に攻撃的になることはなかったが、その投資とシーレーンを守るために強力な海軍［海上自衛隊］を発展させている。[*13]

アメリカも過去には不安ゆえの拡大に走ったことがある。たとえば一八八〇年代に南北戦争後の長期にわたる景気拡大が終わると、続く一八九〇年代には猛烈な金融パニックと長引く不況に見舞われ、一八九四年から一八九八年にかけて、全国平均で一二％近い失業率を記録した。[*14] これにより、ストライキやロックアウトのような労働争議が頻発《ひんぱつ》して死者も出るようになった。

また、国内の政情不安に見舞われたアメリカの政府関係者は、世界を手あたり次第に征服していたヨーロッパの巨大な列強たちに比べて、自分たちが脆弱であることを懸念した。すでにアフリカとアジアは食い尽くされており、次は西半球の番かもしれないのだ。国務長官リチャード・オルニーは「平和時における唯一のライバルであると同時に、戦時においては敵となる国々が、われわれの玄関の外までやってきている」と警告したほどだ。[*15]

ワシントンが、この運命を穏やかに受け入れることはなかった。政府は国内でストライキを激しく弾圧し、外国製品に関税をかける一方で、世界への急激な進出と拡大にかじを切ったのだ。[*16] アメリカはラテンアメリカと東アジアの新しい市場に投資と輸出を行う一方で、欧州の製品に対しては自国の市場を比較的閉鎖的な状態に保った。[*17]

巨大な海軍を建造し、プエルトリコ、フィリピン、パナマ運河のルートといった重要な戦略拠点を押さえた。スペインと戦争し、中国に部隊を派遣し、自分たちには西半球から外国勢力を排除する権利があると主張した。当時のある著名な拡張主義者は「アメリカは……国民が直面しうる最大の危機的事態に直面している。アメリカは貿易の出口を守らなければならない、さもなければ窒息《ちっそく》の危険にさらされる」と書いている。[*18]

幸いなことに、これらのケースは「不安な誇大妄想」の軽い症状でしかなかった。いずれの場合も、民主的な制度が、攻撃的な衝動や内部の緊張に対する「ショックアブソーバー」として機能した。また、いずれのケースでも、アメリカには海外市場で競争できる比較的オープンでダイナミックな経済体制が残っていた。

アメリカのこうした体制は、自己完結した経済圏を形成しようと本格的な軍事侵攻を行うよりも、技術革新と平和的な通商を促進《そくしん》することで、経済成長の回復を容易にした。[*19] さらに付け加えれば、戦後の日本とフランスは、ワシントン主導の比較的健全な世界秩序の中で生きていたため、最悪の形での重商主義的な拡大をする必要がほとんどなかったのだ。

だが民主的な正統性《レジティマシー》を欠き、威勢《いせい》のいいナショナリズムに走る独裁主義的な政権が停滞に直面した場合にはどうなるだろうか？ 競争力のない国家主導経済が、重商主義から利益を得る縁故主義の資本家ネットワークに依存している場合はどうか？ そのような国々は、たとえ世界政治を不安定にすると知っていようとも、外国市場への参入に突進し、重要な資源を手に入れるだけだ。

帝政ロシアの場合を考えてみよう。一八八〇年代後半から世紀の変わり目にかけて、ロシアは好景気に沸《わ》いた。工業生産高は倍増し、鉄鋼、原油、そして石炭の生産量は三倍になった。しかし一九〇〇年になると景気は大きく後退し始めた。農民が領地を荒らし、労働者が鉄道や工場を破壊し、多くの政府高官が暗殺された。ロシアの支配者たちはその技術的後進性のせいで、ロシアが先進国の草刈《くさか》り場となり「産業面で虜《とりこ》」になることを恐れた。[20]

恐怖に駆《か》られた絶対主義的な政府は、取り締まりを厳しく行った。一九〇五年までには帝国内の七〇％が戒厳令下におかれ、一万人以上が処刑された。ロシア軍は成長し、海軍予算と艦隊の総トン数は一九〇一年から一九〇五年の間に四〇％近く増加した。[21]政府が管理する銀行と産業は、経済拡大のツールとなった。

サンクトペテルブルクは強硬な姿勢を見せ、東アジアでの影響力強化のために、朝鮮の植民地化を目指すと同時に、満州を占領しようと一七万人の兵士を派遣している。ところがこのような動きは裏目に出た。彼らは日本を敵に回し、日本は二〇世紀最初の大国間戦争でロシアを打ち負かしたのである。[22]

それから百年後、ウラジーミル・プーチン率いるロシアは、同じような状況で攻撃的になった。[23]世界的な金融危機［リーマンショック］と、石油価格の暴落のおかげで炭化水素（ガスと石油）を推進力とする成長が終わった後、プーチンはロシアの地位を強化するため、資源に依存した経済を支え、そして彼の支配に対する挑戦を回避するために、新たな方法を必要としていた。

プーチンは異論を違法化し、政治的な挑戦者たちを殺害し、ロシアを独裁体制へと深化させ、ナショナリズムや外敵に対する「外国人恐怖症《ゼノフォビア》」を悪化させたのだ。[24]プーチンは、ロシアを中心としたユーラシア経済圏を作ろうとしており、それを熱狂的に支持するある人物は、それを「新たな帝国的な共同体」と呼んでいる。

そしてプーチンは、石油メジャーである「ロスネフチ」に代表される国営企業や、政府が支援する傭兵たちを、国家権力のツールとして海外展開した。特に、ロシアはその影響圏から逃れようとする二つの隣国（グルジア＝現ジョージアとウクライナ）の国土の一部に侵攻し、同時にシリア内戦にも介入した。ロシアのある大臣は一九〇四年に「勝利を得られる小さな戦争が必要だ」と（愚かにも）主張している。二一世紀のロシアの皇帝「プーチン」も、そのプレイ・ブックを熟知している。[*25]

実際のところ、ウクライナにおけるロシアの侵略は、ピークを迎えた後の国が陥る力学が働いていることを実証している。二〇一〇年代初頭に、EUはプーチンのユーラシア圏のビジョンを脅かした。ウクライナに対し実質的に多くのロシア製品の輸入を禁止するような、包括的な自由貿易協定を提案したからだ。[*26]この協定は、ウクライナをEUの集団安全保障体制と防衛政策に統合することも求めていたが、ロシアの指導者たちはこの動きを「NATO加盟へつながる道だ」と見なしていた可能性がある。[*27]

ロシアはウクライナに積極的に圧力をかけ、EUとの協定を拒否させようとし、二〇一三年一一月、ウクライナ大統領だったヴィクトル・ヤヌコヴィッチが協定を破棄《はき》したことで、モスクワはその目的を達成したかのように見えた。[*28]

ところがその決定はキーウでの抗議活動を巻き起こし、結局ヤヌコヴィッチはロシアに逃亡せざるを得なくなった。ロシア当局は、ウクライナは真っ二つに分裂しそうで、EUは同国の西部を呑み込み、ロシアはウクライナとのガス取引とクリミアの海軍基地を失い、結果として生じる混乱はロシア自身の国内での政情不安を引き起こすかもしれないと警告したのだ。[*29]

西側に傾きつつあったウクライナ、その後に起こり得る結果に直面したプーチンは、代わりに数年かけて行ってきた軍事増強の成果を、ウクライナを破壊するために使うことを選択した。ロシアは二〇一四年にクリミアを併合し、ウクライナ東部で反乱を煽《あお》った。これはまさしくあからさまな敵対状態であり、ロシアが二〇二二年、第二次世界大戦以来ヨーロッパ最大の国家間軍事衝突となる全面的な侵攻を開始するまで続いた。

「経済的な停滞」は、世界がこれまでに経験した最も暴力的で過激な破壊行動を説明するのにも役立つ。日本とドイツは一九二〇年代に急成長を遂げたが、その後、壁に突き当たった。世界恐慌の間、両国は有害なイデオロギーや「土地、資源、その他の資産を敵（その多くは自ら創り上げたものだが）に阻止される前に獲得したい」という欲求から拡大主義の暴《ぼう》挙《きょ》を続けた。[*30]

これらのケースはすべて複雑で、国家を戦争に駆り立てる要因は決して一つだけではない。しかしそこには一つの明確なパターンがある。急速な経済成長が国家に大胆に行動する能力を与えるものだとすれば、経済停滞はより荒っぽい形の拡大と攻撃的な行動を起こす強力な動機となり得る。

したがって、国際政治において最も危険な流れは、長い上昇の後の急降下である。修正主義的な大国が、第二の課題である「地政学的包囲網」にどのように対処してきたかを見ても、同じようなパターンが見られる。歴史の中で最も破滅的なギャンブルのいくつかは、それまで台頭していた大国が「栄光への道が閉ざされそうだ」と判断したときに実行されたからだ。

早ければ早いほどいい：ドイツと第一次世界大戦

ドイツ帝国は、まさにその「教科書的な例」となる。一九世紀末から二〇世紀初頭にかけての英独の対立は、今回の米中競争の前例と見なされることが多い。この二つの例はいずれも「急成長した独裁的な大国が、既存の自由主義的な大国に挑戦した」ケースである。だがより不吉な前例はこれかもしれない。すなわち、追い詰められ衰退していくドイツが「戦わずしてライバルを追い抜くことはできない」と悟《さと》ったときに戦争が起こった、という点だ。

第一次世界大戦は、ドイツが目覚《めざま》しい成長を遂げた時代の悲惨《ひさん》な終わりを告げるものとなった。一八六四年から一八七一年にかけて、ヴィルヘルム一世と「鉄血宰相《さいしょう》」オットー・フォン・ビスマルクは、デンマーク、オーストリア＝ハンガリー、そしてフランスに対して、短期間で見事な連携による戦争を仕掛けて、ドイツ帝国を築き上げた。

この統一国家は、やがて巨大な工業生産力を持つようになった。一九一〇年には、ドイツはヨーロッパを代表する経済大国になり、一九一四年には鉄鋼の生産量がイギリスの二倍、鉄道の敷設《ふせつ》距離も二倍となった。国防費は一八八〇年から一九一四年の間に五倍近く増え、ベルリンにはヨーロッパで最も強力な軍隊が置かれ、造船所ではイギリスの牙城《がじょう》を切り崩す海軍の軍艦が次々と建造されていた。

歴史家のポール・ケネディは「隣接する二つの国家の相対的なパワー」が「一人の人間が生きている間にこの時代のイギリスとドイツの間で起こったほど」変化したことがあっただろうかと振り返っている。[*31] ナポレオン以来、ヨーロッパでは陸上で優位に立ちつつ、海でも覇権を争うことを、ここまでの規模で行う国はなかったのだ。

ところがドイツの台頭は常に不安定なものであった。周囲を潜在的な敵に囲まれていたからだ。混雑した大陸の中心に位置するドイツは、多大な影響力を持つ一方で、その周囲に位置する国々から嫉妬《しっと》されることになった。

さらに、ドイツが台頭したのは世界の多くの植民地が既存の列強たちによって既に占有され、あるいは占有されつつある時期であり、しかも彼らはたとえ強力なドイツが台頭しても、植民地を自分たちと共有するつもりは全くなかった。そのため、強力で躍進するドイツはビスマルクが「連合の悪夢」と呼んだもの、すなわちドイツを引き裂きかねない国々の敵意の結集を引き起こさないように、慎重に行動しなければならなかった。[*32]

一八九〇年代まで、ドイツは巧《たく》みにゲームを進めていた。統一戦争中、ビスマルクはドイツの敵が集団で群《むら》がってくるのを巧みに防いだ。一八六六年にプロイセンがオーストリア＝ハンガリーを破った後も、傷ついたライバルを永遠の敵にするのを恐れてウィーンへの進軍を拒否し、一八七〇年にはフランスを巧みに刺激して戦争を始めさせた。[*33]

統一後のビスマルクは、ヨーロッパの複雑な同盟政治を操《あやつ》り、この新たな帝国が敵に囲まれないよう、ドイツの世界的野心も制限していた。彼は「私のアフリカの地図は、ここヨーロッパにある」と説明した。これはドイツは自らをヨーロッパの帝国たちの紛争の標的にするのではなく、競争相手に海外進出を促すことで、互いに対抗させておくべきという考えだ。[*34]

しかし、この一九世紀の「韜光養晦《とうこうようかい》」戦略は長続きしなかった。ビスマルク自身が長続きしなかったからだ。ビスマルクは衝動的なヴィルヘルム二世によって一八九〇年に解雇されてしまったのだ。

するとドイツは、ヴィルヘルム二世の統治下でヨーロッパや世界での拡張政策を追求することに躊躇《ちゅうちょ》しなくなった。ドイツはライバル国と同等の市場、資源、海外の植民地を実現するための「世界政策」に着手したのだ。

ドイツが支配する「ミッテルオイローパ」は、経済面での安全と、世界的な力を展開する基盤を提供するものであった。一八九七年には外務大臣で後に首相となるベルンハルト・フォン・ビューローが「ドイツ人が隣人に地を与え、海を与え、純粋な教義が支配する空を自分たちのために確保していた時代は終わった」と宣言した。ドイツはそれ以後「日の当たる場所」を主張することになる。[*35]

ところがこの政策は、他の国々を「日陰」に追いやる恐れがあった。アフリカ、近東、太平洋、そして西半球で帝国的な権益を追求しはじめたドイツは、ロンドン、パリ、サンクトペテルブルク、ワシントンとの争いに巻き込まれた。ドイツ軍の強大さは、まだ沈滞《ちんたい》していたフランスに致命的な危機感を感じさせることになった。

おそらく最も重要なのは、ベルリンが強力な戦艦の「大洋艦隊」(リスク・フリート)を建造し、自慢のイギリス海軍を寄せ付けず、ヨーロッパだけでなく世界でドイツに行動の自由を与えることを狙っていたことであろう。ビスマルクは諸外国に対して、ドイツが既存秩序を尊重することを念入りに伝えていた。ところがイギリスの外交官エア・クロウによれば、ビスマルクの後継者たちの行動はベルリンがその秩序を破壊して「一般的な政治的覇権と海洋面での優位を追求し、近隣諸国の独立、ひいてはイギリスの存在を脅かす」つもりだ、という疑念を抱かせた。[*36]

こうしてドイツは、ビスマルクが恐れていた包囲網を自ら構築させてしまった。一八九四年にフランスとロシアは、ベルリンを共通の敵とする軍事同盟を締結した。イギリスは比類なき戦艦の艦隊を維持し、それらをドイツの近くに配備することに力を注いだ。ジャッキー・フィッシャー提督は「ドイツは全艦隊を常にイギリスから数時間以内の距離に集中させている。だからこそわれわれは、ドイツ艦隊の二倍の威力を持つ艦隊を、常にドイツから数時間以内の距離のところに集中させておかなければならない」と述べた。[*37]

さらにまずかったのは、ベルリンの好戦的な姿勢により、ロンドンが他のライバル、つまりフランス、ロシア、日本、そしてアメリカとの紛争を解決し、北海の脅威に焦点を合わせるようになったことであった。つまりドイツはヨーロッパの地理を致命的な罠《わな》に変える可能性がある「不安」を呼び起こしたのだ。ビューローの表現を借りれば、ドイツは「自分を孤立させ麻痺《まひ》させようとする列強の環《わ》」に直面したのである。[*38]

また、ドイツは経済面でも「封じ込め」に直面した。ドイツの産業面での台頭は、当然ながら他の国々の不安を煽《あお》ったのだ。一八七五年に『サタデー・レビュー』誌は「世界のあらゆる場所で、彼らはイギリスの貿易業者を切り捨てており、イギリスにおいてさえ、貿易の全分野、さらにはその中心に自分たちがいると捉えている」と警告している。[*39]

ドイツの行動がより脅威になると、ライバルたちは保護的な関税率を引き上げ、台頭しつつあった挑戦に対抗して植民地を統合し始めた。これについてカイザーはイギリスがドイツの産業を「破壊」しようとしていると予言した。そしてドイツは「強力な艦隊を建設することで、悪を阻止しなければならない」というのだ。[*40]

ベルリンの対応はその包囲網を崩そうとするものだったが、実際のところ、かえって包囲網を強めてしまった。一九〇五年にモロッコをめぐるフランスとの帝国間紛争［第一次モロッコ事件］を引き起こしたとき、ドイツは最近の英仏同盟の無能さを示すことになればと期待したが、両国がいかにお互いを必要としているかを示しただけで、結果的にパリ、ロンドン、サンクトペテルブルクを結ぶ三国協商の形成を早めただけだった。

一九〇八年～一九〇九年と一九一二年～一九一三年のバルカン半島の危機で、ベルリンがロシアに威圧的な脅しをかけると、ニコライ二世の政府は「今後は断固として立ち向かわなければならない」との結論に達した。ドイツが一九一一年にモロッコで植民地紛争［第二次モロッコ事件］を起こしたとき、イギリスは「いかなる代価を払っても」平和を欲するわけではない（戦いも辞さない）と、明確な警告を発した。[*41]

テオバルト・フォン・ベートマン＝ホルヴェーク首相（ビューローの後継者）は、「すべての国に挑戦し、すべての国の邪魔をして、実際はこの過程で誰も弱めることができていない」という傾向があると嘆《なげ》いている。[*42] その合間に、ヨーロッパは繰り返し起こる危機によって地政学的対立の温床《おんしょう》と化していった。戦争への恐怖があらゆる方面で高まっていた。

この悪循環を最もよく表していたのがドイツの戦争計画であった。参謀本部は、フランスとロシアの二正面作戦の脅威に対処するために「シュリーフェン計画」を策定した。これはドイツ軍がまずフランスに電撃戦を仕掛け、その次に東方の動きの遅いロシア軍を阻止するため迅速に移動することを想定していた。

ところがフランスを迅速に撃破する唯一の方法は、独仏国境にある強固な要塞を回避し、中立国ベルギーを突破することであった。この動きはイギリスを欧州の戦争に引き込むことになる。なぜならロンドンは海の向こうの「低地地帯《ロー・カントリーズ》」を支配する敵を容認することはできなかったからだ。

つまり、ドイツは不条理なポジションにあった。そもそも敵が多いドイツは、リスクの高い軍事計画を立てざるを得ず、それがかえって敵を増やす可能性を高めていたからである。[*43] また、シュリーフェン計画はドイツを軍事バランスの小さな変化にも過敏《かびん》にさせ、必要な計画および絶妙なタイミングが台無しになる可能性を高めた。

さらに大きな転期が訪れていた。一九一二年、ロシアはバルト海艦隊の拡張を承認し、一九一三年には四七万人まで兵士を増員することを決定した。また、フランスの資金援助によってロシアの鉄道の拡張と近代化も進められていた。動員期間はすぐに六週間から二週間に短縮された。フランスは新しい徴兵法を制定し、兵役期間を二年から三年間へと延長し、人口の多いドイツの数的優位を相殺するおそれが出てきた。イギリスはベルリンの戦艦一隻につき二隻を建造すると発表した。[*44]

ドイツは依然としてヨーロッパ随一の軍事大国であった。ところが一九一六年から一九一七年にかけて、ドイツは敵の連合軍と比べて絶望的な劣勢に立たされた。モルトケは一九一二年末に「私は戦争は避けられないと信じており、それは早ければ早いほどよい」と宣言している。ゆっくりとした窒息《ちっそく》や完全な破壊に苦しむよりも、いま戦う方が良いというのだ。[*45]

不可逆的な原因もたくさんあった。ドイツは孤立し、同盟国であるオーストリア＝ハンガリーへの依存度を高めていたからだ。だがこの多民族帝国は民族間の対立によって引き裂かれており、バルカン半島ではロシアの支援を受けたセルビアの挑戦を受けつつあった。イタリアやオスマン帝国など、他の潜在的な同盟国も弱体化しつつあった。やがてドイツは孤立化してしまうかもしれなかった。[*46]

また、経済的な圧力も強まっていた。第一次世界大戦の前のロシアは毎年一〇％近い成長率を達成しており、これはドイツが負けつつあることを意味していた。ロンドンはペルシャにいるドイツ海軍に必要な石油の入手を妨害し、フランスは重要な鉄鉱石の輸出を妨害していた。ドイツの輸出業者たちはロシアが関税戦争を仕掛けてくることを恐れていた。一九一三年に実業家のワルター・ラテナウが述べているように、ドイツはあまりにも「世界市場のなすがまま」であり、[*47]敵はドイツが厳しい世界で繁栄するために必要な市場や資源を遮断してくるかもしれなかったのだ。

国内も一触即発状態だった。社会主義左派が躍進《やくしん》し、労働争議が多発していたからだ。カイザーとドイツ軍の威光は失われつつあり、独裁的な政治体制は緊張にさらされていた。政府は民族主義的な感情を煽《あお》ったが、今やそれを裏切ってしまう危険性があった。勝利を約束したが、実現されなかったからだ。

そして弾圧を強めても、事態を安定させることはできなかった。カイザーの側近たちは、低迷する政権に国民を結集させる最後の手段は、短期的な戦争に勝利することだと考え始めていた。ベートマン＝ホルヴェークは「内政上の理由から宣戦布告が必要だ」と述べている。[*48] 第一次世界大戦直前のドイツは、強大な国家であったにもかかわらず、未来に対して恐怖心を抱いていたのだ。

その結果「今しかない」というメンタリティが生まれた。ベルリンは、フランスの大国としての立場を無力化し、ロシアを一世代後退させ、西ヨーロッパからウクライナに広がるミッテルオイローパ［中央ヨーロッパ］と、はるか彼方の新しい植民地という、いったん拒否された広大な領土を切り取るために、今すぐ攻撃しなければならなかった。

ロシアにまだ広がっている「(軍事的) 脆弱性の窓」が閉じてしまう前に、軍事力を活用しなければならないのだ。ドイツの外交官の一人は「もしわれわれが戦争を起こさないのであれば、他のどの国も起こさないだろう」と口にしている。[*49] ビスマルクはかつて予防戦争のことを「死を恐れて自殺すること」に例えている。だがこれこそドイツの指導者たちが、いまや進んで冒そうとするリスクであった。
その最大のチャンスは、一九一四年六月二八日にオーストリア＝ハンガリー帝国の王位継承者フランツ・フェルディナントがセルビアの過激派に暗殺されたことで訪れた。当初は、これがきっかけで世界大戦が勃発《ぼっぱつ》することはないと思われていた。多くのヨーロッパの指導者たちは夏休みを予定通り過ごすことにした。ところが後に率直なドイツ政府高官が認めたように、ベルリンはその後の危機において、大規模な戦争を防ぐために何もせず、逆に戦争を促進するために多くのことを行ってしまった。[*50]
たしかにそのタイミングは正しかった。ドイツの軍事的優位がこれほど有利になることは二度とないかもしれなかったからだ。ドイツにとって、この危機での形勢は有利だった。激怒したオーストリア＝ハンガリーは、ドイツと同盟を結ぶことが確実だった。[*51]
この争いがヨーロッパの僻地《へきち》とも呼べる場所で始まった事実は、当初のロンドンの優柔《ゆうじゅう》不断《ふだん》さから「イギリスは傍観者であり続けるかもしれない」という印象を与えていたことも相まって、結果的に命取りとなる「希望の光」をドイツに与えてしまっていた。また、政治的な面でも希望はあった。ドイツ政府はこの衝突を、迫りくる殺し屋に対抗する「必要な戦争」だと描くことで、愛国心を鼓舞《こぶ》できるかもしれなかったからだ。
そこでベルリンはまずオーストリア＝ハンガリーに「白紙委任状」を発行し、セルビアを粉砕《ふんさい》するよう迫り、ロシアやフランスとの戦争の危険を冒してでも自分たちは支援すると約束した。危機が高まると、ドイツ政府は平和的な紛争解決のチャンスを逃してしまい、危険は明らかなのに、軍部はシュリーフェン計画を実行に移す準備を始めた。モルトケは「この戦争はイギリスも介入する世界大戦になる」と認めていたが、それ以外の選択肢としては「ドイツが封じ込められて野望が絶たれる」というシナリオしかなかった。[*52]土壇場《どたんば》になると、カイザーは大破局を恐れて迷った。しかし彼は最終的に、シュリーフェン計画の緻密《ちみつ》なタイミングを崩してしまうよりも、その計画を決行することにした。そしてロシアが先に戦争を決意したように見せかけるため、ドイツの動員の発表をギリギリまで遅らせた。ドイツ軍のある関係者は「政府は攻撃されたようにうまく見せかけることに成功した」と記している。[*53]

結果は、ヴィルヘルムが求めていた統一的な勝利ではなく、彼の政権を破壊し、帝国を崩壊させ、世界に工業化時代の大量殺戮《さつりく》をもたらした、四年間にわたる激闘となった。「主よ、ある意味ではたしかに予防戦争でした」とベスマン＝ホルヴェークは一九一五年に認め、その動機は「今日、戦争を始めれば負けない戦争は可能だが、二年後になれば無理だ！」という信念からであったという。[*54]

あらゆる戦争と同じように、第一次世界大戦には多くの原因があった。しかしこれは根本的にドイツの予防戦争であり、カイザーの政府が「自ら仕掛《しか》けた罠《わな》から逃れるには他の方法はない」と判断したために始まったものである。ドイツは修正主義の国であり、自らの計画による反動で国の台頭を妨げられていた。そのため、モルトケが正しく予測したように「今後数十年にわたってヨーロッパのほぼ全土の文明を殲滅《せんめつ》させる」対決に賭《か》けて、すべてを失ったのである。[*55]

「目をつぶって飛び降りる」：日本と第二次世界大戦

大国は、経済停滞による新しい残念な現実を受け入れる代わりに、場合によっては暴挙《ぼうきょ》に出ることもある。また、拡張主義的な国家が自ら周囲からの「封じ込め」を誘発し、無理な突進をする場合もある。一九二〇年代から一九三〇年代にかけての日本は、この双方の力学を経験した。その結果として、第二次世界大戦の悲惨な太平洋戦争が起こったのだ。

一八六八年の明治維新から半世紀以上にわたって、日本は目覚ましい発展を遂げていた。近代的な経済と強力な軍備によって、日本は清国を破り、ロシアを破り、台湾、朝鮮、中国に植民地を積み上げていった。第一次世界大戦中に日本は中国と太平洋にあるドイツの領地を押収した。

それでも日本はまだ「過度に好戦的な、ならず者国家」ではなかった。一九〇二年から一九二三年までイギリスとの同盟を継続し、朝鮮半島における日本の支配を認める代わりに、フィリピンにおけるアメリカの影響力を容認した。その期間中の一九〇四年から一九一九年まで、日本経済は年率六・一％の成長を続けていた。第一次世界大戦中に日本の輸出額は三倍になった。[*56]

一九二〇年代に入ると日本は「責任あるステークホルダー」のように見えた。選挙権が拡大し、政治体制はより民主的になった。日本政府は「ワシントン体制」と呼ばれる一連の条約に調印し、アメリカ、イギリス、その他の国々と共に、海軍力の安定した均衡を作り、中国の主権と領土を尊重し、アジア太平洋地域での独善的な拡大を断念すると約束したのである。

一九二三年にフランクリン・D・ルーズベルト（FDR）は、アメリカと日本は「互いに戦うための正当な理由を一つも持っていない」と評したほどだ。[*57] 世界経済が日本にとって比較的うまく機能している限り、日本にはわざわざ問題を起こす理由がなかった。当時の幣原喜重郎《しではらきじゅうろう》外務大臣は、日本には「中国という大きな市場」が必要であると説明している。しかし軍の一部が好む「領土拡張」を追求すれば「国際協調を破壊するだけ」であった。[*58]

最大の問題が始まったのは、日本の経済成長が終わったタイミングだった。日本の経済成長率は一九二〇年代を通じて年率一・八％まで落ち込んだ。[*59] 関東大震災と銀行の破綻が経済を揺るがした。アメリカの関税が上昇し、日本の絹《きぬ》の輸出が打撃を受けた。そして世界恐慌が発生した。市場が閉ざされ、日本の輸出はたった一年で五〇％も減少した。[*60]

二六〇万人以上の国民が職を失い、農家は娘を売らざるをえなかった。[*61] 共産主義と無政府主義の影響力が拡大した。ある政府関係者は「失業は日々増えていく。家庭は離散《りさん》していく。飢えた人々が通りに溢《あふ》れている」と書いている。[*62]

とりわけ世界の保護主義への転換は日本の世界経済統合への動きを愚《おろ》かなものに見せ、領土拡大と経済的自立《アウタルキー》の探求をより魅力的にした。後に外務大臣になる松岡洋右《まつおかようすけ》は「世界の経済戦争は広域の経済ブロックを形成する傾向にある」と述べた。「窒息《ちっそく》させられた」日本には「息ができるような広い空間」が必要だというのだ。[*63]

世界恐慌のおかげで、日本は中国の変化にとくに敏感になった。一九二〇年代後半には蔣介石《しょうかいせき》率いる中国の民族主義運動が、日本の経済面での特権を攻撃し、その影響力に対抗し始めたのだ。蔣介石はソ連で訓練を受けた軍隊を率いて勢力を伸ばしていた。

同時に他のライバルたちも中国を徘徊《はいかい》していた。ソ連は満州の軍閥《ぐんばつ》に奪われた重要な鉄道を、一〇万人の軍隊を送り込むことで奪還《だっかん》し、日本の商品ではなくソ連の商品を無税で通過させる協定を結んだ。[*64]

当時の日本の海外事業投資の八割が中国向けだった。東京は満州に、貿易の四〇％と石炭、鉄、穀物などの重要な資源を頼っていた。[*65] この地域は外国からの侵入を防ぐための重要な緩衝地帯《かんしょうちたい》だった。そして日本が停滞している間に、他の列強が襲いかかってくるように思われ始めたのだ。

こうした問題に対して東京が出した答えは、国内ではファシズム、国外では暴力だった。一九二〇年代後半から軍は「スローモーションのクーデター」を実行しており、過激な民族主義者たちは愛国心が足りないと判断した首相やその他の政府高官たちを殺害していった。

政府は反対意見を非合法化し、批判者たちを投獄し、警察国家を構築した。銀行や産業界への支配を強め、競争力の強化のために国家資源をつぎ込んだ。台頭しつつあった軍部は「総力戦」の必要性を訴え、戦争のために社会を根こそぎ動員し始めた。[*66] ある西側の日本専門家は、一九四一年の時点ですでに日本が「全体主義国家への長い道を歩んでいた」と書いている。[*67]

また、この頃にはすでに何度も「侵略者」になっていた。一九三一年、日本陸軍は満州を掌握《しょうあく》して日本の傀儡《かいらい》国家とした。一九三二年から一九三三年にかけて、日本軍は中国沿岸から内陸部へと侵攻していった。

一九三四年、東京は東アジアが日本の排他的領域《はいたてきりょういき》になると宣言した。これはいわば「逆モンロー・ドクトリン」で、アメリカ大使のジョセフ・グルーはこれによって「中国は日本の支配下に置かれる」と書いている。[*68] ワシントン条約を脱退した日本は、空母、巨大な戦艦、最新鋭の戦闘機などを建造する大軍拡に着手した。そして日本の政府関係者は、一九三六年までに膨大な資源、市場、地政学的空間を獲得することによって日本を超大国にするという、広大なアジア帝国の計画を描いていた。

この計画では、満州が開発され、中国の広大な地域は占領される。そして東南アジアのヨーロッパ植民地にある石油やゴムなどの豊富な資源を手に入れ、太平洋の西から中央部に広がる戦略的な島々も獲得する。そしてこのような大規模で重要な地域の日本の支配に必ず抵抗してくるはずの国々はソ連、イギリス、アメリカであり、日本にはこのための戦争準備が必要になるというのだ。[*69] 首相であった近衛文麿《このえふみまろ》は、以前から日本が要求するものを得られない限り「自己保存のためには現状打破《げんじょうだは》しなければならない」と書いたほどだ。[*70]

近衛は有言実行の男であった。一九三七年、日本は中国に八〇万人もの軍隊を投入し、蔣介石を屈服させるべく大規模で残忍な戦争を開始した。一九三八年に近衛は「東亜新秩序」を宣言した。これは日本が支配するアジアで「すべての道は東京に通ず」を目指すものだった。

近衛政権はこの拡大する帝国主義を支えるため、日本を戦時体制に移行させ、ファシスト勢力であったドイツやイタリアと同盟し、独自の帝国を目指した。松岡は「民主制度の時代は終わった。全体主義が世界を支配する」と宣言している。[*71]

しかし、広大な中国大陸での戦争は泥沼《どろぬま》と化した。真珠湾攻撃の時点で、日本軍はすでに六〇万人の犠牲者を出していた。[*72] この事態は、気をもむ国民に、食糧不足とさらなる犠牲を強いることになった。

拡大政策は逆に、戦争遂行の継続資源を潜在的な敵に依存することになった。第二次世界大戦前の時点でも、日本は「石油の八〇%、ガソリンの九〇%、鉄くずの七四%、工作機械の六〇%をアメリカから輸入」していたのだ。[*73] 陸軍の幹部は「七〇年にわたるイギリスとアメリカへの依存を、商業的にも経済的にも終わらせることを目指している」と宣言していたが、中国での終わりの見えない戦争は、それとは逆の効果をもたらしたのである。[*74]
それは同時に、日本の背中に的《まと》を掲げることにもなった。満州と中国北部への進出は、やがてスターリンの赤軍が日本の第六軍を打ちのめす、日本とソ連との痛烈《つうれつ》な短期戦を引き起こした。
日本の中国での悪辣《あくらつ》な行為と東南アジアへの貪欲《どんよく》な視線は、イギリスをはじめとするヨーロッパ列強との関係を悪化させた。アメリカは満州の征服には弱腰《よわごし》であったが、地域支配を目指す日本の大胆さと中国での戦争のあまりの恐ろしさ——空爆、民間人に対する意図的な虐殺やレイプ、そして生物兵器の使用など——によって、ワシントンは日本を敵視し始めたのである。[*75]
FDRは、現在のテロと国際的な無法が支配する状態は「文明の根幹《こんかん》を揺るがすもの」だと宣言している。[*76] 一九四〇年までにアメリカは蔣介石政権を財政的に支えるようになり、日本への航空材料、ハイオクガソリン、鉄くず、そしてその他の輸出を制限した。
アメリカはまた、ヨーロッパとアジアにおける脅威に対し、自ら軍事大国になることで対応した。この年、アメリカ海軍は戦艦九隻、空母一一隻、重巡洋艦八隻、軽巡洋艦三一隻、駆逐艦一八一隻を発注している。FDRは、年間五万機の飛行機を生産する目標を立てた。連邦議会は、アメリカ陸軍の認定兵力を約一〇〇万まで引き上げた。[*77]

日本が、イタリアやドイツと「三国同盟」を結び、一九四〇年九月にフランス領インドシナ（現在のベトナム・ラオス・カンボジア）北部を占領すると、アメリカ政府は「東京は世界を破壊する卑劣《ひれつ》な暴力団たちと手を組んだ」と結論付けた。

この時点で、日本の首にはすでに「戦略的な縄《なわ》」がかけられていた。「総力戦派」の観点からすれば、日本は自給自足経済的《アウタルキー》な帝国を建設するために、とりわけインドシナやオランダ領東インド（現在のインドネシア）へ侵攻を続けねばならなかった。ところがその実行は、イギリスとアメリカとの戦争に突入することを意味した。しかもアメリカは日本の一〇倍の経済規模を誇る国だった。[*78]

アメリカは日本の陸・海軍に燃料を供給する石油輸送を止めることで、日本を窒息《ちっそく》させることができた。そして圧倒的な軍事力を動員することもできた。山本五十六《やまもといそろく》は「デトロイトの自動車工場とテキサスの油田を見ただけでも、日本の国力で、アメリカ相手の戦争も、建艦競争も、やりぬけるものではないことがわかる」と警告している。[*79]

ヴィルヘルム皇帝率いるドイツのように、日本は自らを追い詰めていたのである。拡大は孤立を招き、それは屈辱的な撤退――中国からの撤退と新秩序の放棄――あるいは勝利を目指した荒々しい突進に、そのすべてを賭けることでしか克服できないものだった。
すべてを賭ける（bet-the-house）選択肢を魅力的にしていたのは、一九四〇年後半から一九四一年にかけて、日本に軍事的なチャンスがわずかに存在したことだ。西ヨーロッパにおけるドイツの電撃戦はフランスを破滅させ、イギリスを瀕死《ひんし》の状態に追い込み、東南アジアで「一〇〇年に一度の機会」を作り出した。[*80]

ＦＤＲはヒトラーとの大西洋支配をめぐる非公式な戦争に気を取られていた。日本は一九四一年四月にソ連と不可侵条約を締結し、六月にはヒトラーがソ連に侵攻し、北方からの脅威は一時的に存在しなかったのだ。しかも日本は早くから軍備増強を開始していたため、軍事的には優位に立っていた。英米軍が太平洋全域で保有していた三隻の空母に対して、日本は一〇隻の空母を保有していた。[*81] だが最大の問題は、その「チャンスの窓」がいつまで開いているかだった。

その答えは一九四一年後半に出た。日本軍がインドシナ半島南部に進軍した後、ＦＤＲは石油の全面禁輸を課し、日本の艦船と航空機が動かせなくなる恐れが生まれた。日本の指導者たちは、日本が「だんだん水が抜けていく池の中の魚のようだ」と考えていた。[*82]

アメリカはＢ－17爆撃機とＰ－40戦闘機でフィリピンの防衛を強化していた。アメリカがイギリス軍やオランダ軍と幕僚間協議を行い、経済制裁を連携《れんけい》して行ったことで、日本は自らを取り巻く包囲網がほぼ完成しつつあると恐れはじめた。

そしてアメリカの再軍備が加速し、一九四二年から一九四三年にかけてアメリカ海軍は「日本の艦船の四倍の総トン数、四倍の空軍力」を持つことになる。[*83] この時点で、日本がアジアの覇権を獲得する見込みはなくなった。日本の指導者たちはこれで完全に信用を失うことになる。日本が流したすべての血、耐《た》え忍《しの》んだすべての苦難は無駄に終わってしまう。日本の指導者はアメリカが「ますます多くの譲歩《じょうほ》を要求し、最終的にわが帝国はアメリカの足元にひれ伏《ふ》すだろう」と結論付けた。[*84]

一九四一年の秋、日本政府は英米開戦を覚悟の上で、シンガポールから太平洋中央部にかけてのオランダ領東インド、フィリピンなどの領有権の奪取を決定した。政府高官の中には全面戦争に勝てると思っている人はほとんどいなかった。山本は「それは是非《ぜひ》やれと云われれば、初め半年か一年の間は随分《ずいぶん》暴れてご覧に入れる。然《しか》しながら、二年三年となれば、全く確信は持てぬ」と予測していた。[*85] しかし彼らは開戦の代わりに、日本が敵の前に無力となってしまう急激な衰退を恐れていたのである。

また彼らは、一連の電撃的な攻撃によってアメリカが戦意を喪失《そうしつ》し、戦闘を継続するより和平を求めるようになることを望んでいた。戦争は、うまく行っても非常な危険をもたらすし、最悪の場合には国家の破滅《はめつ》をもたらすかもしれない。ところが日本を最終的に戦争に導く将軍となった東條英機《とうじょうひでき》は「人間たまには清水の舞台から目をつぶって飛び降りることも必要だ」[*86] と述べたのである。

これが真珠湾への奇襲攻撃の発端《ほったん》であった。もし戦争が避けられないのであれば、アメリカ太平洋艦隊を壊滅《かいめつ》させることで、一時的な軍事的優位と日本の新しい征服を確立する時間を稼げばよいではないか。

皮肉なことに、この攻撃はあまりにも破壊的だったため、アメリカ人の目にはとても不誠実なものに映り、どんな犠牲を払ってでも日本を滅ぼそうとする気運が高まった。ある下院議員は「日本人は完全に狂ってしまい、そのいわれのない攻撃によって、軍事面、海軍面、そして国家という面で自殺してしまった」と喝破《かっぱ》している。*87

第二次世界大戦は、日本にとってほぼ自殺行為であるのを証明することになった。ところがその最大の原因は「狂気」ではなく、国家の「修正主義的」な夢が打ち砕かれる可能性に直面して感じた「自暴自棄《じぼうじき》」にあった。日本はそれまでの一〇年で攻撃的な道を突き進んでいた。日本が最も危険な状態になったのは「時間がない」ことを悟《さと》ったときからだ。

歴史家たちは、第一次世界大戦前のドイツと第二次世界大戦前の日本を、典型的な「台頭国」と見なしている。日本は一八六八年から数十年の間に弱国から強国に変わり、一九三〇年代には帝国を急成長させた。一九一四年のドイツは、一八七一年当時よりもはるかに手ごわい強国になっていた。両国とも世界の現状に根本的に挑戦するのに十分なほど、速いスピードで大きく成長していた。

だがそのクライマックスの瞬間にも、ドイツ帝国と日本帝国の指導者たちは自分たちが台頭しつつあるという実感を持てなかった。経済の停滞、包囲網、あるいはその組み合わせによって、自分たちの最大のチャンスが失われつつあると確信していたのだ。

未来を恐れ始めた修正主義の大国は、「今日よりも明日は良くなる」と考えている大国よりも衝動的に行動する可能性がある。これこそが、われわれが心配すべき本当の罠《わな》だ。つまり超大国を目指す国が、ピークに達した後に下降の痛みに耐えることを拒否するという罠だ。

現在の中国の指導者たちは、中国共産党を帝国ドイツや、とりわけ大日本帝国と比較することに憤慨《ふんがい》することだろう。それは一理ある。というのも、中国は日本が第二次世界大戦までの一〇年間に行っていたような軍事侵略に乗り出してはいない。

だがあまり安心もできない。帝国ドイツは一八七一年以降の四〇年間にわたって大きな戦争をしなかったが、一九一四年にはほぼ想像を絶する規模の破局へと世界を突き動かしたのである。イギリスの首相を務めたデイヴィッド・ロイド＝ジョージは、第一次世界大戦が「大洪水……自然の激変」であり「ヨーロッパの生活の根底を揺《ゆ》るがした大地震」だったと述べた。[*88] 修正主義的な大国が不吉な兆候《ちょうこう》を感じると、事態は急速に悪化し、少し前までは想像もつかなかったような結果をもたらすこともあるのだ。

懸念材料はもう一つある。過去の日本と同様に、現在の中国にも数多くの心配な案件が存在する。中国は、脱却が極めて困難な、長引く景気後退に直面している。また、北京の前進を阻もうとするライバルたちによる包囲網が、少しずつではあるが形成されつつある。

また、中国は権威主義的な体制とその経済モデルを保持するため、重商主義的な拡大が魅力的な政策となっている。貿易に対する期待は、著《いちじる》しくネガティブなものに変わりつつある。実際、中国はすでに軍備増強、勢力圏の追求、重要な技術や資源の管理といった、その立場にある国家がやりそうなことを一通り行っている。目覚しい発展を遂《と》げながらも、経済の停滞と包囲網に悩まされている国の「侵略のレシピ」があるとすれば、中国はその重要な素材をすべて備えていることになる。次章ではより好戦的になった中国がどのような動きを見せることになるのかを検証していく。

第五章
迫る嵐

計算された強圧と拡張

中国のH－6K爆撃機が、大陸本土の飛行場から離陸した。二機の最新鋭戦闘機にエスコートさせながら台湾とフィリピンの間を東方向に飛行し、開けた太平洋に向かった。攻撃標的の射程内に入ると、精密誘導ミサイルを発射してグアムのアンダーセン空軍基地を攻撃し、大爆発を引き起こして、西太平洋におけるアメリカ空軍の拠点を破壊してしまった。この攻撃は、長年懸念されていた米中戦争における破壊的な口火を切ることになった。

幸運なことに、この一件は二〇〇九年九月に人民解放軍空軍が、その技術や能力の向上を誇示するために公開したシミュレーション動画の一幕に過ぎなかった。中国の知的財産権窃盗《せっとう》の最たる伝統として、同空軍はこの動画にハリウッド映画『トランスフォーマー』や『ザ・ロック』のシーンを挿入していた。しかしこの「戦狼《せんろう》的な映像術」とでも呼べる動画は、中国の戦略における最新の恐ろしい変化を警告するものだ。

将来の歴史家たちは「こうなることを知っていたはずなのに」と言うだろう。習近平は二〇一二年に政権に就いて以来、中国がダークサイドに向かうことを合図してきた。国家安全保障に関する習近平の内部向けの演説では、一貫して二つのテーマが強調されてきた。第一に、中国は悪化する脅威に直面している。第二に、中国共産党はそのような脅威を、自分たちの支配が破壊されて将来への壮大な計画が頓挫《とんざ》する前に、先制して粉砕《ふんさい》しなければならないということだ。習近平が主に懸念しているのは、これまで本書が述べてきたような経済成長の鈍化と外敵の脅威であり、それに対して彼が提唱する対処法は、過去のピークを迎えた大国たちと同じように、重商主義、弾圧、そして報復のための失地回復主義《レコンキスタ》の復活なのだ。

それはどのようなものとなりそうか。中国はおそらく、あらゆる方面に狂気の沙汰《さた》のように拡大・進出したり、北朝鮮のように国民を厳しく管理することはないだろう。習近平とその部下たちはあまりに賢《かしこ》いので、そのようなことはしないはずだ。彼らはドイツと日本がユーラシア大陸で主導権を握《にぎ》ろうとしたとき何が起こったかをよく知っているし、硬直した全体主義と独裁主義がソ連をいかに破滅させたかをつぶさに見てきたはずだ。

だが中国の指導者たちは、低成長という「新常態《ニューノーマル》」と戦略的包囲網に身を委《ゆだ》ねれば、外国に捕食され国内が政情不安にさらされることも知っている。そこで、中国共産党はライバルを抑えて「中国の夢」を維持するために、計算された強圧と拡張を行うはずだ。習近平はすでにこの戦略の主要な要素のいくつかを実行に移しはじめており、それらは決して「美しい光景」ではない。

まず手始めに、中国はユーラシアとアフリカで経済的な帝国を築き上げる努力を惜しまない。国内の余剰《よじょう》生産力と外国の保護主義の高まりに直面する中国は、自国企業が市場や天然資源への特権的アクセスを享受《きょうじゅ》できる「排他的経済圏」を切り開くため、大規模なキャンペーンを強化している。

それと同時に、中国は技術的優位を確保しつつ、そのデジタル面での影響力を世界中に広めようとしている。これらの努力は、習近平の言葉を借りれば中国を「無敵」にすることであり、これは北京が敵や属国を支配する影響力を得ることを意味する。[*1] 全体的に見れば、中国の行動は世界経済を分断し、新たな冷戦を引き起こす恐れがあるのだ。

不安になった中国は、自由世界との境界線をさらに押し戻そうと努力するだろう。中国共産党は「ソビエトのような」特定の「中国モデル」を輸出しないかもしれないが、独裁主義と民主主義の間のグローバルなバランスを変化させることによって、その政権を守ろうとするかもしれない。

北京は急速に、強力な反民主主義勢力になっている。しかもそれは毛沢東が想像したこともないような高度な監視と処罰の手段を備えつつあるのだ。そして民主主義の国々が一九三〇年代以来最大の危機に見舞われているとき、中国は世界の独裁者を支え、自由主義社会を不安定化させようと懸命に動いている。

さらに、中国は戦争に向けた準備を進めている。現在進行中の軍備増強は、第二次世界大戦以降では他に類を見ないペースで進んでいる。中国の近隣諸国やアメリカも、遅ればせながら軍備を増強しているが、多くの新兵器システムは実際に運用されるまでまだ時間がかかる。その間に、中国は東アジアの係争地を占領し、その海沿いの横腹を脅かすアメリカと同盟国のネットワークを断ち切るチャンスを得ることになる。

いずれのケースでも、中国は短期的な「チャンスの窓」が閉じられ、長期的な「脆弱性の窓」が開いてしまう前に突破を試みているのである。中国はまさにそのプロセスの中で、野心、絶望、そして侵略という、おなじみの道を歩んでいる。

もちろん台頭する中国には多少の反対意見を許容し、拡大のチャンスを放棄《ほうき》し、危機のエスカレートを防ぐこともできるはずだ。なぜなら富と力と立場が上昇しつつあるからだ。ところがピークを迎えた中国は、地政学的な勝利を得るためにさらに必死になり、軽蔑《けいべつ》や挫折《ざせつ》に過剰《かじょう》に反応するようになるだろう。

軍備増強と強力な経済的影響力の手段の獲得のために数十年をかけてきた中国は、まだチャンスがある今のうちにその力を活用しようと考えているように見える。だがその結果は世界にとって悲惨《ひさん》なものになるかもしれないのだ。

中国の「身の毛もよだつ」安全保障戦略

二〇一四年、中国は初めて公式な「国家安全保障戦略」を策定し、それを指揮する「中央国家安全委員会」を新設した。[*2] 習近平の意図は明確だった。彼は一連の演説の中で中国が「歴史上最も複雑な内外の要因」に直面しており、[*3]「増大する脅威と挑戦が突きつけられている」と述べた。[*4]

その危険性を強調するため、習は中国が内紛に突入した戦国時代（前五〇〇〜前二〇〇年）の古典『易経』の中の「安くして危うきを忘れず（安而不忘危）、存して亡ぶるを忘れず（存而不忘亡）、治まりて乱るるを忘れず（治而不忘乱）」という言葉を引用している。[*5]

海外識者たちの目から見れば、習近平の警告はパラノイアか、強権支配を正当化するための策略《さくりゃく》と見なすかもしれない。だが中国の指導者たちは、何年も前からこの暗黒時代の到来を予見していた。

二〇〇二年当時の江沢民主席は、中国は今後二〇年間にわたって平和な国際関係と着実な経済発展を特徴とする「戦略的チャンスの期間」を享受《きょうじゅ》するとの公式声明を発表した。ところがその二〇年が終わり、中国共産党の新しいキャッチフレーズは、中国が「ここ一〇〇年間見られなかった深遠《しんえん》な変化」を目撃している、というものになった。このスローガンは心ときめくチャンスと重大な脅威の両方の意味合いが含まれる。[*6]

たしかに一〇〇年前は、古い帝国が崩壊し、新たな大国が台頭してきて、世界のバランスは流動的だった。だがこの新たな大国たちは最終的に世界戦争で破壊された。さらに中国は、海外列強と、西洋教育を受けた中国の革命家たちが清朝を崩壊させた後の一九二〇年代の一時期に、いわゆる「軍閥《ぐんばつ》時代」――その名の通りに厳しい時代――に陥《おちい》っていた。

今日の中国共産党の指導者たちも、自国が再び経済成長の鈍化と、外国による包囲網という大きな問題に直面しているのを認識している。中国のこの新たな国家安全保障戦略は、二つの方法でこれらの脅威に対処すべく設計されている。

第一に、この戦略は「安全保障を、国家の発展のあらゆる領域とプロセスに統合する」ものだという。[*7] かつて政権の安全の確保は政府の多くの優先事項の内の一つ（といっても最重要のものではあったが）でしかなかったが、今ではそれが唯一の最優先事項となったという。[*8] それ以外の経済発展、技術革新、環境政策などのあらゆる問題は「党の権力を維持する」という至上命題と比べて補助的なものでしかない。

その結果、あらゆる問題が国家安全保障の問題となってしまった。貿易戦争は、もはや相手国との経済政策面での単なる不一致によるものではなく、中国の全体的な国力に対する攻撃とされ、本格的な銃撃戦の前哨戦《ぜんしょうせん》となる可能性を含むものとなる。

このような政策決定の「安全保障化」は危険だ。なぜならこれは、あらゆる懸念を「死活的な国益」のレベルにまで高めてしまい、極端な対応を正当化してしまうからである。例えば、ある競合国が中国経済に打撃を与えようとした場合、軍事的報復を含めたあらゆる選択肢が中国側のテーブルの上に置かれることになる。

第二に、中国の戦略は予防措置的な解決策を採用している。これまでの中国政府は「安定維持」の教義を掲げていたが、今回の新たな政策では、脅威が本格化する前にそれを「予防して制御すること」に重点が置かれている。中国の文書では、国家安全保障上の脅威を「癌腫《がんしゅ》」にたとえ、国家の重要な「臓器《ぞうき》」に転移する前に迅速《じんそく》に切り取る必要があるとしている。自由主義やイスラム主義のような、自分たちと対立するイデオロギーは「感染症」であり、中国国民は免疫《めんえき》をつけておかなければならないというのだ。

シーナ・チェストナット・グレイテンズが示したように、このような医学的なメタファーは、国民が実際に脅威になっていくはるか以前から、症状という標的《ターゲット》に狙いを定めて「治療」しておくことを正当化する。[*9]最も明確な実例は、新疆《しんきょう》ウイグル自治区で中国が超法規的に一〇〇万人以上のウイグル人を強制収容所に閉じ込めていることだ。[*10]

中国は外交政策においても、過去にピークを迎えた国の権力者たちがよく行っていた方法で、予防的な論理を応用しつつある。

レーニンの罠

中国にとっての主要課題は「トゥキディデスの罠《わな》」ではなく、ウラジーミル・レーニンが「帝国主義」と呼んだものである。これは彼が経済破綻と戦争につながると予測したプロセスだ。[*11]

レーニンは帝国主義を「資本主義国が、自国の経済において生産能力過剰《かじょう》となり、海外で新しい市場や資源を確保しようとする試み」と定義した。[*12] 新しい市場を見つけることができなければ、その国は経済停滞に苦しむ、とレーニンは論理的に説明している。経済成長は止まり、雇用は失われ、国内不安は高まっていく。

このような流れを避けるために、国家は海外に排他的経済圏、すなわち「帝国」を切り開かなければならず、企業はそこで消費者や安価な原材料に容易にアクセスすることができる。一九世紀末の「アフリカの奪《うば》い合い」は、ヨーロッパ列強が三〇年間でアフリカ大陸の九〇％を植民地化したものだったが、これはレーニンの理論がそのまま当てはまる典型的な例だ。

運命のいたずらかもしれないが、「共産主義」のはずの中国が、いまや資本主義による帝国主義への道を歩んでいるように見える。数十年間にわたるサブプライム・ローンによる貸し出しの結果、中国経済は過剰になった生産能力で溢《あふ》れかえっている。かつて中国が製品を投下していた北米、ヨーロッパ、日本といった主要な市場は、際限《さいげん》なく押し寄せる中国製品を吸収することにますます消極的になっている。

二〇〇八年以来、このような流れに対応するため、中国は二段階の計画を立てた。第一に、外国に一兆ドル以上を貸し付け、中国共産党の組織運営に必要な中国の商品やサービスを買ってもらう。[*13] 第二に、その資金を使って研究開発に投資し、外国の技術を買い、あるいは盗み、補助金や貿易障壁を使って中国企業を外資との競争から保護し、技術立国を目指す。その結果として、イノベーションが急増して中国経済が再活性化し、国力が高まることを北京は期待している。

だがレーニンが予言したように、国内で保護主義を貫《つらぬ》きながら海外に進出することは、海外からの反発を招きがちになる。大国が自国の市場を相対的に閉鎖したまま海外に製品を流出させると、貿易相手となる国の反感を買うからだ。その結果、市場、資源、地位をめぐる悪質な競争が始まり、それが時には軍事的な対立につながることもある。

また、大国が途上国に借金を負わせ、自国製品の購入を強要すると、それに抵抗する民族主義運動が盛り上がってしまう。中国共産党は現在、この通りの流れを経験している。富裕国は中国との経済関係を見直しつつあり、貧困国は一帯一路の契約条件の改善を要求するか、このイニシアチブから完全に撤退しようとしているからだ。

そして中国は追い詰められている。経済的帝国主義を放棄《ほうき》できないし、政治体制を支える縁故《えんこ》資本主義を危険にさらすことなく本物の経済改革を行うことはできないからだ。[*14] したがって北京はさらに帝国主義を追求せざるを得ないのだ。

その追求には、昔ながらの手段が用いられる。中国の新たな帝国主義的な開発事業への抵抗が強まるにつれ、北京はその非公式な帝国を保護するため、強硬な方法（軍事介入も）を用《もち》いざるを得ないと感じるようになるかもしれない。中国は資源の入手可能性と、長い補給路の安全についてますます懸念を深め、軍事基地のさらなる建設、グローバル海軍の派遣、南シナ海などの紛争地域の略奪《りゃくだつ》に一層励《はげ》むようになる可能性がある。

つまり、中国が植民地への依存度を高めれば高めるほど、その植民地を守るために国際紛争を招くような、荒っぽい方法をとる可能性が高くなる。[*15] これは憂慮《ゆうりょ》すべき可能性だが、それと同様に憂慮すべきは「双循環《そうじゅんかん》」と呼ばれる政策に象徴される、新たな中国の帝国主義がもたらす現実だ。

「双循環」は、無害な響きを持つ政策だが、重大な示唆《しさ》を含んでいる。その基本的な目標は、中国の経済的な自立性を高め（「偉大なる内部循環」）、次に海外市場をこじ開け、強い立場から海外の技術と資源を引き出す（「偉大なる国際循環」）ことにある。[*16] 自国内で必要なものを多く生産し、鍵となる技術と資源の生産を支配することによって、中国は経済的にも地政学的にも状況を決定づけることができるようになる。

実際、中国はすでに経済面でのレバレッジを利用して、外国や外資企業を締《し》め付けてきた実績がある。[*17] そして今や重要な製品やサービスの唯一の供給者となることによって、大規模に経済的強制力を行使しつつある。習近平は二〇二〇年に、中国は「カギとなるコア技術をめぐる厳しい戦いに勝利しなければならない」と宣言した。別の演説でも北京は「生産チェーン全体にわたって優位性を高めなければならない」と述べている。[*18]

中国の他の多くの国政術《ステイトクラフト》と同じように、「双循環」はチャンスと脆弱性《ぜいじゃくせい》が交《まじ》わる地点に位置している。二〇一〇年代、中国は多額の国家補助金を使用して、ファーウェイやその他の企業が主要製品を開発し、世界的な市場シェアを奪うのを助けることで、5G通信などの分野で世界をリードすることに成功した。

ペンタゴンの「防衛イノベーションユニット」のディレクター、マイク・ブラウンは「われわれは転換点《てんかんてん》の前で眠っていた」と認めている。[*19] アメリカが人工知能や合成生物学などの技術の戦略的意味を徐々に理解し、同政府が主要なハイテク企業と冷淡な関係を持っていた一方で、北京は主要な競争分野で優位に立つために、国家主導による「中国製造二〇二五」という大規模な支援策を開始していたのだ。[*20]

ところがこのようなスタートダッシュがあっても、中国の海外の技術や資源への高い依存状態を克服《こくふく》するには至っていない。今日のような敵対的な地政学的環境では、この依存度は致命的なものとなりうる。

たとえばワシントンとその同盟国たちは、ハイエンドのコンピュータ半導体へのアクセスをブロックすることによってファーウェイの「首切り」を狙っている。[*21] 中国の航空産業は、ジェットエンジンと航空電子工学に対するアメリカと同盟国たちが課《か》している制限によって足止めされつつある。[*22] アメリカの関税は中国の輸出を圧迫《あっぱく》している。習近平はトランプの「貿易保護主義と経済覇権主義」が「大きな影響を与えている」ことを認めた。[*23] 中国は、石油、コンピュータの半導体、ハイエンドのセンサー、先端医療機器のおよそ七〇〜八〇％、先端製造機器の九〇％を輸入している。[*24] 人民日報は、この依存状態が中国の「アキレス腱《けん》」だと書いている。[*25]

つまり「双循環」は単なる流行《はや》り言葉ではない。それは外国のライバルたちが北京の台頭を阻《はば》もうとする前に、中国の初期の技術的進歩から最大限の戦略的優位性を引き出そうとする動きなのだ。世界的な反感を買っている中国にとっての唯一の選択肢は、外国への依存度を下げ、さらに外国を中国に依存させることである。

中国政府の文書によれば、その最初のステップは「チョークポイント」技術の生産を支配し、中国のサプライチェーンが「重要な時期」に壊れる原因になりうる「空いたスポット」を埋めることである。[*26] 二〇二一年三月に公表された中国の最新の「五カ年計画」では、研究開発費の年間七%増が義務づけられており、これは軍事予算の計画よりも速い伸び率であった。

中国の銀行は、人工知能、量子コンピュータ、半導体、先端ロボット工学、合成生物学など、戦略的な産業分野の一〇〇〇社以上の企業に融資する、数百億ドルを確保した。[*27] その目標は、二〇二〇年代の終わりまでに中国が戦略産業の主要部品の七〇%を生産することにある。この目標を達成するために、北京は民間のハイテク企業に国家への奉仕を迫《せま》り、そのデータを利用し、新技術の開発と政府への引き渡しを義務付けている。これは「軍民《ぐんみん》融合《ゆうごう》」という無難に聞こえる別のドクトリンの一部でもある。[*28]

特に、中国が世界のデータをため込もうとしていることはよく知られている。二〇一三年の政権就任直後に、習近平は「データの広大な海は、工業化時代の石油資源と同じように計《はか》り知れない生産力とチャンスを秘めている。ビッグデータ技術を支配する者は、発展のための資源を支配し、優位に立つことになる」と宣言している。[*29] それ以来、北京は国内のデータを世界から遮断《しゃだん》しつつ、他国のデータを購入し盗むことによって、世界で最も強力なデータの仲介者となっている。

新たに制定した数々の法律では、中国で活動するすべての企業はデータを中国国内に保存し、中国共産党に完全なアクセスと制御を許可することが要求されている。外国企業は、北京の承認がなければ中国国内で得たデータに関するメモさえも本国に送ることができない。その結果、アップル、テスラ、その他の大手ハイテク企業は、中国専用のデータセンターの建設を急いでいる。その一方で、中国は多国籍企業のデータベースをハッキングしたり、外国企業を買収したりして、海外からデータを吸い上げている。これは世界で最も重要な資源を支配するための、実にあからさまな重商主義的な戦略なのだ。

中国のデータ活用の取り組みは、人工知能（AI）の分野での優位を追求する動きの一部である。グーグル社のCEOであるサンダー・ピチャイは二〇一八年に、AIは「人類が取り組んでいる最も重要なものの一つ」であり「電気や火よりも深いインパクトがある」と述べている。[*30] そのような誇張《こちょう》はさておき、専門家たちはAIが経済生産性の膨大《ぼうだい》な増加を生み出し、おそらく今後二〇年間で経済成長率を二倍にする点については、ほぼ同意している。

ＡＩはまた、最先端の軍隊が戦場の情勢認識《じょうせいにんしき》を改善し、意思決定のスピードを高め、複雑な作戦の調整を可能にすることで、国家の戦い方を変える可能性もある。ＡＩを活用する者は「今後何年にもわたって決定的な優位に立つことができる」と、二〇二〇年にマーク・エスパー国防長官は警告している。[*31] ＡＩはスパイ活動や偽情報をパラダイムシフト的な新しい形にするだろうし、すでに新しい社会統制メカニズムの一部に組み込まれつつある。

習近平が二〇三〇年までに中国を「ＡＩの分野で世界一」にしようとしているのも不思議ではない。[*32] 北京はＡＩでの支配が地政学的に大きな影響力と行動の自由を与えると考えており、これによって中国の発展を阻もうとする国々を簡単に飛び越すことができるとさえ考えているフシがある。

中国の経済戦略の第二段階は「デジタルシルクロード」の一環として、世界数十カ国に５Ｇネットワーク、光ファイバーケーブル、衛星システムなどを設置して、世界をつなげることだ。[*33] 重要な通信ネットワークを整備することで、北京はそこを通過するデータの追跡と保存が可能になり、企業と戦略の両面から膨大《ぼうだい》なスパイ活動を行い、ネットワークを操作または停止すると脅迫して、他国を威圧するチャンスを獲得できるようになる。

例えばイギリスがファーウェイに５Ｇネットワークの構築を頼むことを検討していたと

き、トランプ政権は「通信が侵害されやすい国とアメリカが機密情報を共有することはない」と警告している。[*34] ところが北京にとっては、おそらくまさにそこが論点であった。中国共産党に追随《ついずい》している企業が提供する技術に依存している国は、アメリカによる中国の封じ込めに協力できなくなるからだ。

中国は、世界の通信ネットワークを支配する道を順調に進んでいる。中国は世界最大の通信技術のプロバイダーである。すでに世界の海底ケーブルの一二％を供給しており、それらは国際間を行き交うデータの九五％を伝送している。

ファーウェイ社は一四〇カ国とクラウドコンピューティングの契約を結んでいると主張し、別の中国企業である亨通集団有限公司《ヘントン・グループ》は世界の光ファイバーの一五％を設置している。[*35] 中国の北斗衛星ネットワークは数十カ国に採用され、世界の首都の一六五カ所を結んでおり、アメリカのGPSよりも広範囲をカバーしている。[*36]

中国がグローバル・ネットワークで得る果実は、長期にわたる可能性がある。通信や衛星のインフラは交換するのに非常にコストがかかるからだ。つまりある国が中国のシステムを一度採用すると、基本的にその国はそのシステムに固定化されて、使い続ける羽目になる。

これは「対中包囲戦略に対抗する動き」であると考えるべきだ。もし中国がユーラシア大陸やその他の国々を技術的に取り込めたら、経済的・地政学的な罠《わな》から逃れることができるからだ。

最後に、中国は最先端のマイクロチップ、モノのインターネット（IoT）、クラウドコンピューティング、ビッグデータ、5G、インテリジェント・ヘルスケア、そしてAIなど、次世代技術の国際技術標準の策定を急いでいる。[*37] これらの産業のほとんどの分野では、世界標準は一つのセットだけとなり、それを策定した国の製品はすでに要求仕様を満たしているので、市場を独占できるようになる。

中国はこの優位性を認識しており、中国には「三流企業が製品を作り、二流企業が技術を作り、一流企業が標準を設定する」ということわざもあるほどだ。中国共産党は、国際的な技術標準の規定を目指す「中国標準二〇三五」という計画も持っている。

二〇二一年の時点で、北京は国連の科学技術関連機関一五機関のうち四機関を主導し（アメリカはたった一機関）、国際機関に提出する標準化提案の数は他のどの国よりも多くなっている。中国の「国家標準化管理委員会」のメンバーである戴紅《ダイホン》氏は二〇一八年に「グローバルな技術標準はまだ形成中だ。これは中国の産業と規格が世界を凌駕《りょうが》するチャンスを与えている」と述べた。[*38]

このような大胆さには目を見張るものがある。この現代の「帝国主義」が成功すれば、中国は新たな「中華圏」を支配し、かつて西側が支配していた貿易とイノベーションのグローバルなネットワークが、今度は北京に集中することとなる。このシナリオは多くのアメリカの戦略家たちを著《いちじる》しく不安に陥《おとしい》れるものだ。

しかし同じように厄介《やっかい》なもう一つのシナリオは、北京の努力が部分的にしか成功せず、中国が多くの国々を脅かし、圧力をかけるには十分な強さを持っているが、長期的な展望で安心できるほどには強くなれないというものだ。その場合、世界は強靭《きょうじん》ではあるがストレスを抱えた中国に直面することになり、これは実に危険な組み合わせとなる。

中国の指導者たちは、この「部分的成功」というシナリオの実現性がかなり高いことを知っている。すでにファーウェイに対する国際的な反発は「世界の通信網の根幹《こんかん》を握る」という彼らの計画を脅かしている。

また、中国共産党は新たなイノベーションの推進に大きな自信を持つこともできない。北京が国内のマイクロチップ産業に一〇年と数百億ドルを費《つい》やしたにもかかわらず、依然として国内のチップの需要の八〇%を海外からの輸入に頼っているからだ。[*39] 中国はバイオテクノロジーにも数百億ドルを費やしながら、その新型コロナワクチンの品質は、アメリカを始めとする民主主義国で作られたワクチンや新薬に追いつけないでいる。[*40]

北京は監視のような、比較的狭い範囲のＡＩの応用では大きな進歩を遂げたが、より幅広いＡＩサブフィールドや用途ではまだアメリカに大きく遅れをとっている。[*41] 中国が「レーニンの罠」から抜け出す際に直面する障害を考えて、中国共産党は強力なイデオロギー的武器を含む影響力の他のツールを磨《みが》くことで、力を補完しようと考えているのだ。

民主制度の阻止

第二次世界大戦の最も暗い時期、世界には民主主義国がおそらく一二カ国ほどしかなかった。[*42] 一九八九年になると、独裁政権の数は民主主義国の二倍の数だった。しかしその二〇年後、民主主義国は独裁国を一〇〇対七八でついに上回り、独裁政権のもとで暮らす世界の人口の割合は半分に減少していた。

アメリカから見れば、世界における民主主義の進展は、戦後における最も希望に満ちた展開だった。ところが中国の指導者たちから見れば「リベラルな世界秩序」は自分たちの政治形態に不利なものであり、自分たちの政権が破壊される前にその秩序を変えてしまう必要性があるのは明らかだった。

北京のナラティブ［物語］によれば、この問題の唯一の発端はアメリカが戦後、支配的な立場を利用して、国際的な制度機関に急進的な自由主義思想を持ち込んだことにあるという。例えば一九四八年に発表された国連の世界人権宣言は、アメリカ憲法をモデルにつくられたものだ。この宣言では、すべての人間は生まれながらにして自由であり、その自由を尊重しない政府を転覆《てんぷく》させる権利を有すると述べている。

そこから数十年の間、アメリカは実に多くの国々で民主制度の発展を支援した。中国の近隣諸国である日本、韓国、台湾もそれに含まれる。その後、拡大する民主国家群は、軍事力、経済制裁、メディアや人権団体の力を借りて、多くの独裁国家を弱体化させた。これにはちっぽけな独裁者だけでなく、ソ連や一九八九年の中国のような国も含まれる。ある中国共産党の幹部は「資本主義の勢力は、常に社会主義の国々や社会主義体制を絶滅させるために破壊活動を行う」と書いている。[*43]

中国の指導者たちは長い間このようなイデオロギー的な圧力を嫌っていたが、中国が好景気と安定した地域環境を享受している限りは耐えられるものであった。一九九〇年代から二〇〇〇年代にかけて、GDPが民主主義国の平均の三倍の速さで成長したため、北京は権威主義が他の国にとってはともかく、中国にとっては最善の体制であると国内外の人々を容易に説得できた。[*44]

ところが経済が低迷し、国際的な敵意が高まっている現在、独裁政治を売り込むのはもはや容易ではない。中国の国民は、銀行口座と自国の国際的地位が膨《ふく》れ上がっているときには政治的権利を放棄することをいとわなかったが、過酷《かこく》になった状況下でどうするかは未知数だ。

とりわけ中国のミレニアル世代は、経済的、国際的な流動性の向上しか知らないので、この問題は切実なものとなる。一九八〇年代にこの世代が生まれつつあったとき、鄧小平は西洋との通商による「新鮮な空気」を吸うために「窓」を開けることは、誘惑的な考えや腐敗的な影響力の形で入ってくる「ハエ」も受け入れることだと警告している。[*45]

彼はあえて言わなかったが、非常によく理解していたのは、西洋との急速な成長と関与は、中国の人々をも変え、いつか政権がそれを満たすのに苦労するかもしれない方法で、彼らの期待値を高めることになる、ということだった。

中国の支配者もまた、政治学者たちが経験的に証明してきたことを長年にわたって理解してきた。それは独裁体制が波状的に崩壊することが多いという点だ。ある国での革命的な活動が、他の国の民衆の反乱を刺激するからである。[*46]

民主的な「ドミノ効果」は一九八九年に東ヨーロッパ全域にわたって共産主義政権を崩壊させた。二〇一一年にチュニジアで焼身自殺した果物売りの男は、中東の大部分を反乱の炎に包んだ。この教訓は「あらゆる革命はあらゆる場所の独裁政権にとって脅威となりうる」ということである。そしてこれは、たった数週間前、あるいは数日前まで安定していると思われていた政権にも当てはまる。[*47]

中国共産党が過去一〇年間で非常に抑圧的になった理由は、まさにこの潜在的な脅威のためだった。だからこそ反体制派を投獄し、治安部隊を動員し、情報を検閲し、大衆動乱を牽制《けんせい》しようと積極的に動いてきた。

もっとも今の中国は、外圧に屈する以外の選択肢を持てるほど強くなっている。習近平は、権威主義が世界に広まって民主主義が機能不全に陥れば、中国共産党の国内での権力は強化されると考えている。なぜなら同胞の専制君主たちは、人権侵害を理由に中国を罰することはないし、中国国民は混乱した自由主義体制を見習いたいとは思わなくなるからだ。

習近平は他国での反独裁主義の反乱を阻止すれば、中国で反乱が起こる可能性が低くなると考えている。また彼は、海外の批評家を黙《だま》らせることで中国共産党が国内で直面する課題を抑えることができるとも考えている。つまり習近平は、海外の民主主義を後退させることで自分の政権の安全を図《はか》ろうとしているのだ。

中国は近年になってイデオロギー的な攻勢に転じ、弾圧を世界的に展開している。北京は現在「反民主制ツールキット」に毎年数十億ドルを費やしている。これはNGO、メディア、外交官、アドバイザー、ハッカー、賄賂《わいろ》などを使って独裁者を支えつつ、民主制度に不和をもたらすためにデザインされたものだ。[*48]

かつての中国は、外国の民衆の怒りや不安から自身を守ることを心配していたが、現在では、不安の発生そのものを未然に防ぐことを目指している。[*49] 中国共産党は仲間の独裁国たちに、武器、資金、国連の制裁からの保護を提供している。中国政府の高官たちは、独裁主義的な同胞たちに暴動鎮圧《ぼうどうちんあつ》用の器具を提供したり、監視国家を構築する方法を指南している。

北京はまた、非自由主義的な統治の成果を誇示し、民主制度は新たな帝国主義の押しつけであると主張し、アメリカにおける政治的分断を強調するため、膨大なグローバルメディアを使って、独裁主義政権のために妨害工作を行っている。

もちろん中国の民主制度阻止への努力を「世界政治においては普通に行われていること」と片付けたくなる気持ちもわかる。ロシア・オーストリア・プロイセンはフランス革命の鎮圧に協力したし、それ以降も独裁国たちは結託《けったく》してリベラリズムを抑え込んできた。プーチン率いるロシアも、旧ソ連やその他の地域で同じようなことをやっている。しかし、中国のイデオロギー面での攻撃は、以下の三つの理由から深刻なものであると言える。

第一に、これは近年の不穏《ふおん》な世界的なトレンドを利用したものである。もちろん長い目でみれば、歴史の流れは第二次世界大戦以来、より大きな自由の実現に向かってきたかもしれない。だがフリーダムハウスがまとめた統計によれば、二〇〇六年以降は独裁主義が毎年広がっており、民主主義は後退しているのだ。[*50]

もちろん「民主主義の後退《デモクラティックバックスライディング》」の原因については、議論の余地がまだあるが、主要民主主義国が二一世紀の最初の二〇年間を醜《みにく》い「テロとの戦い」に費やし、大恐慌以来最悪の金融危機で動揺していることは、ろくな結果にしかつながっていない。その結果としての「民主主義の不況《デモクラティックリセッション》」は、中国にイデオロギー拡大のチャンスを与えた。北京が主張する反リベラル的な批評は、幻滅した民主主義者たちにより説得力を持つようになり、野心的な独裁主義者たちにはますます好都合なものとなった。[*51] 中国の鉄拳は、開かれた扉をノックしているのだ。

第二に、中国の世界的な力は、過去の非リベラル的な大国のそれよりも広範囲に及んでいる。北京は主要な国際制度機関で指導的な地位を占めることに成功し、リベラルな秩序の産物である制度機関を反民主制度側の影響力のある道具に変えた。その典型的な例が以下だ。ベラルーシが二〇二一年に指名手配中の反体制派を乗せた旅客機を強制着陸させて国際規範に明白に違反したが、国際民間航空機関（ＩＣＡＯ）のトップを務め、その残忍な政権が非難にさらされるのを助けたのはどの国だっただろうか。[*52]加えて、北京には一四億人の消費者がおり――これはソ連が決してもつことのできなかったものだ――、これによって世界に弾圧行為を輸出できるようになったのだ。

たとえば二〇二〇年に北京は、新型コロナウイルスの起源に関する国際的な調査を求めるという「暴挙《ぼうきょ》」に出たオーストラリアに対し、経済制裁を加えるだけでなく、中国に批判的な新聞やシンクタンクを黙《だま》らせるよう迫り、キャンベラに対して民主主義の根源を実質的に絶つよう要求することで報復した。

同じように、新疆での弾圧を非難するヨーロッパの政治家やアナリストに対して中国が制裁を加えたり、マリオット社に対してチベットに言及するツイートに「いいね」を押したアメリカ人従業員を解雇《かいこ》するよう強制したり、香港の政治的自由を支持した者は、どの国の誰であっても罰すると脅す法律を可決したりしているが、中国はこれによって実質的に市場の力を使って、世界で最も進んだいくつかの国々での民主主義の基礎である「発言の自由」を攻撃しているのだ。[*53]

中国のイデオロギー面での攻撃を深刻なものにしている第三の、そして最も重要な理由は、現在進行中のデジタル革命だ。[*54]アップル、アマゾン、フェイスブック、グーグル、ツイッターのデータ収集力と発信力を考えてみよう。これが中国共産党の手に渡ったと想像してほしい。AI、ビッグデータ、サイバー、生体認証、音声・顔認識技術を組み合わせることで、中国政府は人々が何を言い、何を見、誰と付き合い、何が好きで何が嫌いか、彼らがどこにいるのかなど、独裁者が臣民のすべてをいつでも知ることができるシステムを開発している。

このシステムによって、政府は信用、教育、雇用、医療、通信、旅行へのアクセスを制限することで、国民を瞬間的に懲《こ》らしめることができるようになるし、まるで「中世」で行われたような懲罰方法で人々を追い詰めることもできるようになる。

このテクノロジー革命は、抑圧をかつてないほど手頃な価格で、効果的に実行させることで、民主主義勢力と独裁主義勢力の間のグローバルなバランスを崩す恐れがある。[*55]独裁者は、憤慨《ふんがい》した国民に残酷《ざんこく》な仕打ちを与えたり、洗脳《せんのう》したりするために高価な（そして反乱を起こす可能性のある）軍隊に頼る代わりに、いまや安価でより陰湿《いんしつ》なコントロールの手段を持てるようになった。

何百万人ものスパイの代わりに、何億台もの監視カメラを使うことができる。顔認識やAI技術によって、ビデオ映像を素早く分析し、問題を起こしそうな人物を特定できるのだ。コンピュータの「ボット（bot）」は、特定のグループや個人に合わせたプロパガンダを配信できる。

一見無害に見えるアプリやリンクからコンピュータにマルウェアをインストールし、政府のハッカーが反体制派のコンピュータ・ネットワークを破壊したり、彼らの活動に関するデータを収集したりすることもできる。そしてこの情報をもとに、抵抗運動の指導者たちを買収したり、彼らの要求を害のない範囲でのんだりして、抵抗運動を弱体化させることができる。あるいは、AIが作成した活動家のリストをプリントアウトし、そこに載《の》っている人物を全員殺すことさえできるのだ。

この「デジタル独裁主義」の邪悪《じゃあく》で目覚ましい点は、ほとんどの人が表面的には自由に日常生活を送っているように見えることだ。だが実際には、国家は彼らが見るものすべてを検閲《けんえつ》し、彼らが行うことすべてを追跡することになる。

従来の独裁主義では、少なくとも誰に抑圧《よくあつ》されているかは知られていた。ところがいまや国民はソーシャルメディアを通じて、パーソナライズされたコンテンツを配信する目に見えないアルゴリズムにそそのかされたり、丸め込まれる可能性がある。

過去の時代の独裁者たちは「暗殺部隊に資金を提供する」か「経済成長を実現する」と

いう、厳しい選択をしなければならなかった。ところが今日では、抑圧は単に安価になっただけでなく、利益を生む可能性がある。なぜなら厳しい社会統制を可能にする「スマートシティ」の技術は、インフラの改善、病気の診断、列車の定時運行などにも利用できるからだ。

言うまでもないが、これらの技術は専制君主たちにとって夢の道具となる。アメリカの政策担当の国防次官であるコリン・カールは「独裁者たちは中国のイデオロギーを欲しているわけではないが、中国の方法論《メソドロジー》は欲しがっている」と言っている。この需要を認識している中国企業は、二〇二〇年の時点ですでに八〇カ国以上で監視システムを販売・運用していた。[*56]

中国共産党が国内外で脅威をますます感じるようになれば、北京はデジタル独裁主義をさらに手広く輸出するものと予想される。すでに多くの国々がその輸入を望んでいるし、中国はそれを望まない国々に対しても強制できる強力な手段を持っている。すなわち中国市場への参入を望むのであれば、ファーウェイ社の5Gネットワークのコア・コンポーネントをインストールせよ、中国の融資を受けたいなら、中国の監視技術を受け入れよ、ということだ。

北京と提携《ていけい》する政府が増えれば、中国のグローバルな監視国家の範囲は拡大する。[*57]既存の独裁国家はさらに全体主義的になるだろうし、一部の民主主義国は独裁主義陣営に流れ込むだろう。一九九〇年代に一般的だった「民主主義が世界中に広がるのは必然だ」というリベラルな信念は、覆《くつがえ》されることになる。

「人類は大量虐殺をしなくなるほど進化した」という慰《なぐさ》めの神話も覆《くつがえ》されるだろう。デジタル独裁主義は、収容所や大量虐殺の代用品ではないが、むしろそれらを可能にするものである。たとえば政治学者たちは、独裁国家が「デジタル抑圧」を強化すると同時に多くの拷問《ごうもん》と殺人を行っている事実を示してきた。[*58] その理由はシンプルだ。機械に日々の帳簿管理や監視を行わせることで、現場の兵士たちは、民族浄化や、反体制派の人々を殴って服従させるといった独裁主義的支配の物理的な側面に集中できるからだ。

スマートシティが強制収容所の隣に存在する、新疆ウイグル自治区を見てみよう。[*59] 中国の治安担当者は、収容所を管理し、「再教育」や強制不妊手術を行い、カメラ、生体認証スキャナー、強制的に入れさせられる携帯アプリが、その地区で起こることすべてを監視するコンピュータにデータを送り込む。

アルゴリズムが、カメラの映像とスナップショット、血液サンプル、そして警察が「健康診断」で採取した綿棒についたDNAを照合する。ウイグル人が居住区の端まで行くと、彼らの携帯電話は自動的に当局に警告を発する。ガソリンを入れると、システムは入れた本人がその車の所有者かどうかをチェックするのだ。

この地区から逃げ出そうとすれば、たちまち警察が家族や友人の玄関先までやってくる。

なんとか海外に出られたとしても、逃げ切れる保証はない。独裁主義的な中国の同盟国たちは、エジプトのようにイスラム教徒が多い国であっても、中国の監視技術を使ってウイグル人を追跡し、北京の元に送還し始めている。

専門家の中には「中国は民主主義に大きな脅威を与えることはない」と論じる人もいる。彼らはまさにソ連がそうであったように、他国が共産主義者によって支配されていようがいまいが、あまり気にしないという信念にまだしがみついているのだ。[*60] もちろん一部の弱くて不完全な民主国家は「デジタルの鉄のカーテン」の向こう側に隠れる可能性はあるが、アメリカのように豊かで団結した民主国家群は「自由の島」として存続するはずだ、と主張する人々もいる。

だがこれ以上の間違った考えはありえない。というのも、デジタル独裁主義は自由主義世界の中枢《ちゅうすう》に忍び込みつつあるからだ。デジタルツールを使って世論を操作し、相手陣営を悪魔化し、暴力的な支持者たちを動員することは、独裁者だけでなく民主国家で権力を求める者たちにとっても魅力的だ。これは、今日の民主国家の多くで蔓延《まんえん》している党派的な政治情勢において、特に顕著《けんちょ》に見られる傾向《けいこう》だ。

自由主義的な世界全体で、党派的な分裂状態は歴史的な高まりまで急上昇する一方、民主的な制度に対する国民の信頼は一九三〇年代以降は見られなかった低さにまで落ち込み、主要政党は公然と反民主的な法の制定を主張している。[*61]

政治面では独裁主義的な要素が根付く機があちこちで熟《じゅく》しており、中国とロシアはボットによって作り出されたデジタル偽情報を、世界中の何百万もの人々のフェイスブックのタイムラインに流し込んでいる。[*62] 米中の対立が激しくなるにつれて、北京はＡＩを利用した「ディープフェイク」や他の種類の偽情報を使用して、敵対者を弱体化させたり、痛めつけようとするインセンティブを持つようになるだろう。

たとえアメリカや他の主要な民主国家たちがこのイデオロギー攻勢の餌食《えじき》にならなかったとしても、より独裁主義的な世界では彼らのパワーと安全保障は低下してしまうだろう。アメリカが中国に巻きつけようとしている戦略的連鎖《ストラテジックチェーン》の、最も強力なリンクが民主国家であることは偶然ではない。また北京が、ロシアやイランのような専制国家を最も親しい友人にしていることも偶然ではない。

実際、世界の民主国家群を混乱させ、衰退《すいたい》させようとする中国とロシアの努力は、実に密接に行われているのだ。民主国家たちは、自分たちのリベラル的な制度機関を維持できる国際環境を必要としている。だが独裁主義国たちは、「自由」の破壊的な力から自分たちを守る世界を必要としている。

つまり国内秩序の違いが、国際秩序についての異なるビジョンを生み出すのだ。[*63] もし中国がより多くの国々を権威主義陣営に引き込むことに成功すれば、戦略バランスは変化し、中国に対抗して動員されている同盟関係が弱体化することになる。

最も基本的なことは「独裁国家はその存在意義として、民主国家を悪魔化する」ということだ。独裁者たちは、自国民が民主的な制度機関を賞賛《しょうさん》したり自由を求めたりすることを望まない。独裁主義的な政権が国民の支持を集めるには、有力な民主国家への憎悪を抱かせるのが一番であり、そのためには地道なイデオロギー闘争が必要になってくる。したがって、習近平、プーチン、ハメネイ、金正恩、アサド、エルドアン、オルバン、ルカシェンコなど、世界で最も悪名高い独裁者たちが、退廃的《たいはいてき》な民主主義の西側に対して自らを「伝統、階層、秩序を守る者」と演出するのは、まさに予測された通りなのだ。

中国が独裁主義の仲間を増やすにつれて、アメリカとその民主的な同盟国たちにとって世界はますます居心地の悪い場所となる[*64]。国際紛争は、思想レベルだけでなく軍事的な領域でも増殖していくはずだ。なぜなら「血と土」のナショナリズムは、暴力的な報復主義と密接に絡《から》み合っているからだ。憂慮《ゆうりょ》すべきことだが、このような動きはすでに始まっている。

チャンスの窓と戦争

二〇二二年二月のロシアのウクライナへの全面的な侵攻は世界に衝撃を与えた。世界中の指導者たちに、地政学的な競争があまりにも容易に、壮大な規模の軍事衝突に発展しうることを思い起こさせたからだ。

しかし、ロシアだけが、破滅的な侵略を行うことができる修正主義国家――ましてや最も強力な国家――というわけではない。中国もまたこの一〇年間のうちに攻撃をしかけたいという衝動に駆《か》られるようになるだろう。

中国共産党が地政学的に何を望んでいるかは、これ以上ないほど明確だ。なぜなら何十年にもわたって同じことを望んできたからである。つまり中国を再び統一し、東シナ海と南シナ海を「中国の湖《みずうみ》」に変え、世界的な権力への足がかりとして、地域覇権を獲得することだ。これらの目標が変わることはない。最大の問題は、中国がこれらをどのように追求するかという点にある。

一九九〇年代から二〇〇〇年代にかけての北京のアプローチは、平和的で忍耐強いものだった。経済成長に自信を持ち、西側に早々に喧嘩《けんか》を売るようなことはせず、主に非対立的な手段でその目標を追求した。巨大な市場を誇示《こじ》することで、一発も撃つことなくライバル国から領土を奪い取ってきたのだ。

イギリスは一九九七年に香港を返還《へんかん》した。ポルトガルは一九九九年にマカオを手放した。一九九一年から二〇一九年にかけて六カ国ほどが中国との領土問題を解決し、二〇数カ国が北京との関係を確保するために台湾との国交を断絶した。中国は「平和的台頭」戦略を実行し、それは実際にうまくいっていたのだ。[*65]

だがそのような時代は終わった。他の国々は、中国で儲《もう》けられるという夢からさめつつあり、北京の略奪を懸念するようになってきている。世界的には中国の台頭を歓迎するムードから、中国を恐れて反発するムードに変わってきており、これは習近平にとって極めて重要な問題を提起している。

つまり、もし「領土を取り戻し、影響力を拡大する」という平和的な道が閉ざされつつあるのなら、中国が過去三〇年間に三兆ドルをかけて築《きず》いた軍事力を本格的に行使し始める時がやってきたのか、という問題だ。

ピークに達した過去の大国たちは皆そうしてきたし、中国の歴史はその足跡《そくせき》をたどるものと思われる。中国がいつ、なぜ武力を行使するのかについて、数多くの研究で分析されているが、いずれも同じ結論に達している。つまり中国は、台頭しているときではなく、安全保障環境が悪化し、交渉力が低下しているときに戦う、というものだ。[*66]

言い換えれば、中国共産党は、通常は閉じつつあるチャンスの窓を利用するため、または脆弱性《ぜいじゃくせい》の窓が開いてしまうのを避けるため、武力行使に及ぶ。ライバルに追い詰められると、中国は座して攻撃されるのを待つことはしない。その代わり、戦略的な状況がさらに悪化する前に戦術的な優位を得るため、通常は最初に発砲するのである。

実際、中国は優勢な敵に対して戦争を始めることが多いが、最大の戦いで勝つことはそもそもあまり期待していない。その目的は、懸命に戦う（そして多大な犠牲を払う）意思を示すことで、敵を後退させることにあるのかもしれない。ここで発せられるメッセージは、通常は傍観《ぼうかん》しているライバルに向けられると同時に、リング上で中国と争っている敵にも向けられることになる。

中国が実際に戦った戦争を見てみよう。一九五〇年末に中国「義勇」兵の波が在韓米軍を攻撃したが、これはアメリカ軍が北朝鮮を征服し、軍事基地を建設することを恐れたからだ。中国は一〇〇万人近い死傷者を出したが、今日に至るまで北朝鮮を守りきったことを「輝かしい勝利」だと祝っている。

一九六二年、中国共産党はインド軍を攻撃した。これはインド軍がヒマラヤ山脈の中国側が主張している領土内に前哨《ぜんしょう》基地《きち》を建設したことが理由とされているが、実際はインド、アメリカ、ソ連、中国国民党に包囲されたと感じたからである。中国には「猿を脅すために鶏を殺す」という古いことわざがあるが、中国はインドという一者を見せしめにすることで、複数の敵を同時に威圧したのである。

ところがソ連にはこのメッセージが伝わっておらず、この後も中国との国境に軍隊を集結させ続けた。それと同時に一九六八年にソ連がチェコスロバキアで行ったように、あらゆる社会主義国家における「反革命」を軍事力で撃退する権利を主張し続けた。ソ連の侵攻を恐れた中国は、一九六九年にソ連軍を国境で待ち伏せして奇襲をかけている。その十年後に北京は、鄧小平《とうしょうへい》の言によれば「ベトナムに懲罰《ちょうばつ》を与えるため」に再び戦争を行ったが、これはベトナムがモスクワと防衛協定を結び、中国の数少ない同盟国の一つであるカンボジアに侵攻したあとのことだ。

これらの戦争に加えて、中国は三度（一九五四〜五五年、一九五八年、一九九五〜九六年）にわたって台湾の領土やその近くへ砲撃を行ったりミサイルを発射して、そのたびに台北がアメリカとの関係を強化したり独立へ向かうのを阻止しようとしている。この歴史から明らかなのは「中国は自分の立場が弱まったと感じると暴力的になる」ということだ。

今日において「殺すべき鶏」や、活用できる「懲らしめる出来事」は豊富にある。人民解放軍はすでに二〇二〇年にヒマラヤ山脈でインド軍との間に暴力事案を発生させ、ワシントンとニューデリーの間にくさびを打ち込もうとしたが失敗している。インドはアメリカに接近しているため、これからも同じような戦いに挑《いど》むかもしれない。だが中国共産党が台頭しつつある反中同盟を本気で潰《つぶ》したいのであれば、自国の沿岸にあるアメリカの同盟国や友好関係の輪を断ち切らなければならない。

ここでのターゲットは明らかに日本であろう。日本は憎き歴史的な敵国であり、現在は中国が「釣魚島《ちょうぎょとう》（日本名魚釣島《うおつりじま》）」と呼ぶ尖閣諸島を統治しているのだ。日米同盟は、アメリカの東アジアにおける封じ込め戦略の「要《かなめ》」である。日本に中国の強さを思い知らせると同時に、ワシントンとの同盟関係に圧力をかけることは、包囲された中国にとって魅力的であろう。

中国はすでに武装した沿岸警備隊の艦船を尖閣諸島周辺の領海に送り込み、日本の実効支配に対抗している。中国のエスカレーション・ラダー［梯子］を上げる次の動きは、尖閣に兵士を上陸させることだろう。そこから周囲五〇マイルに侵入禁止区域を宣言し、中国本土のミサイルに援護された艦船、潜水艦、戦闘機、ドローンの大群で島々を包囲するのだ。

そうなれば日本は中国による尖閣の併合《へいごう》を受け入れるか、もしくは鳥の糞《ふん》で覆《おお》われた小さな岩礁をめぐって核保有国と戦争をするかの、どちらかを選ばなければならなくなる。アメリカも同じようなジレンマに直面するだろう。

これに対して、経済制裁と弱々しい外交面での抗議で対処すればよいのだろうか？　それともアメリカは二〇一四年と二〇二一年に約束したように、日本が尖閣諸島を守るのを助けるべきなのだろうか？　前者の対応は、日米同盟を破壊しかねない。後者のアプローチだと、アメリカのシンクタンクが実施したウォーゲームによれば、第三次世界大戦になってしまう可能性がある。[*67]

もし中国が日本のような地域大国と争う準備ができていないのであれば、その代わりに南シナ海周辺の弱者である近隣諸国を脅すことができる。北京はベトナムを打倒したいと思っているはずだが、それ以上に格好のターゲットとなるのは「完璧な敵」という条件にすべて当てはまるフィリピンであろう。

「軍事的に弱いか？」という項目はイエスだ。フィリピンは徐々に中国に反旗を翻《ひるがえ》しているかもしれないが、今のところその能力は哀《あわ》れなものであり、北京はフィリピンの海軍と空軍を一度の小競り合いで一掃することができるだろう。

「象徴的に重要か？」という項目もイエスだ。二〇一六年、マニラは北京を常設仲裁裁判所（またの名を「世界裁判所《ワールドコート》」）に提訴し、中国の南シナ海での主張を無効とする判決を獲得して勝利した。中国はこれに対して、地球の裏側にある「傀儡《かいらい》」裁判所の判決に拘束《こうそく》されることはないと宣言した。フィリピン軍を南シナ海のその孤立した無防備な前哨基地から追い出すか、北京がすでに占領しているがまだ開発していない岩や岩礁に軍事基地を建設すれば、中国の宣言を裏付ける素晴らしい方法となる。

「戦略的に重要か？」という項目もイエスだ。米比同盟は地域の安全保障に欠かせない存在だが、冷戦時代からしばしば揺《ゆ》らいできた。アメリカは南シナ海のフィリピン領を守ると宣言しているが、北京はそれを信じないかもしれない。統合参謀本部議長は二〇一六年に「スカボロー礁をめぐって本気で戦争をするつもりか？」との発言をしていたと盗み聞きされている。[*68]

もし中国がフィリピン軍を攻撃した場合、アメリカは非常に厳しい選択を迫られることになる。領土の主張に関して曖昧《あいまい》な立場をとる同盟国を守るのか、それとも中国が国際法を無視して南シナ海の支配を拡大し、アジアにおけるアメリカの同盟へのコミットメントの信頼を台無しにするのを承知で介入しないかの、どちらかしかないからだ。

ターゲット：台湾

これらのシナリオは、それぞれ深刻なものだが、中国の革命的なキャンペーンのメインイベントとなりそうなもの、すなわち「台湾の征服」に比べれば比較にならない。台湾の奪取は中国の外交政策の最大の目標であり、中国共産党は台湾奪還の準備のために国防予算のおよそ三分の一を注ぎ込んでいると言われている。[*69]

もし中国が台湾を征服できれば、世界レベルの半導体産業へのアクセスが可能となり、何十隻もの船舶、何百ものミサイルランチャーと戦闘機、そして何十億ドルもの防衛費を使って遠隔地まで破壊力を及ぼせるようになる。中国は台湾を太平洋に戦力投射《せんりょくとうしゃ》をするための「不沈空母《ふちんくうぼ》」として利用し、日本とフィリピンを海上封鎖し、東アジアにおけるアメリカの同盟ネットワークを崩壊させることができるようになる。

とりわけ侵略が成功すれば、世界で唯一の「中国人による民主国家」が消滅し、中国共産党の正統性《レジティマシー》に対する恒常的な脅威が取り除かれることになる。台湾は東アジアの重心であり、中国の指導者たちが「短期的な侵略で、アメリカに対する自国の長期的な軌道《きどう》を根本的に改善できる」と考える、典型的な場所である。

台湾が北京にとって最も魅力的なターゲットである理由は他にもある。たとえば地理的な非対称性が深刻な点だ。台湾防衛のために、アメリカ軍は中国沿岸から一〇〇マイル以下の近距離で戦わなければならず、戦場まで少数の脆弱な基地や空母から出発して何百、何千マイルも移動しなければならない。アメリカ軍の多くは他の地域に駐留しているため、アメリカは片手を縛られた状態で戦うことになる。

これに対して中国は、自国の軍隊の大半を戦争に投入することができるし、自国を巨大な基地として利用できる。中国軍は、安全な陸上交通路と補給路を確保でき、本土の無数の「聖域」から射撃、移動、再装塡ができる。全土において中国軍を収容し、食事を与え、補給し、輸送することによって戦争の遂行を支援することができるのだ。

このような「ホームフィールド・アドバンテージ」を、東シナ海や南シナ海での戦争で中国が直面する状態と比較してみよう。中国空軍と海軍は、戦場と大陸の間を何百マイルも移動して燃料を補給し、再装備しなければならない。この行き帰りの行程は、中国軍の前線における戦闘力を削《そ》ぐことになり、彼らは脆弱な通信衛星網に頼らざるを得なくなる。また、中国軍は戦域への行き帰りに台湾を通過するたびに激しい攻撃を受けることになり、嫌がらせや消耗作戦を実行するチャンスを敵に大量に与えてしまうことになる。

最後に、台湾は中国にとって「チャンスの窓」が最も急速に閉じつつある場所だ。平和的統一の可能性は急速に失われつつある。中国本土の一部になることを望む台湾人はますます少なくなり、アメリカは台北との軍事・外交関係を強化しつつある。これに対応するため、中国は軍事的な選択肢を検討しているのだ。

二〇二〇年九月、人民解放軍は台湾海峡で、この二五年間で最も攻撃的な軍事力の誇示を開始した。台湾の防空識別圏への侵入は急増している。中国軍の任務部隊の中には、三〇機以上の戦闘機と六隻の艦艇を従えて、ほぼ一日おきに海峡を徘徊《はいかい》しているものもある。その多くは、台湾と中国の双方が何十年間にもわたって尊重《そんちょう》してきた境界線である「中間線」を突破している。これらの部隊の中には、パトロール中にフィリピンと台湾の間を航行するアメリカの空母や駆逐艦への攻撃をシミュレートする動きをしたものもある。また、中国は二〇二〇年に香港の民主化運動を鎮圧《ちんあつ》することで、台湾を平和的に説得できる時代が終わったことを示唆《しさ》したのだ。

軍事攻撃は成功するだろうか？　その答えは、つい最近まで「ノー」であった。一九九〇年代には台湾は中国に対して地理的・技術的に有利であったため、実質的に征服不可能だった。台湾海峡は台風や高波のおかげで危険な海域で、島そのものが自然の要塞《ようさい》となっている。東海岸は険しい断崖絶壁、西海岸は沖合数キロに広がる干潟《ひがた》で、激しい潮流もある。台湾には侵略してくる軍隊が上陸できるような砂浜さえ十数カ所しかない。アメリカと台湾の戦闘機と海軍の艦隊は、中国軍を決して近寄らせない状態を維持できていたのだ。*70

ところがそれ以降の中国は、国防費の支出で台湾を二五対一の額で圧倒するようになった。新しい軍艦、戦闘機、ミサイル、そして何千人もの兵士を運ぶことが可能な水陸両用艦などを次々と生産した。中国の兵力規模は、今や台湾の一〇倍である。

中国の長射程の防空システムは、台湾上空の航空機さえ撃墜できる。中国の陸上配備型ミサイルと戦闘機は、台湾の空軍と海軍を一掃し、東アジアのアメリカ軍基地を破壊できると言われている。中国のサイバーおよび対衛星能力は、アメリカ軍の重要なセンサーや人工衛星を機能不全に陥れることで、同軍の耳と目と口をきけなくしてしまう恐れがある。中国の対艦ミサイルは、西太平洋を航行するアメリカの大型水上艦にとって、非常に危険になる。ここ二五年間にわたり、人民解放軍は台湾征服のために執拗《しつよう》に準備してきた。

一方のアメリカは、この期間を通じて中東のテロリストとの戦いに明け暮れていた。最近ではＮＡＴＯの東側の陣地を強化するために、ヨーロッパに部隊と武器を投入している。オバマ、トランプ、バイデンの各政権は、中国に対抗するため、アジアに軸足移動《ピボット》することを望んでいた。だがこのような計画は、ＩＳＩＳの台頭やロシアのウクライナ侵攻など、他の地域で発生した案件によって覆《くつがえ》されてきた。グローバルな勢力であるアメリカは、単一の不測の軍事案件に備える余裕もない。その結果、中国の軍事近代化に空軍と海軍が追いつけていない。

アジアにおけるアメリカの軍隊は、依然として少数の大型の軍艦と、露出した基地から運用される短距離戦闘機が主体で、これらはまさに、中国が奇襲ミサイル攻撃で破壊しうるものだ。アメリカは台湾から五〇〇マイル以内（無給油の戦闘機がガス欠になる前に帰還できる最大飛行距離）にたった二つの空軍基地しか持っていない。中国がこれらの基地を使えなくすれば、アメリカ軍は空母や、台湾から一八〇〇マイル離れたグアムから行動しなければならなくなる。

この距離と空中給油の必要性のために、アメリカ軍の出撃回数は半減させられ、そのせいで中国に台湾上空を支配するチャンスを与えてしまうことになる。さらに悪いことに、中国は現在、グアムを攻撃できる爆撃機と弾道ミサイルを保有しており、本土から一〇〇〇マイル以上離れて移動中の空母を攻撃できる可能性もある。これらの「グアムキラー」と「空母キラー」のミサイルが宣伝通り機能すれば、中国は東アジアにおけるアメリカの軍事力に損害を与えることができる。[*71]

台湾には、その遅れを取り戻す準備ができていない。[*72] 徴兵制からプロフェッショナルによる志願制への移行の一環として、台湾は現役兵力を二七万五〇〇〇人から一七万五〇〇〇人に削減し、徴兵期間を一年間から四カ月へと短縮した。新兵は数週間の基礎訓練しか受けず、予備役の訓練は頻度《ひんど》が少なく内容も不十分だ。

また、台湾は兵站《へいたん》部隊を削減しており、これによって戦闘部隊への補給や基本的な整備を日常的に怠《おこた》っている状態だ。そのため兵士は事故や貴重な弾薬の浪費《ろうひ》を恐れて武器を使った訓練を避けている。台湾のパイロットの飛行時間は、月に一〇時間未満である。また、戦車や攻撃ヘリの半数以上が使用不可能な状態で、多くの台湾人兵士が士気の低下に苦しんでいる。

要するに、中国は一九一四年のドイツや、一九四一年の日本のように、軍事面では有利だが有限のチャンスの窓を持っているということだ。台湾政府自身が認めているように、中国は台湾の守りを「麻痺《まひ》」させることができそうだ。[*73]

すでに第三章で詳述したように、台湾とアメリカはこの脅威を本格的に自覚しており、解決しなければならない重要な問題を特定し、それに応じた軍備の再編を始めている。だがアメリカと台湾の国防改革が大きな影響を与え始める現在から二〇三〇年代初頭までの間には、中国にもまだチャンスは残されている。

実際のところ、アメリカの巡洋艦、誘導弾を装備した潜水艦、長距離爆撃機の多くが退役する二〇二〇年代半ばには、両岸の軍事バランスは一時的に中国にかなり有利になると思われる。[*74]アメリカ軍は実に多くの点で、まだロナルド・レーガンが築いた軍隊なのだ。とりわけアメリカ海軍と空軍の近代化は何十年にもわたって先送りにされてきた。現在その問題は深刻なものとなっている。[*75]

ペンタゴンが所有する主力艦や戦闘機の多くは、文字通りバラバラになっているか、燃え尽きようとしている。老朽化《ろうきゅうか》した船体や機体は新たなアップグレードだけでなく、中国の新軍と競争するために必要な最新のエンジン、センサー、弾薬を搭載《とうさい》することにも耐えられない状態だ。これらのアメリカの戦力は退役《たいえき》させなければならない。

だがそれらが退役すれば、アメリカ軍は東アジアに配備される、近代的な海軍火力の基本である垂直発射型ミサイルの発射管の数を数百本も減らすことになる。一方で、中国はさらに数百の対艦・対地攻撃ミサイル、数十機の長距離爆撃機と水陸両用艦、そして中国本土から台湾の大半または全域を攻撃できるロケット発射システムを稼働《かどう》させるだろう。

これはいわば「地政学的な時限爆弾」である。二〇二〇年代半ばから後半にかけての時期は、敵を倒して修正主義的な欲望を満たす上で、中国にとってこれほどの好機はない。あるペンタゴンの元高官が言ったように、アメリカはこの時期に台湾との戦いで「尻《ケツ》を蹴《け》り上げられる」リスクを負うことになる。[*76]

このような動きを見て、中国の退役軍人や国営放送の報道機関では中国共産党に直ちに台湾に侵攻するよう促《うなが》す声が上がっている。中国国民もそれに同意しているようだ。国営の『環球時報』の二〇二〇年の調査によれば、本土の七〇％の人々が台湾の本土への統一のために武力行使することを強く支持しており、三七％が「もし戦争が起こるなら、二〇二五年までがベストだ」と考えているという。[*77]

中国政府高官たちは、プライベートな場では西側の専門家たちに向かって、中国共産党内で侵略を求める声が高まっており、習近平は「人民解放軍はそれをやり遂《と》げることができる」と主張するタカ派や「イエスマン」たちに囲まれていると語っている。[*78]

おそらくそのためかもしれないが、習近平は「台湾の解放」に自分の正統性《レジティマシー》を賭けている。二〇一七年に彼は台湾の統一が「中華民族の偉大な若返りを実現するための必然的な要件」であると発表した。[*79] そして二〇二〇年には中国共産党が「近代化された」軍隊を投入する予定の時期を、二〇三四年から二〇二七年に早めている。[*80] 二〇二一年三月、当時インド太平洋軍司令官であったフィリップ・デービッドソン提督は、中国が今後六年以内に台湾を侵略する可能性があると警告した。[*81]

中国は、台湾を圧迫して降伏させる選択肢をいくつか持っている。たとえば台北が支配しているが中国本土の海岸からわずか数キロしか離れていない沖合の露出した島の一つを奪取することや、海・空の封鎖を行う、あるいは単に誘導ミサイルで台湾を爆撃することなどだ。だが、これらのオプションはアメリカと台湾に対処するための時間的余裕を与えることになるし、中国側もわざわざそれを与えるつもりはない。

彼らは一九九〇年から九一年のペルシャ湾戦争で、サダム・フセインの軍隊がいかに虐殺されたかを目の当たりにした。しかもこの時はペンタゴンが周辺に膨大な数の兵器を数週間で集め、しかも巨大な国際的な同盟を結集させている。

彼らは早い段階、つまり台湾とアメリカ軍が反撃してくる前に、激しく攻撃することが勝利への一番の近道であることを知っている。だからこそ中国の軍事ドクトリンでは、真珠湾攻撃のような形で相手を素早く武装解除することを目指しているのだ。[*82] そのためわれわれは本当に悲惨なシナリオを心配しなければならない。

最も可能性の高い戦争開始の形は、台湾、沖縄やグアムのアメリカ軍基地、日本を母港とするアメリカの空母打撃群の上に、陸上・空中から発射された中国のミサイル数千発が降り注いで始まる、というものだ。台湾各地に潜《ひそ》んでいた中国の特殊部隊や諜報員たちが工作を開始し、軍事施設で爆弾を爆発させ、台湾の指導者を暗殺する。中国のサイバー攻撃は、台湾の重要なインフラを麻痺《まひ》させるだろう。

また、人民解放軍はサイバー攻撃と、場合によっては地上発射型ミサイルを使って、アメリカ軍同士やワシントンとの通信手段となっている衛星を破壊し、数日から数週間にわたってアメリカ側の対応を不可能にしたり、そもそも何が起こっているのかをわからないようにするだろう。[*83] 人民解放軍のサイバー部隊は、それと並行してアメリカ本国でもトラブルを起こし、混乱を招いてアメリカ国内の政治紛争を悪化させるために、偽情報キャンペーンを展開することになるだろう。

その一方で、台湾海峡で軍事演習を行っていた中国艦艇の船団が、台湾の浜辺に向かって猛進《もうしん》し、その合間にも大陸にいる数十万の中国軍が、本格攻撃に備えて艦船やヘリコプターに乗り込み始めるだろう。小型の強襲揚陸艦《きょうしゅうようりくかん》が台湾海峡の民間フェリーの間から現れ、台湾軍が対応する前に重要な港や海岸を奪取しようとする可能性もある。

中国の奇襲攻撃で前方展開部隊の多くを失ったアメリカ軍が再び台湾に近づくには、数千マイル離れた場所から航空機と軍艦を投入し、ミサイル、スマート機雷、電磁波妨害などをかき分けながら戦わなければならないだろう。

さらにそのような兵力を集結させるには、攻撃的なロシアからNATOの東方側面を守るために配備されているような、他の重要な地域のアセットを引き離してくる必要があるかもしれない。そしてアメリカは一つの大国にしか対処できない軍備だけで二つの核武装した大国に対処するという、実に厳しい安全保障上の課題に直面するかもしれないのだ。[*84]

アメリカはグローバルなトレードオフに直面し、太平洋のアメリカ軍は、ベトナム戦争や第二次世界大戦以来の規模となる損失《そんしつ》を被《こうむ》るだろう。アメリカの指導者たちはひどいジレンマに直面することになるかもしれない。つまり屈辱的な軍事的後退を受け入れるか、中国が後退しなければ核兵器を使うと脅すかだ。

二〇一八年、国防専門家によるある有識者委員会は、核の黙示録《もくしろく》を危険にさらす戦略に頼らなければ、アメリカは「決定的な軍事的敗北」を被《こうむ》る可能性がある、と結論付けている。[*85] 地政学的にこれ以上危険なことはない。

「恐ろしい二〇二〇年代」は厄介《やっかい》な一〇年間となりそうだ。なぜなら中国が厄介な地政学的な分岐点——衰退を避けるために大胆に行動することが可能であり、またそうすべき時点――に差しかかっているからだ。[*86]

ピークを迎えつつある修正主義国は、ある程度の成功がまだ見込めるうちに行動するチャンスをうかがうものだ。そして中国にはいくつかの短期的なチャンスの窓がまだ開いているため、そこに魅力的な可能性を見ている。

大胆さというのは狂気とは違う。もちろん中国のパワーが頭打ちになったからといって、全方位に対して猛烈な勢いで暴れ出すとは限らない。だがそれは中国がさらに強圧的で攻撃的になることを意味し、とりわけ今のうちにリスクを冒すことが、長期的により良い現実を生み出すはずだと考えている分野ではそうなる。

もし中国が台湾を手に入れれば、第一列島線を突破し、北京の戦略的な地理状況は非常に良くなる。もし中国がハイテク帝国を築けば、経済の停滞と外国による包囲網を食い止めることができるかもしれない。もし中国共産党が民主化の波を押し返すことができれば、政権が強化され、国際的な孤立状態を解消できるかもしれないのだ。

中国の指導者たちは、もしかすると「ちょっとした大胆さがあれば、自分はもっと悲惨になる運命から救われるはずだ」と自分たちに言い聞かせるかもしれない。

もちろんこれも一つの可能性だ。だがもう一つの可能性は、こうした駆け引きが悲劇に終わることである。中国の新たな帝国主義は、世界各地で紛争を誘発する可能性がある。西太平洋での侵略は、最悪のエスカレーションを引き起こす可能性がある。

だが、ピークを迎えつつある大国が、必ず理性を失うわけではない。一九四一年当時の日本の指導者たちの多くは、東京が敗北する可能性が高いのを理解していた。だが彼らの行動は常に不安定になりがちだ。なぜなら「恐ろしい未来」を回避《かいひ》するために、より高いリスクを積極的に受け入れようとするからだ。

したがってワシントンは実に困難な仕事を抱えている。アメリカには、今後一世代以上にわたって自己主張が強く独裁的な中国に対処する、長期的な戦略が必要だからだ。だが同時に、この一〇年間の高い緊張の続く時期を乗り切るための短期的な戦略も必要だ。アメリカがこの頂上決戦で平和的に勝利するためには、まずこの「危険な時期《デンジャー・ゾーン》」を乗り越えなければならない。ここでもまた、歴史の実例が役に立つかもしれない。

第六章
前の冷戦が教えること

米ソ冷戦時にもあった「デンジャー・ゾーン」

ジョージ・ケナンは長期的な視点で見ることを生業《なりわい》としていたが、一九四七年五月にはそのような視点を披露《ひろう》する時間が一瞬しかなかった。このアメリカの外交官は、そのちょうど一年前にモスクワのアメリカ大使館から有名な「長文電報《ロングテレグラム》」を発信し、その名を世に知らしめたのである。

ケナンはこの電報の中で、ソ連を新たに始まった冷戦における「執念深《しゅうねんぶか》い敵」として位置づけつつも、強さと弱さのバランスが最終的にはアメリカに有利に働くと論じていた。

ところが一九四七年の五月にケナンは国務省の政策企画局、つまり大局的な戦略を担当する少数精鋭部隊の責任者として新たな任務を担《にな》うことになると、彼だけでなく自由世界にも時間的な余裕は残されていないことに気づいた。

ヨーロッパは存亡の危機に瀕《ひん》していた。第二次世界大戦の影響で、経済的にも政治的にも荒廃《こうはい》していた。記録的な厳しい冬が、その惨状《さんじょう》に拍車《はくしゃ》をかけていた。かつて世界を支配していた大陸は、今や飢餓《きが》、混乱、革命が発生する目前の状態だった。ウィンストン・チャーチルの言葉を借りれば欧州は「瓦礫《がれき》の山、納骨堂、疫病《えきびょう》と憎悪の温床《おんしょう》」になっていたのだ。*1

もしアメリカが欧州の希望と繁栄を速《すみ》やかに取り戻さなければ、組織力のある共産党が権力を奪取するか、投票によって政権を獲得するかもしれなかった。彼らが権力を一度手に入れたら、欧州をソ連の独裁者ヨシフ・スターリンの手に渡すことができる。

ケナンの上司であるマーシャル国務長官は「医者が考えている間に患者は死につつある」と結論づけていた。断固とした行動が「遅滞《ちたい》なく」必要とされていたのだ。[*2]

マーシャルは、ケナンやディーン・アチソン国務次官のような国務省の高官たちに、この問題の解決法を編みだすための二週間の猶予《ゆうよ》を与えた。そして二週間ではなく三週間後に生まれたのが、おそらくアメリカ史上、最も有名な外交政策の構想である「マーシャル・プラン」だった。

ケナンは概要《がいよう》を記したメモの中で「今日出せる最良の答えは、一カ月後、もしくは二カ月後に徹底的に検討して出されるものよりも、はるかに役に立つはずです」と説明している。[*3]正式には「ヨーロッパ復興計画」(The European Recovery Program)として知られているマーシャル・プランは、共産主義者たちによって乗っ取られそうな欧州に蔓延《まんえん》していた絶望と戦い、持続的な安定と強化に必要な経済回復を急発進させることを意図していた。

マーシャルは六月にハーバード大学の講演で、この構想の初期段階のものを発表し、アメリカと欧州の当局者は夏から秋にかけ、瀕死《ひんし》の地域を生き返らせることを狙ったこの曖《あい》昧《まい》だが野心的な構想を、「四年間で一三〇億ドルの支援策」へと具体化した。

最終的に冷戦の勝利に貢献したこの政策は、実は喫緊《きっきん》の課題に対応するため、急遽《きゅうきょ》打ち出されたものだった。

今日のアメリカが直面している中国問題はたしかに恐ろしいが、全く前例がないわけではない。以前の頂上決戦の時も、アメリカの最高の戦略思想家たちは時間が自由世界に味方していることに気づいていた。病的な抑圧と経済的に非合理的なソ連の体制を永遠に維持するのは困難だと知っていたからだ。

ところが最初の数年間は、アメリカの方が有利な状態にあるとは思われていなかった。なぜならモスクワには世界の微妙なパワーバランスを覆《くつがえ》すことのできる「チャンスの窓」が短期的にせよ開いていたからだ。

冷戦に勝つためには、アメリカが簡単に負ける可能性もあった「デンジャー・ゾーン」を通過する必要があった。さらに言えば、危機から生じる緊急性を利用して、今後数十年にわたって西側世界を強化する大胆な行動を取る必要もあった。

ビスマルクは「愚者《ぐしゃ》は経験によって学び、賢者《けんじゃ》は他人の経験に学ぶ」と言っている。[*4] 初期の米ソ冷戦を見直してみると、今日のアメリカが新たな「デンジャー・ゾーン戦略」を構築するのに役立つ教訓を提供していることがわかる。

冷戦時の「デンジャー・ゾーン戦略」

もちろん歴史のアナロジーは決して正確ではないし、米中間の争いは冷戦初期のものとそっくり同じわけでもない。たとえ習近平が明らかにスターリン的な傾向を帯びているとしても、やはり「二〇二〇年代の中国」は「一九四〇年代のソビエト連邦」ではない。

また、当時のソ連は、今日の中国のように深刻な経済停滞に直面していたわけでもない。[*5]第二次世界大戦後のモスクワは、経済の回復を必死に待ち望んでいた。赤軍はヒトラーを倒してヨーロッパの半分を行進して横断した、巨大な軍事力であった。一九四五年にアメリカの情報分析官は、「ロシアは現在の紛争からヨーロッパとアジアで圧倒的に強い国として出現するだろう。その強さは、もしアメリカが身を引けばヨーロッパを支配し、同時にアジアで覇権を確立するほどだ」と書いている。[*6]

しかし一九四〇年代後半には、今日にも通じるダイナミズムがあった。冷戦の黎明期《れいめいき》においてさえ、アメリカの聡明《そうめい》な観察者たちは、ソ連の権力の外観は、その基礎部分よりも豪華絢爛《ごうかけんらん》で虚勢《きょせい》を張ったものであることに気づいていた。

ケナンが主張したのは「共産主義のイデオロギー、独裁主義の不安、そして伝統的なロシアの拡張主義の組み合わせのおかげで、クレムリンと資本主義世界の間に永続的な和解はあり得ない」ということであった。

モスクワは「ソ連の権力を確立するためには、アメリカ社会の内部の調和を乱し、伝統的な生活様式を破壊し、国際的権威を破壊すること」が不可欠だと見なしていたという。

ところが西側世界と比較すると、ソ連は「まだはるかに弱い勢力」であった。[*7] ケナンは、モスクワが東ヨーロッパの人々を永続的に支配することは難しいと考えていた。ソ連の政治が持つ悪質な全体主義的な不条理と、計画経済の限界は、長期にわたる競争においてソ連に深刻なハンディキャップをもたらすはずだからだ。

ケナンは一九四七年に「ソ連の衰退《すいたい》は避けられない」と主張した。ソ連の権力には「自らの崩壊の種が内包《ないほう》されている」のであり「その種の発芽《はつが》はかなり進んでいる」と述べている。世界の生産力の半分近くを占め、活力ある民主国家であるアメリカは「合理的な確信を持って」「確固たる封じ込め政策」をとることができるのであり、腐敗がシステムを内部から破壊するまでソ連の前進を阻止できる、というのだ。[*8]

だが短期的にはその自信は揺《ゆ》らぎやすいものだった。ソ連には、チャンスが一度だけでなく、二度もあったからだ。一度目は、経済・政治的な面でのチャンスである。一九四〇年代後半の世界は混沌《こんとん》としていた。経済的な荒廃《こうはい》と不幸な人間の存在は、例外的ではなく日常的な光景だった。一九四六年にハリー・トルーマン大統領は「現在、食糧不足のために飢餓《きが》や実際の死に直面している人の数は、戦時中のどの年よりも多く、おそらくすべての戦争の年における数を合わせたよりも多い」と報告している。[*9]

戦争によって力の空白が生まれ、西ヨーロッパから東南アジアにかけて、政治的過激主義が焚《た》きつけられていた。モスクワに忠実な各国の共産党は、新しい信奉者を増やして膨《ふく》れ上がっていた。マーシャルは「私たちが知る生活様式は、文字通りバランスを失っている」と発言している。[10] ソ連またはその代理勢力が、この混沌《こんとん》を利用して主要国の政治をコントロールできれば、スターリンは一発も発砲せずにユーラシアの大部分を支配できるかもしれない。

二度目のチャンスは軍事的なものだ。アメリカは一九四五年に約一二〇〇万あった兵力を、一九四七年には二〇〇万以下にまで減らしていた。軍事的な潜在力については、たしかにソ連よりはるかに大きかったが、それでも既存の軍事力は消滅してしまっていた。もちろんワシントンには「原子爆弾」という保険はあったが、それでも西ヨーロッパや中東など、東西分断のホットスポットへのソ連の攻勢を止めるのに十分な数は保有していなかった。一九四九年にソ連が独自で原爆を開発すると、アメリカはこの「切り札」を失い、ペンタゴンの政策担当者たちは世界規模の戦争に負けるかもしれないと心配しはじめた。[11]

核戦争のような恐ろしいシナリオが実現しなくても、この軍事力の不均衡に乗じて、モスクワは弱い国へのいじめと脅迫で影響力を拡大させるかもしれない。ケナンは「ソ連の軍事力の影」は自由世界を「麻痺《まひ》させる効果を持つ」可能性があると認めていた。[12]

その結果、トルーマン政権の時代は、厳しい不安が渦巻《うずま》く時代となった。戦争が起こりそうなシナリオはいくつもあった。たとえば一九四六年のトルコをめぐる対立や、一九四八年のチェコスロバキアの共産主義勢力による政権奪取、そして同年末のスターリンによるベルリン西部の封鎖である。ソ連の代理勢力である北朝鮮は、一九五〇年に、韓国を征服しようとして大きな紛争を引き起こした。トルーマンは「第三次世界大戦が起こっているように思える」と書いている。[*13]

また、軍事バランスの面でも重大で不吉なシフトが起きていた。特にアメリカが原爆の独占状態を失い、通常兵力の面における劣勢《れっせい》に直面しなければならなくなったからだ。最も重要なことは、この当時、アメリカの経済的・政治的な優位を決定的にして冷戦をより長く戦い続けるためには、まずは差し迫った脅威の試練を乗り越えなければならない、という感覚が政府周辺で広く認識されていたことだ。

一九五一年に統合参謀本部は「全般的に言って……時間はわれわれの味方である」と記している。だが「決定的な時期」は「今後二、三年」であるとしていた。[*14]

アメリカはこの危機的状況をなんとか乗り切れた。トルーマン政権は、短期的に敗北を回避しつつ、長期的な勝利へと導く画期的な政策を推進できたが、同時に大きな挫折《ざせつ》も経験し、明らかな失敗も犯している。一九四七年の「トルーマン・ドクトリン」によるギリシャとトルコへの援助は、二つの大陸の玄関口にある危機に瀕《ひん》した前哨基地《ぜんしょうきち》を補強すると同時に、共産主義の拡張に抵抗するアメリカの姿勢を明確にするものであった。

マーシャル・プランとNATOの設立は、ヨーロッパを「憂慮《ゆうりょ》すべき弱さの源泉」から

「西側の強さの支柱」へと変えた。日本と西ドイツの復興は「最近までの敵」を「アメリカの最良の同盟国」に変えた。ベルリン空輸は、ヨーロッパのもう一つの大都市が「鉄のカーテン」の向こう側に行ってしまうのを防いだ。朝鮮半島へのアメリカの介入は、世界の心理的なパワーバランスの崩壊を防ぎ、その後のアメリカの軍事力増強は、決定的な時期において物理的なバランスを強化することになった。それ以外にもこうしたイニシアチブには、有名なものから今では忘れ去られたものまであるが、これによってアメリカは冷戦初期を生き残り、その後の長引く闘争にも貢献《こうけん》したのだ。

トルーマンは一九五三年に退任する際、「もし後世の歴史家たちが、私の任期で冷戦の開始が目撃されたと書かれるなら、われわれはその八年間で、それに勝てる道筋《みちすじ》をつけたと評価されるだろう」と自負《じふ》している。[*15]

実際のところ、冷戦の初期はおそらく「デンジャー・ゾーン戦略」の成功例として歴史上最も優れたものかもしれない。もちろんアメリカが当時採用した具体的な政策は、現在に単純に再現できるようなものではない。それでも当時のアメリカの経験は「デンジャー・ゾーン」を乗り切るために必要な四つの戦略的な洞察《どうさつ》を明らかにしている。

最初に決めるべきこと

前の冷戦の教訓の第一は、優先順位を冷酷につけることだ。どこに大きな投資をして、どこの資源を節約するか、明確に考えることは常に重要である。とりわけ脅威のレベルが高く、ミスの許容範囲が小さいときには、それが生死を分ける問題となる。

ここで最も重要なのは、長期的なパワーバランスを劇的に変化させる可能性のある短期的なブレークスルーを防ぎ、持続的な強さの基盤を築く投資を早期に行うことだ。アメリカは冷戦初期にこのルールにほぼ従っていたが、その実行は思ったよりも困難だった。

基本的な問題は、当時も今も、アメリカがほとんどあらゆる場所で圧力を受けていたことだ。一九四六年から四七年にかけて、トルーマン政権は、ヨーロッパの大西洋岸から太平洋に至る長大な「不安定な弧《こ》」に沿った場所で、数々の危機に直面していた。共産主義者たちは、フランス、イタリア、ギリシャ、トルコ、イラン、インドネシア、中国、韓国などで政権を奪取しそうだった。最大の問題は、ワシントンがこれらにどう対応するかという点にあった。

トルーマンはこれについて一つの答えを出した。一九四七年三月、連邦議会でギリシャとトルコに対する約四億ドルの緊急援助を要求したことだ。ギリシャは共産主義者の反乱に脅《おびや》かされ、トルコはソ連からの領土要求と軍事面での威圧に直面していた。
　トルーマンは「世界史の中での現時点において、ほとんどすべての国が二つの生活様式のどちらかを選択しなければならない」と宣言した。そしてアメリカは「武装した少数派や、外部からの圧力による征服の試みに抵抗している自由な人々を支援」しなければならないとした。[*16]
　この厳しい表現は意図的に使われた。「これは共産主義の専制政治拡大の波に対する、アメリカの答えだった。迷いや二枚舌《にまいじた》のない、明快なものでなければならなかったからだ」とトルーマンは後に書いている。[*17]
　アメリカは「封じ込め」を行うために、冷戦に際して何が問題なのか、明確に説明することで、国内から支持を集める必要があった。そして全体主義の侵略に抵抗する国々と共に立ち上がることを示さなければならなかったのである。
　ところがトルーマンのメッセージが示唆していたのは「アメリカは共産主義の広がりに、どの地域でも等しく対応する」というもので、大統領はすぐにこれが不可能だと気づいた。トルーマンは「われわれの資源は無限ではない」と認めている。あらゆる場所で資源の節約を拒否する対応をしていたら、あらゆる場所で弱体化につながってしまうからだ。[*18]
　トルーマンのチームは一九四七年の大半を費《つい》やして、どの地域が本当に重要な競争地域か、どの地域で短期的な後退をするとモスクワに永続的な優位をもたらすか、そして今日の勝利が西側に永続的な優位をもたらす可能性のある地域はどこなのかを検討した。

そこで判明した致命的に重要な地域は、日本と、とりわけ西ヨーロッパであった。もしこの二つの工業中心地がソ連の支配下に入れば、世界のバランスはスターリンに有利な方へシフトするかもしれないのだ。

もしこの二つの地域の産業が復活して非共産圏と結びつけば、クレムリンは重大な、しかも克服不能となるかもしれない不利な状態に陥《おちい》るだろう。トルーマンは「ヨーロッパを復興させることができれば、それは世界の平和を意味する」とコメントしている。つまりこの地域は、冷戦における「重心」だったのだ。[*19]

西ヨーロッパと日本は、また別の面でも極めて重要だった。西ヨーロッパと日本は、米ソの非対称性を最も際立《きわだ》たせている地域だった。モスクワが優位に立つためには、共産主義の支配がないことを望む人々が多い国を無理にでも支配しなければならない。ところがアメリカがその立場を維持するには、ソ連が支配の手を伸ばすのを阻止すればよいだけだった。

ケナンが言うように、アメリカは「地元の抵抗勢力」と協力して彼らと独立を維持することができたが、ソ連は抵抗勢力を根絶《ねだ》やしにすべく、彼らに対抗しなければならなかったのだ。[*20]この力学は、アメリカにとって非常に大きな力——自由で友好的な国々の力を利用することができる——が発揮される状態を生み出すことになった。これはソ連が決して得ることができなかったものである。

一九四〇年代後半には、ある面では残忍《ざんにん》な「コミットメントの選別」が行われた。アメリカは、歴史的な額の援助――一九四八年には国民総生産の五％に相当――を西ヨーロッパと日本に注ぎ込んだのだ。[*21]

これにより、ワシントンは東京を太平洋における「反共の砦《とりで》」にするプロセスを開始した。同時に、アメリカの政府高官たちは西ヨーロッパを守るために何でもするつもりであるとの決意を明確にした。具体的には、マーシャル・プランの発表や、平時の軍事同盟であるNATO設立による、一五〇年にわたる外交上の前例［欧州不干渉］の破壊である。マーシャルに代わって国務長官に就任したアチソンは「西ヨーロッパで何か起これば、すべての事業が台無《だいな》しになる」とコメントしている。[*22] ソ連の西ヨーロッパに対するいかなる攻撃も、アメリカとの全面的な衝突を意味することが明確になった。[*23]

その一方でトルーマンは、あまり重要でない場所や、有望ではないと思われる場所での共産主義者の勝利を阻止するために、全面的な努力を傾けることはしない、と選択した。例えばアメリカは、毛沢東率いる共産主義者が蔣介石の国民党に勝利するのを阻止するための手を、ほとんど打たなかった。それは、未開発で貧困に苦しむ中国は、世界のパワーバランスに影響を与えることはないだろうと考えたからだ。

トルーマンはまた、当時は不安定で貧しかった韓国からアメリカ軍を撤退させた。アチソンは韓国を「太平洋におけるアメリカの防衛境界線の外側にある」と公言したのである。冷戦を効果的に戦うために、その代償として周辺地域に全力をつくすわけにはいかなかったのだ。[*24]

「重要な地域」と「二次的な地域」を区別するのは、必ずしも簡単ではなかった。アメリカは、中東の石油を友好国の手に置いておく確証なしにヨーロッパを再建することはできなかったし、インドシナなどの市場や資源へのアクセスを保護することなく、日本を再建することはできなかった。[*25]

一九四九年に中国が毛沢東の手に落ちたことは、アメリカにとっては戦略面での災難ではなかったかもしれないが、トルーマンにとっては政治的な災難であり、このおかげで彼はアジアにおける他の危ない地域を放棄するのに消極的になってしまった。この消極性がアメリカの関与を徐々に拡大させ、ベトナムの悲劇への長い道のりにつながってしまったのである。

短期的な問題としては、アメリカが守らないものを公表することで敵の進出を誘うことになり、あまり重要ではない権益が攻撃されると、とたんにそれが重要になってしまうことだった。朝鮮半島で起こったのがまさにこれだった。

一九五〇年一月にアチソンが韓国の防衛について明確に言明しなかったことで、日和見《ひよりみ》主義のスターリンは、北朝鮮による六月の侵攻計画を承認することになった。その結果、スターリンには驚きだったが、トルーマンは紛争に介入した。アメリカ軍を介入させたのは、韓国が極めて重要だったからではなく（実際韓国は重要ではなかった）、韓国への露骨《ろこつ》な侵略を阻止できなければ、アメリカがもっと重要な地域で築こうとしていた自信と信頼が損《そこ》なわれる恐れがあったからだ。

「アジア諸国は言うに及ばず、ヨーロッパ諸国も、アメリカがどう動くかを見守っていることは間違いない」と、国務省の関係者は書いている。もしスターリンの手下たちがアメリカが築いた心理バランスを破壊すれば、アメリカは安定した地政学的バランスを構築できなくなるかもしれないのだ。[*26]

トルーマンの介入の決断は正しかった。それは韓国を破壊から救い、不安を感じる同盟国たちに「西側が再び宥和《ゆうわ》政策の時代に入ることはない」と安心させるものとなった。フランスの外務大臣は「過去の二の舞にならなかったことはありがたい」と述べている。[*27]

あいにくこの介入は、アメリカに戦略的な僻地《へきち》での血なまぐさい消耗戦《しょうもうせん》を強いるものとなった。そして一九五〇年後半に、アメリカが朝鮮半島全体の統一を目指して失敗して以後、この対立は劇的にエスカレートすることになる。

ところがこの時期のトルーマン政権は、ボールから決して目を離していない。トルーマンとアチソンは、この奇妙な戦争が醸《かも》し出していた危機的な雰囲気を利用して、さらに重要な地域におけるアメリカの地位を固めようとした。朝鮮半島での戦いが最高潮に達している中で、アメリカは西ヨーロッパに四個師団を追加派遣し、日本とは講和条約と安全保障条約を締結した。日本は「極東全般の状況の中心にある」とアチソンは説明している。[*28]

朝鮮半島の状況が示したように、超大国というのは決して、一つの問題だけに集中することはできない。敵は時として予想外の場所での行動が必要になるほど、衝撃的で大胆なことをするものだからだ。

だが「デンジャー・ゾーン」を切り抜けるには、弱さがもたらす短期的な結果が破滅的となり、強さがもたらす長期的な利益が変革をもたらす可能性のある分野について、同時にそれぞれの優先順位をつけることが求められる。

ありあわせの備えで

第二の教訓は、戦略的な目的と戦術的な敏捷性《びんしょうせい》を組み合わせることだ。緊張が高まっている時期に、あてもなくさまよっている場合ではない。

同時に、硬直的で教条的な態度もとるべきではない。「デンジャー・ゾーン」に突入してしまった国には、明確な目標とそれを達成するための、大雑把だが目的にかなったアプローチが必要となる。手遅れになるかもしれない理想的な解決策を待つのではなく、現時点でありあわせの解決策――と仲間――を最大限に活用すべきなのだ。

ケナンはこのことをよく知っていた。一九四〇年代後半の国務省政策企画局長である彼は、大規模な戦略計画の中心的な役割を担った。ケナンの政策企画局の役割は、優先順位を整理し、長期的な目標を定めることにあった。アメリカ軍の統合参謀本部は、アメリカの安全保障にとって最も重要な分野を決定するため、詳細な調査を行った。

その結果、明確で洗練された戦略コンセプトが見えてきた。つまり、アメリカはソ連が内部の弱体化によって崩壊するまで牽制《けんせい》を続け、それを主にクレムリンの勢力下のユーラシア大陸の側面、横腹に沿う形で、西側が強いポジションを構築することで達成するというのだ。

マーシャルは、アメリカの目標が「ヨーロッパとアジアの両方で、力の均衡《きんこう》を回復すること」にあり「すべての行動」はこの観点から見ることができると述べた。[*29]

しかしケナンは、ダイナミックなライバル関係において、常に優位を維持するには器用さが必要になることも同時に理解していた。政策企画局の責任者になって数週間後、すでにケナンは雪崩《なだれ》のように押し寄せる問題に対して完璧な答えを出すことは不可能であると結論付けていた。

「この問題を解決する唯一の方法は、われわれが腰を落ち着けて考える間、世界を六カ月間静止させることだ。ところが世界が静止することはなく、その結果として生じる混乱は恐ろしいものとなる」とケナンは書いている。[*30]

これは、アメリカの政策にどのような意味をもたらしたのだろうか？　一つは、スピードが何よりも重要ということだ。アメリカ政府高官は、数々の大きな構想を素早く実行に移した。「トルーマン・ドクトリン」はギリシャとトルコを援助した。危機に瀕《ひん》した世界の再建にアメリカをコミットさせるという歴史的な決断だった。

トルーマンの側近たちが、数日で計画の最初のアウトラインを作成し、それから三週間かけて慌《あわ》ただしく詳細《しょうさい》を詰《つ》めていったことは注目に値《あたい》する。しかもこれは金曜日の午後、国務省にイギリスの政府関係者が「ロンドンは破産状態にあるので、アテネとアンカラの運命をワシントンに任せる」と通告してきた後、急遽《きゅうきょ》始められたものだ。あるイギリスの外交官が書いたように「世界の指導者の松明《たいまつ》を、われわれ［イギリス人］の冷え切った手から受け継ぐことに時間をかけてはならない」のを、トルーマン政権は即座に把握《はあく》したという。[*31]

アメリカの政府関係者たちも、手持ちの道具を工夫して使う必要があった。一九四八年初頭の時点では、イタリアの未来も微妙な状態だった。共産主義者たちの選挙での勝利が現実味を帯《お》びてきていたからだ。

そこでCIA、国務省やその他のアメリカ政府機関は、イタリア国民が自国を全体主義に陥れることがないよう、あらゆる手段を講じてキャンペーンを展開した。

ワシントンはアメリカ寄りの政治家たちに多額の資金を提供した。国務省は、イタリア系アメリカ人に、祖国の家族に手紙を書いてもらうキャンペーンを組織した。アメリカのニュース映画、切手、見舞いカードなどを反共産主義のプロパガンダの手段として利用した。アメリカ政府関係者たちは経済的、政治的な災難を避けるために、戦略的なタイミングでイギリスの石炭をイタリアに輸送するよう手配した。

当時のアメリカ大使は「アメリカのすべての行動は結果に直接つながっている」と書いており、ワシントンは利用できる武器は何でも最大限に活用しなければならなかった。[*32]

自由世界での同盟関係を構築する際にも同じことが言えた。トルーマンはたしかに冷戦を「民主主義と全体主義との間の競争」と位置づけたが、反ソ勢力を編成《へんせい》する際に「完璧を目指すのを善《よ》しとする」ことはなかった。

一九四〇年代後半のアメリカは、世界を恐怖に陥れた日本とドイツに対して、懲罰的な軍事占領から、冷戦の同盟国として再建するプログラムの実行へと急速に舵《かじ》を切った。一九四五年のアメリカは爆撃機でベルリンを破壊したが、一九四八年には連合国による空輸でベルリンの市民を生き延びさせようとしたのだ。

トルーマンは「悪い共産主義者」を牽制するため「良い共産主義者」を使うことまでした。一九四八年にスターリンがユーゴスラビアと激しく対立した後、アメリカはこの共産主義国を「暗黙《あんもく》の同盟国」として仲間に引き入れた。

とくに「デンジャー・ゾーン」を乗り越える上では、イノベーションのために伝統を犠牲にすることも必要とされた。その最たる例が、ケナンも反対したほど急進的な北大西洋条約機構（NATO）の創設だった。

この同盟は、戦略面での分岐点となった。この創設はアメリカ憲法が許す限りにおいて、同国が西ヨーロッパの自由に完全にコミットすることを明確にしたからだ。[*33] ところがNATOはアメリカの大きな計画にはもともと入っていなかった。

一九四八年初頭の時点で、トルーマン政権は平時の「巻き込まれ同盟」を作るつもりはなかった。NATOはアメリカ当局者に押し付けられた、ヨーロッパ側のアイデアだった。それはまた一九四八年二月のチェコのクーデターと六月のベルリン封鎖という、急速に進行した危機に対する必死の対応で、これは結果的にヨーロッパ諸国を恐怖させ、トルーマン政権に「正式な防衛条約がなければソ連の圧力に対抗することはできない」と確信させることになった。

ソ連はますます攻撃的になり、戦争の可能性が高まっていた。アメリカが戦線を維持するには前例のない手段を取るしかなかった。マーシャルは「ヨーロッパ人はすっかり意気《いき》消沈《しょうちん》しており、すぐにでも彼らの中に希望を取り戻さねばならない」と述べている。[*34]

その希望を再び生み出すには、アメリカの戦略的な遺産の中で、最も尊《とうと》い要素の一つを克服する必要があった。それはある孤立主義の上院議員がかつて言った「アメリカ人のためのアメリカ、そしてヨーロッパ人のためのヨーロッパを求める。それがアメリカの良いドクトリンだ」という考えである。[*35]

また、そのためにはNATOを数年以内に「ほぼ紙の上にしか存在しない同盟」から「ソ連軍の侵略に対して真剣に戦える軍事同盟」に変える熱心な努力が必要だった。アメリカは一九四〇年代後半に、自分たちが安定した安全な西ヨーロッパを望んでいることを概《おおむ》ね理解していたが、それをどのように実現するかについては柔軟に対応しなければならなかった。アメリカの政府関係者は、自分たちの都合のいいように勝手に物事を決めていたわけではない。ところがNATOのような最も重要な構想は、差し迫った問題に対する即《そっ》興的《きょうてき》な解決策であるケースが多かった。アメリカは、不安定な状況が完全に崩壊するのを防ぐため、いま手元にある道具を使うしかなかったのだ。

アメリカは異常な状況下で集まった、新たな、そして時には雑多な集団に頼ったのである。アメリカは目の前の脅威に対応するために、緊急性と適応性をもって動いた。もしトルーマン時代が「政策革新の黄金時代」と記憶されているとすれば、それはワシントンが慎重に考えつつも迅速に行動したおかげである。

リスクのあるビジネス

第三の教訓は、小さな攻撃は最大の防御ということだ。「デンジャー・ゾーン戦略」には、敵の弱点を探り、バランスを崩すことで敵に戦いを挑《いど》むことも含まれる。そのためには潜在的に致命的となりうる脆弱性をふさいでおく、大胆な手段が必要になる。

ところが無謀《むぼう》な挑発は命取りとなるため、それぞれの措置《そち》は慎重に行うべきだ。ここで最も重要なのはリスクを計算して、ライバルに「破滅以外の選択肢はない」と思わせるような無謀なリスクを冒させてしまうような事態を避けることだ。

この「計算されたリスク」を取る姿勢は、アメリカの政策に浸透していた。なぜなら自由世界を守る唯一の方法が、強敵を敵に回すことだったからだ。[*36] マーシャル・プランの開始は、西ヨーロッパ政府から、妨害的な「第五列」の共産主義者の大臣たちを追い出すことにつながったが、それは急進左派の怒りを買い、ストライキ、暴動、暴力が頻発《ひんぱつ》することになった。

スターリンがベルリンへの陸路と鉄道のアクセスを遮断した後、ベルリン空輸が行われたが、それはソ連がアメリカの飛行機を撃墜《げきつい》したり、西側の軍事面での弱点につけ込んだりしないことに賭けることを意味していた。

トルーマン政権は、このようなリスクを冒す価値がある、と正しく判断していた。なぜなら弱さを見せることは強さを見せることよりも挑発的だと証明する可能性があり、またアメリカの情報分析担当者たちは、モスクワが第二次世界大戦の痛手から回復するまで、第三次世界大戦を開始することはないと考えていたからだ。[*37]

だがこの経験は「デンジャー・ゾーン戦略」に固有のジレンマの存在を強調している。それは「完全に安全な行動方針というものは存在しない」ということだ。

このような理由から、アメリカはさらに前のめりな行動をとろうとした。それはやや控《ひか》えめながらも「ソ連圏を弱体化させる」というものだ。冷戦初期のアメリカの高官たちは、「西側の立場を強化する喫緊《きっきん》の努力」と「ソ連の立場を弱体化させるための選択的な努力」を同時に行わなければならないと考えていた。ケナンの説明によれば、アメリカの政策は「自分たちの世界を維持する」ことと「ソビエト世界の破壊的なひずみを増大させる」ことにあったのだ。[*38]

この目的のために、当初アメリカは西ヨーロッパだけでなく、東ヨーロッパにもマーシャル・プランの援助を行った。これは結果的に極度に疑い深いモスクワが衛星国《えいせいこく》に対しこの計画による援助を拒否するよう迫《せま》ることになり、こうすればブロック内のモスクワの道徳的権威が失われることになると計算しての試みだった。

その後、アメリカは東欧に向けてラジオ放送の電波を流し、ソ連が支援する政権の罪と失敗を宣伝することになる。また、経済戦を仕掛けて、モスクワの軍事機構を動かすために使われる重要物資を輸入できないようにした。

アメリカとイギリスの情報機関は「鉄のカーテン」の向こう側に準軍事的な工作員を送り込み、暴力的な抵抗運動を引き起こすことを期待した。しかしこの作戦はあまりに挑発的な割にメリットが少ないため、最終的には中止された。しかし「デンジャー・ゾーン」を乗り越えるには、敵を守勢《しゅせい》に立たせる方法を見つける必要があったのだ。[*39]

アメリカのリスクを取る姿勢が最も顕著《けんちょ》になったのは、皮肉にもある賭《か》けが失敗した後のことだった。一九四〇年代後半、トルーマンは軍事費を軍部のトップたちが妥当《だとう》と考える額よりも、はるかに低く抑えていた。ところが一九四九年にモスクワが原爆開発に成功すると、その計算が変わった。

一九五〇年四月には「NSC－68」と呼ばれる極秘の報告書が、アメリカは早ければ一九五四年にも「最大の危機の年」に直面する可能性があると結論づけた。その二カ月後、スターリンの承認を得た北朝鮮軍が韓国に侵攻すると、トルーマンは、共産主義者たちが敵を征服するために「すぐにも武力侵攻と戦争を用いるだろう」と結論づけた。[*40]

アメリカ軍は、多大な犠牲を払いながらも北朝鮮による半島南部への侵攻を食い止めた。その九月には、ダグラス・マッカーサー将軍が北朝鮮の戦線の背後へ見事な着上陸作戦を行い、戦争の流れを変えた。トルーマンはマッカーサーに鴨緑江《おうりょくこう》に向かって北上することを許可し、中国やソ連の干渉を受けずに朝鮮全土を統一することを期待した。

しかし、この賭けは失敗に終わった。一九五〇年後半、毛沢東の軍は中国との国境付近まで過剰拡大《かじょうかくだい》していたアメリカ軍を襲撃し、アメリカの軍事史上最悪の敗北を与え、新たな世界大戦の影を落とすことになったのである。

統合参謀本部議長のオマール・ブラッドリー将軍は、もしそのような紛争が勃発《ぼっぱつ》すれば「われわれは負けるかもしれない」と警告した。[*41] NSC－68が主張したように、アメリカが大きく開いた「脆弱性の窓」をすぐに閉じなければならないことは、もはや明白だった。

一九五〇年以降のアメリカは、大規模な軍備増強と世界的な外交攻勢を行う一方で、韓国では猛烈な戦いを引き分けの状態で停戦させた。ペンタゴンの支出はほぼ四倍になり、アメリカの核兵力はおよそ三倍になり、アメリカの通常戦力の規模は二倍以上になった。[*42]

ワシントンは、日本、オーストラリア、ニュージーランド、そしてフィリピンと、軍事同盟を締結した。また、ヨーロッパにはさらに多くの部隊と航空機を送り、ドワイト・アイゼンハワー将軍は同盟を真の戦力へと鍛《きた》え上げるよう命じられた。

トルーマンとアチソンは、たった一〇年前にはソ連を侵略して苦しめていた西ドイツをNATOに迎え入れ、その軍隊を再建する準備も始めた。これらの措置はソ連を確実に怒らせるはずだった。しかしアチソンが言うように「この計画を実行することよりも危険なことは、それを実行しないこと」だった。[*43]

実際のところ、朝鮮戦争の状況がアメリカの戦略に与えた影響を過小評価することはできない。アメリカの軍事費の劇的な増加であれ、かつての侵略者の再軍備であれ、この戦争が引き起こした世界的な危機の中で、それまで不可能だったことが可能になったからだ。

アメリカの政策に対するそれまでの政治・外交面での制約は消滅した。「朝鮮戦争がわれわれを救ってくれた」とアチソンは後に語っている。アメリカは独裁政権の侵略が生み出した衝撃と緊急性の感覚を利用して、ほぼ世界中で、最終的にその地位を強化することにつながる投資を行った。[*44]

だがアメリカのリスクを取る行動は、無制限に行われたわけではなかった。ソ連を過度に脅して追い詰め、「武力行使しかない」と思わせることは、むしろ逆効果になりかねないからだ。アメリカの分析官たちは、一九四八年に「ソ連政府が戦争以外の手段では目的を達成できないと確信した瞬間」にスターリンは戦争を選択するかもしれない、と書いている。[*45]

このおかげで、バランスをとる微妙な行動が致命的に重要になった。アメリカは自由世界をより強靭《きょうじん》にする一方で、モスクワの「今しかない」という感覚を刺激するような動きを避けなければならなかったからだ。一九四一年の経験、つまりアメリカの石油禁輸措置が、自分たち「アメリカ」の準備が整う前に、日本に直《ただ》ちに戦争を開始する必要性を確信させたことは、トルーマンにとって二度と繰り返したくないものであった。

このような見通しが、一九四〇年代後半から一九五〇年代前半にかけてのアメリカの政策にブレーキをかけていた。アメリカは、ヨーロッパでソ連圏を軍事的に後退させようとは決してしなかった。大規模な戦争を引き起こす可能性が、あまりにも大きかったからだ。

自由世界の再武装について言えば、アメリカの計画担当者たちは「ソ連の安全保障に対する重大な脅威」となりうる「完全な再武装と自立した西ドイツ」ではなく「NATO内でのみ活動する注意深く抑制された西ドイツ」を想定していた。[*46]

最も重要だったのは、トルーマンが個人的にはソ連に対して最後通牒《つうちょう》を出すことを熟慮《じゅくりょ》していた一方で、公的には「危機を煽《あお》ることで敵対的・侵略的なソ連に対処すべし」とするあらゆる議論を受け付けなかったことだ。

ウィンストン・チャーチルが一九四八年に、もしソ連が東ヨーロッパから撤退しなければ核兵器による破壊で脅すべきだと主張したときも、一九五一年にダグラス・マッカーサーがトルーマンに対して対中戦争を劇的にエスカレートさせるよう求めたときも、トルーマン政権の反応は同じだった。彼は「われわれが行っていることのすべての目的は、第三次世界大戦を阻止することにある」と説明している。[*47]「デンジャー・ゾーン戦略」の最大の目的は、必要なリスクを取ってアメリカの立場を強化することであって、愚《おろ》かなリスクを取って世界の終わりをもたらすことではない。

また同じ理由から、ワシントンは外交の扉《とびら》を完全に閉ざしてはいない。もちろんトルーマンはソ連との包括的な和解はほとんど望めないと考えていた。それでも外交はまだアメリカの戦略の一翼《いちよく》を担《にな》うことができた。アメリカは自由な世界を強化しつつも、戦争を望んではいないことをソ連の指導者たちに確信させることができたのだ。

ワシントンを脅すことはできないとはっきりさせれば、危機の緊張は緩和できる。例えば一九五一年にアメリカ軍と同盟軍たちが中国の猛攻を止めた後、米ソの外交官の間で朝鮮戦争を終わらせるための長く苦しい交渉プロセスが始まっている。*48

アチソンは、もしアメリカが「弱さの代わりに強さを作り出す」ことができれば、ソ連は将来「事実を認識」するだろうと述べている。*49 だがその時までは、表面的な外交でさえ、アメリカの戦略が機能する時間を稼《かせ》ぐことができたのだ。

長期戦に持ち込む

これは最後の第四の教訓と関係してくる。「デンジャー・ゾーン戦略」とは長期戦を戦うことであり、その長期戦に確実に勝てるようにすることだ。

たとえ賢《かしこ》い「デンジャー・ゾーン戦略」を採用しても、手強《てごわ》いライバルを必ずしも即座に打ち負かせるわけでない。だがこの戦略は、競合関係をより扱いやすい段階へと移行させつつ、最終的に報《むく》われる優位性を生み出すことができるのだ。

トルーマン政権時代の終わりには、まさにこのようなことが起こり始めていた。そのわずか五年前には、ソ連側が冷戦に勝利するのが確実と思えるような道筋をつけていたのだ。フランスの二人の政府高官が描いたシナリオによれば、意気消沈《いきしょうちん》した資本主義世界は「深遠《しんえん》なる恐慌」に陥り、それによってワシントンは内向きになるはずだった。ヨーロッパ経済は「崩壊」し、その後に「経済的、社会的、政治的混乱《カオス》」が続くというのだ。この「大惨事《カタストロフィ》」によって、ソ連は「よく組織された共産党によって西ヨーロッパ諸国を乗っ取る」ことになる。[*50]

つまりアメリカはある日突然、敵対するユーラシア大陸によって目を覚まされることになる。この悪夢は、たしかに一九四七年にはかなり現実的に思えた。ところがそれから数年のうちに、アメリカとその同盟国たちはモスクワの枢軸《すうじく》の前進を阻止し、いつの日か西側に勝利をもたらすはずの力の基盤を確立していたのだ。

一九五〇年代初め頃になると、西ヨーロッパは経済的に回復し、自信を取り戻していた。NATOは民主国家群の強力なブロックとして台頭していた。そしてユーラシア大陸の反対側では、日本が戦後の目ざましい繁栄を開始していた。

そして一九五〇年以降のアメリカの軍備増強は、ワシントンに完全な軍事的優位を与えることは決してなかったが、アイゼンハワーが「侵略に対する真の抑止力」と呼ぶものを生み出した。これはソ連が西側に対して戦争を仕掛けるには、天文学的な代償《だいしょう》を支払わなければならないと保証することで実現したものだ。[*51]国家安全保障会議による評価では、自由世界は今や、ソ連の決定的な前進を防ぐような「力」を身に着けており、おそらくこの力は時間をかけて「ソ連の体制を徐々に弱め、衰退させて」いくと結論づけられた。[*52]

もちろんこの時点では確実なものは何もなかった。朝鮮戦争とトルーマンの軍備増強によって、アメリカの国防費はＧＤＰ比の一四％という驚異的な水準に達し、次期アイゼンハワー政権は、この高さでは国が破綻《はたん》するかもしれないと考えた。[*53]

最も身の毛のよだつ冷戦の危機のいくつかは、一九五〇年代後半から六〇年代初頭に訪れた。フルシチョフはまたもや西側をベルリンから追放しようとし、キューバには核ミサイルが配備された。冷戦は第三世界にも波及し、静かな闘争や、陰惨《いんさん》な代理戦争、そして大きな危機が繰り返された。冷戦は危険で過酷《かこく》な競争のまま続いた。冷戦は何十年にもわたってアメリカのパワー、戦略、そして決意を試したのだった。

冷戦の帰結がどうなるか、危《あや》ぶまれた時期もあった。一九七〇年代、アメリカの同盟関係は各国で緊張状態にあり、自由世界の経済はオイルショックやその他の混乱に見舞われていた。モスクワは第三世界で勝利を重ね、アメリカはベトナム、アンゴラ、イラン、ニカラグアなどで、恥ずべき敗北を喫《きっ》していた。ソ連の軍事力は増大の一途をたどっていた。

アメリカの戦略家たちの中には、モスクワが敵を打ち負かしていじめ抜くような新しい「脆弱性の窓」ができるのではないかと心配する声もあった。アメリカの衰退《すいたい》を予測させるものが、いたるところにあった。レーガンのようにアメリカの長期的な展望に最も自信を持っていた人物でさえ、アメリカの冷戦の勝利を当然視していなかった。

この時期にどのような困難があったにせよ、アメリカの「デンジャー・ゾーン戦略」は、ある基本的な点で成功を収めていた。それは一九四〇年代後半から一九五〇年代前半のように、パワーバランスが不安定になることはもう二度となかった点だ。アイゼンハワー政権の国務長官だったジョン・フォスター・ダレスは、一九五二年の選挙戦ではトルーマンの政策を非難していたが、プライベートな発言ではアメリカの同盟システムが「世界の重要な地域を監視下に置き」、それをワシントンと結びつけている有用性を認めていた。[*54]

定期的に危機が起こっていたにもかかわらず、自由世界は持続的な経済活力の基礎を築いたのであり、それは今や、共産圏が提供できるものをはるかに超えていた。一九八〇年代までに西側の一人あたりの所得は、ソ連圏と比較して九倍の規模になっていた。[*55]

もちろんパワーバランスはまだ流動的で、ソ連は依然として自由世界を脅かすことが可能だった。ところがモスクワがこの競争に決定的に勝利する確率は、時間とともに低下していた。

アメリカが「デンジャー・ゾーン」を越えたとき、二つの重要なことが起こった。一つはアメリカがシフトダウンできるようになったことだ。つまり最大の危機に対応するための極めて高コストな戦略から、それほど深刻ではないが継続的な課題に対応する、やや低コストの戦略へと移行できるようになったのだ。一九五〇年代末には、アメリカの国防費は国民総生産の約九％にまで落ち込んだ。平均するとその割合は、冷戦の残りの期間を通じて下がり続けた。[*56]

もう一つの進展は、米ソ間の緊張を時折減少させることが可能になったことである。

一九五三年三月のスターリンの死は、西側に対するソ連の敵意が最高潮《さいこうちょう》になった期間を終わらせた。一九五〇年代半ばには、二つの超大国は軍拡競争を抑制するための交渉を開始した。

一九六〇年代以降になると、モスクワとワシントンは核実験の制限、核弾頭の数の上限の設定、そしていくつかのホットスポットでの対立のチャンスを減らすことに合意している。天然痘《てんねんとう》の根絶や、核拡散を制限するために協力することさえあった。もちろん緊張感は高まったり低くなったりした。冷戦後期になると「原子力科学者協会」が有名な「終末時計」の針を午後一一時五八分においた。だが振り返ってみると、冷戦はすでに「長い平和《ロング・ピース》」になりつつあった。[*57]

ソ連がケナンの予測した末期的な衰退を迎えても、冷戦はまだ平和的に続いていた。一九八〇年代までに、ソ連の経済成長モデルは疲弊《ひへい》していた。共産主義イデオロギーは信用を失い、政権は「腐敗した老人支配体制」となり、その正統性《レジティマシー》は失われつつあった。

レーガン大統領の下、アメリカの地政学的な攻撃、つまり一九七〇年代の挫折に続く反攻は、第三世界におけるソ連の無防備な拠点に圧力を与え、ソ連政権の士気や外交面での孤立を深め、軍事バランスと地政学的なモメンタムを西側へと決定的にシフトさせた。

アメリカのある情報担当の高官は「歴史はもはやモスクワの味方ではないし、果たして味方だった時期があったのかも疑わしい。そしてソ連の指導者たちは、それを取り戻すための知恵、エネルギー、資源、そして何よりもそのための時間が不足していると感じている」と書いている。[*58] しかしそれによって生じる恐怖がソ連の指導者たちを不安で神経質にしていたとすれば、彼らは最終的にミハイル・ゴルバチョフの下でその衰退を受け入れ、西側に反発するのではなく、地政学上の降伏条件の交渉を選択したのであった。

これは、アメリカの指導者たちの中でも、とりわけロナルド・レーガンやジョージ・H・W・ブッシュが、苦境《くきょう》にある超大国に恥《はじ》をかかせないよう苦心し、その譲歩を喜んで受け入れたからでもある。レーガンやブッシュはゴルバチョフに対して、ソ連が行動を改めて軍備を削減し「鉄のカーテン」を取り払えば攻撃されることはなく、国際社会への復帰が歓迎されると念を押した。[*59]

だがこのようなことを約束できたのは、トルーマン、アチソン、そして彼らの後継者が築いたアメリカの「優位な状況」に対して、ソ連には戦争で優位を回復させるだけの実行可能な選択肢がなかったからだ。

一九一四年のドイツは、敵を一世代も後退させるような短期戦での劇的な勝利を夢見ることができた。もちろん非現実的ではあるが、ドイツの指導者たちはイギリスが欧州大陸の戦争に介入してこないことを願っていた。

それに対してソ連は、何十年にもわたるアメリカの軍事投資と、友好国を守るために戦うとする無数の誓約に支えられた自由世界の「同盟の輪」に囲まれていた。これらの誓約はレーガン時代のアメリカの軍備増強によって信頼度が上がっており、このおかげでソ連の指導者たちは、いざ紛争を起こせば破滅的な敗北しかありえない、と悟ったのだ。[*60]

アメリカは冷戦の「熱い終わり」を回避できたが、それは衰退するソ連が感じる焦《あせ》りを軽減すると同時に、復活を期した賭《か》けが成功するかもしれないという希望も打ち砕いたからだった。

冷酷に優先順位をつけること。長期的に壊滅的な影響を与える可能性がある、短期的なブレークスルーを阻止すること。戦略的に慎重になり、戦術的に機敏《きびん》に動くこと。完璧を目指して自滅しないこと。時折攻めることで守りを固めること。慎重にリスクをとりつつも、過度に挑発的なリスクはとらないこと。「デンジャー・ゾーン戦略」は、今ここにある災難を避けることによって、将来勝つために役立つものだと考えてほしい。

このような過去の時代から得られる洞察《どうさつ》は、現在においても非常に重要な意味を持っている。もちろんアメリカは、すべての政策を冷戦時代のプレイ・ブックの通りにやればいいわけではない。好戦的な中国に対する答えが「新たなマーシャル・プラン」や「アジア版NATO」だ、と主張する人間からは距離をとるべきだろう。

それでもアメリカが今回の冷戦を乗り切るためには、前回の冷戦の教訓を反映した戦略が必要となるはずだ。

第七章
デンジャー・ゾーンへ

戦略達成に必要な四原則

二〇二一年二月、ジョー・バイデンはホワイトハウスで、中国に対する技術的な冷戦を宣言した。就任からわずか数週間後に、大統領はアメリカの技術的サプライチェーンの全面的な見直しを命じる大統領令に署名した。「アメリカは北京との長期的な競争で、レアアースなど重要な資源を確保する必要があり、最先端の半導体その他の技術の優位性を維持するために、長期的な投資が必要だ」というのが政権内の考えだった。[*1]

大統領令の署名式の写真で、バイデン大統領は当日朝、近くの工場から調達してきたマイクロチップを親指と人差し指ではさんだ姿で写っている。ポトマック川の向こうのペンタゴンでは、バイデンの国防チームが、それまで二〇年間にわたってテロリストを追い続けてきた軍隊を、再起動させるべく動いていた。ペンタゴンのリーダーが語り始めたように、人民解放軍は今後何年にもわたってアメリカの「最優先課題」（pacing challenge）になりそうだ。[*2]

二〇一七年以降、共和党と民主党の二つのアメリカの政権は、中国を「二一世紀の決定的な危険」と呼んでいる。アメリカの政府高官は、アメリカの経済・軍事・外交面での優位を維持する戦略を打ち出している。

「大国間競争」と「長期的なライバル関係」は、ワシントンDCの政策界隈《かいわい》でよく使われるキャッチフレーズとなり、［長期戦という意味で］「マラソン」という比喩《ひゆ》もよく使われる。[*3]バイデン自身はこの問題を、ひとつの世代を象徴《しょうちょう》するテーマだと表現した。つまり将来の歴史家は「独裁と民主主義のどちらが成功したかというテーマで、博士論文を書くことになるだろう」というのだ。[*4]

だがアメリカの政府関係者たちがこの競争の重要性を理解していたとしても、その緊急性について常に把握《はあく》しているわけではない。冷戦時代、ソ連との長い戦いに勝つためには、まず初期の重要な戦いに負けないことが必要だった。二一世紀の戦いに勝利するためには、アメリカはこれからの一〇年間、再び戦略的猛攻《もうこう》に耐えなければならない。幸いなことに、アメリカが冷戦の初期に生き残るうえで役に立った原則の多くは、今日の新たなデンジャー・ゾーンのシナリオで成功するためにも役立つ。

原則の第一は、冷酷《れいこく》なまでに優先順位をつけることだ。デンジャー・ゾーン戦略には、パワー・バランスを根本的に変える可能性がある中国の目先の成功を阻止し、経済的・戦略的問題から中国が容易に逃《のが》れるのを拒否しなければならない。最も喫緊《きっきん》の課題は、中国がハイテク経済帝国を築き、デジタル権威主義を広め、台湾を奪取《だっしゅ》することで地政学的現状を打破しようとしていることだ。

もちろんワシントンは、それ以外の分野での競争も無視すべきでない。イノベーション、民主主義の健全性、そしてこれまでアメリカに貢献してきた国際秩序の活力のために、今こそ長期的な投資を行う必要がある。しかしこれからの数年間は、危険度が高く、失敗すれば何十年にもわたってその影響が及ぶ問題に集中しなければならない。時間がない中で激しく競争するときには、戦いを賢く選択することが、巧《たく》みに戦うことと同じくらい重要になる。

第二に、「完璧［な対策］」を「とりあえず、そこそこの効果があるもの」の敵《てき》にしてしまわないことだ。デンジャー・ゾーン戦略は時間との戦いであり、中国の脅威はワシントンの日常のペースでは追いつけないほど速いスピードでエスカレートしている。アメリカの利益を守るには、そこそこの解決策を受け入れ、古い能力を新しい目的に適応させ、即座に不完全な同盟関係を組み立てていくことが必要になる。

これは「戦略的マクガイバー主義」［TVシリーズ『冒険野郎マクガイバー』のこと］、つまり今にも爆発しそうな地政学的な爆弾を取り除くために、時間のかかる完璧な対策ではなく、われわれがすでに持っている、あるいはすぐに使えるようになるツールの使用を考えるべきであるということだ。*5

第三に、防衛には優れた攻撃が必要だ。計算されたリスクを取る行動なくして、アメリカがデンジャー・ゾーンを切り抜けることはできない。アメリカは中国を怒らせて戦略的失敗を誘発《ゆうはつ》し、その力を注意深く選びながら削《そ》いで後退させることを、躊躇《ちゅうちょ》なく行う必要がある。

中国共産党がすぐにその強い野心を捨てることはない。アメリカは中国の能力を選択的に低下させ、強大化のチャンスを阻止することに集中する必要がある。［中国を世界秩序に］誘引し統合する段階はもう終わった。これからは強制と消耗《しょうもう》が必要になる。

だがアメリカは、中国が武力で暴れ出すしかないような状況に追い込むことも避けなければならない。今求められているのは、愚《おろ》かさではなく緊急性なのだ。

最後に、デンジャー・ゾーン戦略は中国との長期戦を始める方法であり、アメリカが長期戦に勝つためのものだ。トルーマン政権時代、危機に触発《しょくはつ》された戦略は、もちろん冷戦を終結させたわけではなかったが、それでもパワー・バランスを自由世界に大きく有利にすることで、冷戦の帰趨《きすう》を大きく左右した。

同様に、二〇二〇年代を巧みに乗り切ったとしても、アメリカはその後も引き続き、中国との競争で課題に直面する。しかし大災害を避けるために今この瞬間に必要な措置《そち》を講じることで、アメリカは最終的に勝利するための優位性と協力関係を同時に構築できる。デンジャー・ゾーン戦略は、差し迫った危機への対応として開始される。そしてそれが適正に実行されれば、永続的な強みを生み出すことができるのだ。

デジタル時代の反帝国主義

その差し迫った危険のひとつが、中国の「ハイテク帝国」の出現だ。だがアメリカは、世界中で、中国のインフラプロジェクトに対抗する必要はない。財政的にも戦略的にも疲《ひ》弊《へい》してしまうからだ。しかし中国がペンタゴンのいう「重要な」技術、つまり莫大《ばくだい》な経済的・軍事的利益を生み出す可能性のある技術を独占し、その支配力を使って世界中の国々を陥《おとしい》れるような事態は阻止する必要がある。[*6]

歴史が示すのは、ある時代の重要な技術を支配する者がその時代を支配することだ。[*7] イギリスが「日の沈《しず》まない帝国」を築けたのは、主として蒸気、鉄、電信などを他国より早くマスターしたからだ。今日のアメリカの覇権は、鉄鋼、エレクトロニクス、航空宇宙、化学、そして最近では情報技術（IT）における優位性に依拠《いきょ》するところが大きい。

ところが最近の中国は人工知能、通信、量子コンピュータ、合成生物学などの分野で優位に立ちつつ、他国に圧力をかけて強制できる立場を目指している。中国が支配するハイテク勢力圏を永久に排除するには、アメリカが、技術革新への長期投資と、世界経済を管理する制度（たとえば世界貿易機関など）の改革に向けた骨の折れる努力をしなければならず、しかもこのような取り組みが成果を上げるには数十年かそれ以上かかる。

中国は、アメリカの研究開発の成果を盗み、国際貿易協定を迂回《うかい》することに、素晴らしい才能を発揮している。また、補助金やスパイ活動は中国の経済成長モデルにとってあまりにも中心的な存在であるため、その侵略的な経済手法をすぐに変えることができないのは明白だ。

現在のアメリカは、関税引き上げで威嚇《いかく》するにせよ、新たな貿易協定でおびき寄せるにせよ、北京に公正で開かれた経済秩序のルールを守らせることをあきらめる必要があるだろう。その代わり、アメリカの政策は、北京の相対的な技術力を弱める、鋭いが範囲の限定されたものにすべきだ。それこそ今の時代の権威主義的な帝国を阻止する道であり、これはまさに二〇世紀にアメリカが権威主義的な帝国を次々と阻止した前例と同じである。

最良の方法は、中国を排除《はいじょ》し、中国に対抗する非公式な経済同盟を結ぶことだ。このような協力関係のゴールドスタンダードは、冷戦時代に成立している。アメリカは世界で最も経済的に発展した民主主義国を「カントリークラブ」のような形で集め、排他的《はいたてき》な貿易・投資ネットワークを築いた。

彼らは技術を共有し、研究開発資金をプールし、サプライチェーンを統合して、各メンバーが比較優位性を持つ分野に特化できるようにした。また、彼らはクレムリンの戦略物資やハイテク製品へのアクセスを制限するために、輸出規制の調整も行っている。このような共同作業の積み重ねは、アメリカが単独で達成し得たものをはるかに凌駕《りょうが》することになり、ソ連は完全に西側同盟の後塵《こうじん》を拝《はい》するようになった。政治学者のスティーブン・ブルックスとウィリアム・ウォールフォースは「グローバル化はグローバルではなかった」と指摘し「それは冷戦の戦いで一方の側につくことを意味したのだ」と述べている。[*8]

今日のアメリカは、今度は中国をターゲットにした自由世界経済圏を再構築する必要がある。だが、これは徹底した脱グローバル化を求めるものではない。ブロックの参加国たちは、ほとんどの分野で中国との貿易を継続し、価値の低い中国製品に対しては関税を引き下げてもよい。[*9]またこれは、トランプ政権が行ったような経済単独主義を追求するものでもない。むしろ、アメリカとその同盟国間の統合の深化である「再グローバル化」によって、中国の経済的レバレッジを鈍《にぶ》らせ、最も重要な技術と資源の分野での多国間のデカップリングを、戦略的に追求するよう求めるものだ。[*10]

この戦略を成功させるために、アメリカ政府の担当者たちは、まず普遍《ふへん》主義を忘れる必要がある。理想的な世界では、自由主義世界のメンバーは、共通の貿易・投資基準を満場一致で採用するはずだ。その多くは「環太平洋パートナーシップに関する包括的および進歩的協定」(CPTPP)、「アメリカ・メキシコ・カナダ協定」(USMCA)、「日EU経済連携協定」(EPA)などの既存の協定ですでに策定されている。これらは冷戦後のシームレスで自由な経済秩序を、中国を除外した形で復活させるものとなる。

ところが現実には理想を追求している時間的余裕がないため、断片的な国際的ミニ協定をいくつかまとめられたら、戦略的なサプライチェーンを北京から遠ざけ、中国の圧力に対する多国間の強靭性《レジリエンス》を構築することも可能となる。アメリカは遠い将来の目標としては、ルールを基盤としたグローバルな貿易システムを推進してもいいが、当面はパワーポリティクスに集中すべきだ。

これは「小さなことでも美しくなる《スモール・キャン・ビー・ビューティフル》」という事実を受け入れることでもある。長期的には、アメリカはできるだけ多くの国々をこのブロックに参加させるのを目指すべきだ。しかし大きなクラブは集団的にまとまった行動ができないことが多いので、当面の間、ワシントンは小さくても強力なグループから始めるべきである。

もしアメリカが、オーストラリア、カナダ、フランス、ドイツ、日本、韓国、イギリスの七カ国（いずれも緊密な条約を交わした同盟国だ）を参加させることができれば、強力な経済同盟を構築できる。これらの国々は研究開発の分野で中国を凌駕しており、世界経済の四分の一近くを占め、アメリカがまだ支配していないチョークポイント技術のほとんどを生産している。[*11] このような活気のある同盟ができれば、将来的にその他のパートナーを惹《ひ》きつけることも可能となる。

同時にアメリカとそのパートナーたちは、形よりも機能を優先させる必要がある。この非公式な同盟は、本格的な「経済ＮＡＴＯ」になることはない。つまり加盟国が中国の経済的な圧力から互いを守ることを誓う、正式な拘束力《こうそくりょく》のある条約に署名するような関係にはならない。その代わり、加盟国が課題に応じた柔軟なパートナーシップを構築できるような、ネットワークを基盤とした構造を持つことになる。

たとえば半導体連合には、理想的にはドイツ、日本、オランダ、韓国、台湾、アメリカなど、最先端半導体の製造サプライチェーンのほぼすべてを構成する国々に参加してもらう。量子コンピュータと次世代の暗号技術の同盟は、オーストラリア、カナダ、ニュージーランド、イギリス、アメリカからなる諜報《ちょうほう》同盟の「ファイブ・アイズ」が主導できる。運用のレベルでは、自由世界の経済同盟は重なり合うパワーブロックの集合体で、重要な課題において団結することになる。

これらの分野で成功するには、こちらが速く動くと同時に、相手のペースを落とすことも必要となる。[*12] 臨時に結成された各同盟は、重要技術で北京を上回るという、ポジティブな目標を追求する。そのために共同で研究開発を行い、国際的な技術基準を設定する。[*13]

それと同時に、この同盟は中国のイノベーションの足枷《あしかせ》となり、北京による最先端の技術へのアクセスを不可能にする厳しい輸出規制や投資規制（もちろん加盟国は旧モデルを中国に自由に販売してよい）を行い、中国共産党と共謀する企業を有利にしてきた資金の動きを制限する。[*14]

したがってこの同盟は実質的に、冷戦時代にソ連圏への先端技術を禁輸した「対共産圏輸出統制委員会」（通称ココム）を改良した「ミニ・ココム」として行動することになる。

アメリカとその同盟国は、すでに中国が先進的な半導体やそれに関連する製造装置などにアクセスできないよう動いており、ファーウェイ社の通信分野の契約の履行《りこう》能力に壊滅的な影響を与えている。クラウドコンピューティング、先端ロボット工学、機械学習など、その他の分野でも北京の勢いを止めるため、同じような多国間禁輸措置が必要となるだろう。[*15]

このような動きが示すように、デジタル反帝国主義には、北京の技術関連分野の中核を攻撃することと、その周縁分野で競争することの双方が含まれる。これまでアメリカでの政策論議の多くは、とりわけ発展途上国の国々が5G通信の分野で中国の技術を採用することをいかに阻止するかに集中してきた。たしかにこの課題は現実的《リアル》で切実だ。二〇二〇年にマーク・エスパー国防長官がある国際会議で「中国の技術に頼るな」と言ったところ、聴衆から「代替案はあるのか？」と反論され、笑いと拍手が起きたことがあるほどだ。[*16]

アメリカは最近、エチオピアなどの地域大国に、ファーウェイの採用を諦める財政的なインセンティブを提供し、いくらかの成功を収めている。[*17]自由世界圏がこのアプローチを多国間化し、同時に中国製品に対抗できるだけの安価で十分な代替品を開発できれば、価格が決定的な要素となる途上国で、選択的な抵抗措置が可能になるかもしれない。

だが、腐敗した指導者や政権がひしめく、東南アジアから中南米に至る「戦場」では、重商主義の中国共産党に世界的な補助金競争で勝つことは難しいだろう。それより建設的なのは、北京に主要産業を支配させないようにするため、われわれが提唱する、攻めと守りを融合したアプローチでこの問題に取り組むことだ。

中国はこのような攻撃に、確実に反発するだろう。それはある意味で良いことでもある。これが北京を戦略的失敗に陥《おとしい》れる餌《えさ》にもなるからだ。二〇二一年三月に起きたことを思い出せばわかる。アメリカ、EU、イギリス、そしてカナダは、新疆ウイグル自治区での人権侵害を理由に、四人の中国政府関係者を制裁《せいさい》した。この制裁は北京にとって軽い処罰《しょばつ》でしかなかったが、それがまさに自滅的な戦狼《せんろう》外交の引き金となったのだ。

北京は罵詈雑言《ばりぞうごん》に満ちた声明を発表し、EUの四団体と欧州議会議員五人を含む、一〇人のEU関係者に制裁を科《か》した。これに対してEUは、わずか三カ月前に締結《ていけつ》されたばかりの「EU中国包括的投資協定」を凍結することで対抗した。この教訓は「アメリカやその同盟国たちは、戦争の危険を冒《おか》さずに、北京を孤立化させる威勢《いせい》のいい過剰反応を引き起こす微妙な方法で、中国を煽《あお》ることができる」というものだ。

しかしこの「誘導と出血」(bait-and-bleed) 戦略には、強靭性《レジリエンス》が必要となる。二〇二〇年三月、中国国営メディアが医薬品の輸出を禁止することで、アメリカを「コロナウイルスの大海原《おおうなばら》」に突き落とすと脅し、北京の酷《ひど》い報復能力が浮き彫りになった。[*18]

この戦略に最終的に必要となる要件は、レアアースや緊急の医薬品の供給など、現在中国が独占している重要資源を代替する、自由世界の生産ネットワークを迅速に構築することだ。新型コロナワクチンを製造するクアッド（日米豪印）間の協力は、緊急に必要性が高まった場合、臨時の同盟が中国製品の代替品を迅速に作れることを示した。クアッドはそれまで海洋安全保障に重点を置いていたものだが、アメリカのバイオテクノロジー、インドの生産力、日本からの資金調達、オーストラリアの物流を利用する形で迅速に再利用され、一〇億回分のワクチンを東南アジアに提供することができたのだ。

このような集団的な反帝国主義戦略は、本当にうまくいくのだろうか？　たとえば識者の中には、アメリカの主要な同盟国の中国経済への依存度が高すぎるため、真の意味での対中協力は例外的なものにとどまると見る者もいる。欧州のキープレイヤーであるベルリンは、ドイツ車の三台に一台が中国で販売されていることもあり、北京の怒りを買わないよう警戒している。

従来のアメリカの同盟国の多くも、ドナルド・トランプによる四年間の関税引き上げと蔑視《べっし》によって傷ついている。二〇二〇年後半に行われた調査では、ドイツ、フランス、イギリスの国民の過半数が「アメリカの政治システムは崩壊しており、自国の政府は米中競争において中立を保つべきである」と考えていることが示された。[*19]

ところが冷戦時代のアメリカの同盟国も、アメリカの政治に呆《あき》れることが多かったわけで、それでもソ連の覇権主義の方に、さらに強い恐怖を感じていた。今日、中国の収奪的《しゅうだつてき》な経済戦術や「戦狼外交」、そして人道面での暴挙《ぼうきょ》は、自由世界の国々に希望を与え続けている。ヨーロッパとアジアの思想的リーダーたちの七五％近くが、中国への経済依存度を減らす共同の努力を支持しており、二〇二一年後半の時点でもEU加盟二七カ国のうち二四カ国が、中国企業の自国通信ネットワークへの関与を制限するか禁止している。[*20] インド、バングラデシュ、ベトナムなど、様々なアジアの国々も、グローバルなサプライチェーンでの中国の役割を奪《うば》うことに躍起《やっき》だ。ワシントンはいくつかの方法で、この反中感情を同盟国同士の協力に向けさせることができる。

一つは、覇権による強制ではなく「まとめる力」を行使することだ。アメリカはすべての反中同盟のリーダーである必要もなく、メンバー国である必要さえない。自由世界の経済圏の包括的な目標は、多様性によって集団的な強靱さを達成し、代替製品やサプライチェーンの数々を育成することで中国の支配を防ぐことである。

その一例として、アメリカの「オープンRAN（Open RAN）」と呼ばれる通信政策の推進が挙げられる。[*21] このアプローチで政策立案者たちは、異なる種類の5G機器間の互換性《ごかんせい》を高めるための共通の業界標準を開発した。その最大の目的は、ファーウェイ社その他の5G機器プロバイダーが、グローバルな通信インフラを独占するのを防ぐことにある。アメリカ企業（特にその関連ソフトウェアを製造する企業）はこのアプローチから恩恵《おんけい》を受けるが、フィンランドや韓国のファーウェイ社の競合企業たちも同様の恩恵を受けるだろう。

また、アメリカは同盟国の協力を引き出す比類ない能力を持っている。アメリカの消費者市場は、その次の順位の五カ国分を合わせたのと同じ規模だ。世界貿易の半分と国際金融取引の九〇％はドルで行われており、アメリカ財務省の管理下にある機関を通じて取引されている。アメリカ企業は、世界のハイテク産業の三分の一の価値を生み出している。これほど「アメ」と「ムチ」を持っている国はない。[*22]

加えて、先端技術関連分野のサプライチェーンはグローバル化しているため、アメリカ企業がこのチェーンの少なくとも一つの致命的なノード（ネットワークの接点）を実質的に占めることで、アメリカの管理下にあるチョークポイントの数を増やせる。[*23]

これらの有利さが、アメリカに巨大な「まとめる力」を与えている。半導体はその一例だ。アメリカは同盟国に対して、ハイエンドの半導体や工作機械を中国に流さないよう説得できるが、その理由は、アメリカ企業がそれらの機械の重要な部品を生産しており、同盟国たちは中国をますます恐れるようになっていて、中国よりもアメリカの市場（とアメリカからの保護）に依存しているからだ。[*24]

したがって「選択的な多国間デカップリング」は、コストはかかるが達成可能であり、経済面のデカップリングのコストは誇張《こちょう》されるべきではない。仮にアメリカの対中輸出が半減したとしても、それはGDPの〇・五％以下の減少にしかならないからだ。ただし特定のアメリカ企業と同盟国の企業は、中国からの収益で数十億ドルを失う可能性がある。[*25]

したがってこの多国間デカップリングは、金儲けの計画ではなく、ダメージを限定する措置なのだ。

デカップリングによって何百万人分ものアメリカの雇用が戻ってくることはないが、中国の略奪《りゃくだつ》から多くの既存《きそん》の雇用と企業を守ることはできる。アメリカと同盟国の企業たちは中国市場へのアクセスを失うかもしれないが、中国の強制とスパイ行為からの保護は得られる。とりわけ後者は、アメリカの企業に対して毎年二二五〇億ドルから六〇〇〇億ドルの被害を与えているのだ。[*26] たしかにデカップリングのコストは大きいが、北京との「日常的なビジネス関係」を維持するためにかかるコストとは比較にならない。

ただし、中国のハイテク帝国が崩壊しても、北京はまだ強力なイデオロギーのツールのような、その他の手段を自由に使える。中国の経済的な影響力に対抗する一方で、アメリカとその友好国は自国の民主制度を権威主義の攻撃からも守らなければならない。民主制度の促進は評判が悪いかもしれないが、民主制度の保護は、ますますかけがえのないものになっている。

民主制度を守ること

「民主制度の保護」の核心は、軍のプランナーたちが「前方防衛」と呼ぶもの、つまり、相手が民主制度にダメージを与えてくる能力を積極的に弱めることが求められる。[*27] 言い換えれば、アメリカは国内外の民主制度を強化するためにできる限りのことをすべきだが、当面の間は、北京が世界の大部分に覆《おお》い被《かぶ》せている「デジタルの鉄のカーテン」に穴を開けることを優先事項としなければならない。

バイデン大統領が発言し、習主席が明らかに信じているように、世界が本当に民主主義と独裁主義の間の闘いの「屈折点《くっせつてん》」にあるなら、アメリカが守りに徹していては、バランスを優位にシフトさせることはできないだろう[*28]。

たとえば「アメリカ国内の民主制度を整《ととの》える」というのは素晴らしいアイディアだが、それには何年もかかるし、中国のイデオロギー面での攻勢に対抗するには長期的な時間軸が必要となる。中国による国連の人権関連機関の支配に対抗し、独裁的な金融ネットワークを取り締まることは極めて重要な任務だが、そこで成功しても北京の戦略にほとんど影響を及ぼすことはない。

権威主義的な政治干渉に対抗するため、民主主義国の巨大な同盟を形成することは、長い冷戦においては価値ある目標だが、そのような巨大で扱いにくい集団は、そもそも決定的な行動よりも終わりのない議論に終始する可能性が高い。二〇〇〇年にクリントン政権は「民主国家共同体」（Community of Democracies）を創設し、これには最終的に一〇六カ国が参加している。しかし長年にわたり会合を繰り返して出せた成果は、ミャンマーへの批判的な声明だけだった。

大規模な組織を構築する代わりに、アメリカは中国のデジタル権威主義を多方面から攻撃する、即席の「ギャング」を編制すべきだ。この即興《そっきょう》的で攻撃的なアプローチは民主国家のさまざまな能力と利益にあわせて対応可能だし、不完全な民主国家や少数の友好的な非民主国家とも選択的に協力することができる。デジタル反帝国主義と同様に、このやり方はワシントンが既存のグループを基盤として使うことを可能にする。

つまり特定の脅威に直接対処するため、形式よりも機能を重視するのだ。[*29] 最も重要なのは、敵に戦いを挑《いど》み、中国の政治戦のイニシアチブを積極的に低下させたり抑止したりすることであり、民主主義を守ろうとして空いてしまった穴を懸命に埋めることではない。なぜなら自由な社会の開放的な性質からして、穴が空いてしまうのは不可避だからだ。

第一段階は、アメリカとその同盟国がデジタル権威主義システムを積極的にハッキングし、その有効性を棄損《きそん》させることだ。ハイテク警察国家がわれわれにとり都合がいいのは、無数の失敗点が潜《ひそ》んでいることだ。[*30] 政府のコンピュータや内通者《ないつうしゃ》は、マルウェアの侵入口となる可能性をもっている。たとえばハッカーは特定の画像のピクセルをほんの少し変えるだけで、ＡＩを搭載した監視システムにこっそり「敵対的な情報」を送り込むことができる。独裁的な政権がアルゴリズムの訓練に使用するデータを偽の入力で「汚染」したり、独裁側の技術者がシステムの欠陥を修正するために使用するパッチに、悪意のあるコードを入力したりすることができる。

基本的なハッキングでも検閲システムにリーク（漏れ）を発生させたり、禁止されているニュースを拡散したりできる。また、監視システムや社会信用システムを騙《だま》して反政府活動を看過《かんか》させたり、政権支持者を「国家の敵」に誤分類したりすることもできる。

民主主義政府は独裁主義国家を直接攻撃する必要さえない。パロディなどをオンラインに投稿し、世界中の反体制派にそれを攻撃材料として使わせればよいだけだ。さらに民主制度の擁護者たちは、すべてのデジタル権威主義体制をわざわざ崩壊させる必要はない。いくつかの目立った立場の人間の失敗を暴《あば》くだけで、北京の「製品《プロダクツ》」に対する需要を減退させるには十分だ。これはイデオロギー的な「コスト賦課《ふか》」と考えることができる。中国が監視国家内部での「バグ」を修正する時間、エネルギー、資金を費やせば費やすほど、海外の民主政治を操作する余裕がなくなるからだ。

独裁者たちは内部のセキュリティ体制を常に強化しようとする。そのため、抑圧に使われる技術の普及を遅らせることも重要な課題だ。そのためには、中国製の通信機器や、スマートシティ関連の製品に代わる、安価な代替品を製造することも必要となる。さらに重要なのは、アメリカや同盟国の企業が、高度な音声認識や顔認識、コンピュータビジョン、自然言語処理技術などの、特定の技術を権威主義政権に移転することを禁じ、独裁主義国の弾圧に関与する外国企業が民主主義国の金融市場で資金調達するのを禁じることだ。[*31] すでに述べた「ミニ・ココムの」輸出管理同盟はこれを実現し、同時に自由世界の脆弱なメンバーで民主制度が後退するのを防止する影響力も生み出せる。たとえば暴力的になってきたハンガリー政府がアメリカや西ヨーロッパ市場への継続的なアクセスを望むなら、北京から提供されたデジタル・システムを排除しなければならないだろう。

より広く言えば、民主国家間の経済協力を促進《そくしん》することは、中国の「分断と統治《ディバイド・アンド・ルール》」を行う能力や、発言力のある民主国家を罰することで、それ以外の国を脅して黙らせるようなやり方を減らすことができる。二〇二〇年に中国が行ったオーストラリアへの強圧的なキャンペーンは、この課題を如実《にょじつ》にあらわしていた。中国共産党は石炭、牛肉、小麦、ワインなどに高い関税を課すと同時に、オーストラリアが新型コロナウイルスの起源に関する国際的な調査を要求した後、「非友好的」な国内の声を抑えるよう要求したことを思い出していただきたい。

しかしキャンベラはそれに屈することなく、「共産主義と戦い、オーストラリアのワインを買おう」とのPRキャンペーンを展開するなどして、徐々に代替市場を見つけることができた。バイデン政権は中国の政府担当者に「中国共産党がアメリカの同盟国を非難し続けている限り、二国間の緊張は収まらない」と伝え、最先端の攻撃型潜水艦用の原子力推進技術の供給を約束することで、キャンベラに復讐《ふくしゅう》を果たさせることに成功した。[*32]

それでもオーストラリア経済は大打撃を受け、都合が悪いことに、他の民主国家の企業が結果として空いた市場シェアの一部を獲得することになった。民主国家間（そして中国の威圧を恐れるベトナムやシンガポールなどの友好的な非民主国家間）の経済的結びつきを密《みつ》にすることは、将来の抵抗にかかるコストを削減する上で極めて重要である。

さらに望ましいのは、中国のデジタル帝国主義に対抗しうる八カ国のブロックのような、豊かな民主国家群が、制裁に協調して対抗することなどを通じて、北京にも痛みを与える措置に合意することだ。それでも中国はまだ外国で民主的な言論を検閲《けんえつ》できるかもしれない。しかしこの措置で、「それは自国の経済成長を犠牲にする」ことを北京に知らしめるのだ。

最も大胆な措置は、アメリカとその同盟国が、表現の自由やプライバシー権を尊重しない中国その他の国々を排除した形で、データや製品が自由に行き交う「デジタル・ブロック」を作ること、つまりインターネットを率先して分割してしまうことだ。

中国共産党は現在、ネットの「いいとこ取り」をしている。つまり中国国民が外国のウェブサイトにアクセスするのを阻止しつつ、欧米企業が中国のデジタル市場に参入するのを制限する、閉じたネットワークを国内で運営している。ところが中国共産党は、知的財産の窃盗《せっとう》、民主的な選挙への介入、プロパガンダの拡散、重要インフラのハッキングのために、グローバルなインターネットに選択的にアクセスしている。これはデジタル時代におけるソ連の悪名高い「ブレジネフ・ドクトリン」の再来と言える。つまり「私のものは私のもの、あなたのものも私のものにできる」ということだ。

この搾取《さくしゅ》に対抗するため、リチャード・クラークとロブ・ネイクは「インターネット自由同盟」(Internet Freedom League)の創設を提案している。[*33] このシステム下では、自由でオープンなインターネットというビジョンに賛同する国々が相互に接続を維持し、そのビジョンに反する国はアクセス制限や遮断《しゃだん》に直面する。この同盟は実質的に、EU内のヒト、モノ、サービスの自由な移動を提供する「シェンゲン協定」のデジタル版となる。

この同盟はまた、非加盟国からのインターネットのトラフィックをすべて遮断するのではなく、デジタル権威主義やサイバー犯罪を幇助《ほうじょ》する企業や組織だけを遮断する。もちろん中国共産党もそのような悪質なアクターの一つであるため、遮断される。冷戦中にディーン・アチソンが分析したように、ワシントンとその同盟国は「世界の半分を自由な半分に」作りあげたが、そうしなければ権威主義の脅威が全世界を圧倒したはずだった。[*34] アメリカには民主主義と権威主義の間で起きている現在のデジタル闘争で、これと似たアプローチが必要なのだ。

このような取り組みで多国間の連携を実現するのは、特にヨーロッパの伝統的な同盟国との間では困難だろう。ヨーロッパ人とアメリカ人はデータセキュリティとプライバシーについて異なる考えを持っており、欧州各国政府は中国の覇権と同じくらい、アメリカのデジタル支配も恐れている。アメリカは世界の主要なデジタルプラットフォームの七〇のブランドで時価総額の六八%を占めているのに対し、欧州はたった三・六%にすぎない。[*35]

このように欧州は市場シェアが小さいため、アメリカに有利に傾いていると思われるシステムを守るインセンティブがほとんどない。だからこそ、欧州委員会はワシントンや北京に対する「デジタル主権」を追求しているのである。

それでも楽観的になる理由はいくつかある。たとえば二〇二一年に設立された「ＥＵアメリカ貿易・テクノロジー評議会」（EU-U.S. Trade and Technology Council）は、デジタル通信の流れ、輸出規制、投資審査、技術標準などに関する米欧間の横断的な協力を交渉するためにつくられたものだ。民主国家群がプライバシー、言論の自由、そして情報へのオープンアクセスを保護するネットワークの基本的な権益を共有している事実は、権威主義的な代替体制の拡大によって、むしろ着々と明らかになりつつある。

特に変わったことが起きなければ、中国のハイテク支配から自国を守るのに苦労しているヨーロッパは、徐々にワシントンとの協力関係を強化する方向に向かうはずだ。だがアメリカは、その協力を当然のものと考えることはできないし、ＥＵの「一般データ保護規則」(General Data Protection Regulation: GDPR)とさらに互換性のある各国のデータプライバシー規制を採用し、デジタル租税条約に署名し、デジタル市場におけるさらなる競争を奨励《しょうれい》することによって米欧協力の確保に努めるべきである。[*36] 冷戦時代のように「大きな悪」に対抗するための連帯《れんたい》を築くには、アメリカが同盟国に、自分は中国よりマシな存在であると納得させることが必要だ。

民主制度の保護には、発展途上国との提携も必要だ。なぜならインターネットユーザーとデジタル収入の世界的な増加の大部分を占めるのは、発展途上国だからだ。中国は多くの発展途上国でデジタル・ハードウェア市場を支配し、中国製品は権威主義的な手法の輸入を伴《ともな》うことが多い。アメリカとその同盟国は、特に米中ネットワーク競争における重要な「スイングステート（揺れる国）」であるインドに、代替案を提供する必要がある。[*37]

二〇二七年までに、インドは世界の携帯端末契約数増加分の四分の一を占め、一〇億台のスマートフォンを持ち、地球上で最大の人口を抱《かか》える国になると見込まれている。[*38]インドが中国のテレコミュニケーションやスマートシティのシステムを採用すれば、ますます不安定になる民主制度は生き残れないかもしれないし、ネットワークの力やイデオロギーの影響力のバランスが北京側に急激に傾いていく可能性も考えられる。

幸いなことに、インドは二〇二〇年のヒマラヤでの軍事衝突以来、中国への姿勢が厳しくなっている。その後、インドは5Gプロバイダー候補の中から中国企業を排除した。また、インドは二〇二一年三月のクアッド初の首脳会議で、アメリカ、日本、オーストラリアとともに重要技術に焦点を当てた作業部会などを立ち上げた。インドの大手通信事業社たちは「Open RAN」の開発で大胆な動きを見せている。

それでもインドの方向性はいまだに揺《ゆ》らいでいる。その理由の一つは、同国政府がますます抑圧的になっていることだ。ニューデリーはインターネットのシャットダウンの数で世界をリードしており、「インターネット自由同盟」のメンバーには参加しづらい国だ。もう一つの理由は、インドが通信機器の四〇%近く、データセンター機器の三分の二を中国から輸入していることであり、これは主に中国製品が安価だからだ。

インドの消費者たちは多くの発展途上国の消費者と同様に、アメリカ製やその同盟国たちの機器に高い金額を支払うことはないだろう。例を挙げればきりがない。たとえば二〇二〇年のヒマラヤ国境紛争の後にインド政府は一〇〇個以上の中国製のアプリを禁止したが、中国企業は引き続き市場シェアを拡大し、同年末にはインドのスマートフォン市場の七五%を占めた。[*39] インド政府は通信関連の中国依存度を下げたいと述べているが、それは主として独自のインターネット「主権」や、自国の技術優位を作ることによって実現したいのが実情だ。

アメリカは「民主的な連帯感」だけでインドを説得し、「ネットワークの自由」のための戦いに加わらせることはできない。その代わり、アメリカとその同盟国たちは、企業が電気通信関連機器の生産を中国からインドに移転するのを奨励《しょうれい》して、ニューデリーの協力を得るべきだ。実際、二〇二〇年現在のアメリカは、携帯電話の七三%、ノートパソコンの九三%を中国から調達している。[*40] もしアメリカや他の民主的な先進国が通信のサプライチェーンをほんの一部でもインドへ移行できたら、インドの製造業は強化され、中国製品に代わる手頃な価格の製品を生産し、発展途上国全体に輸出できるようになる可能性がある。二〇二一年、インド政府は世界のトップクラスのコンピュータメーカーが中国からインドに移転するのを誘致すべく、一〇億ドルの補助金を割り当てている。[*41]

最後に、アメリカは中国との紛争で最前線に位置している民主国家群を守る必要がある。だがそれはただ単に「小さくて脆弱な国を保護すればよい」のではない。ある場所で権威主義的な強制が成功すれば、別の場所でもさらに大胆な行動を促《うなが》すことになりかねないのだ。

最も重要な戦場は、中国が大規模な転覆運動を展開している台湾だ。このキャンペーンは、台湾のメディアに偽情報やプロパガンダを流すだけにとどまらない。コンテンツ制作者から消費者に直接リーチするオンライン・プラットフォームまで、台湾のいわば情報サプライチェーンのあらゆる分野を操作することも含まれる。[*42] さらに、台湾の主要メディア複合企業の直接的な買収や、ソーシャルメディアでの何十万もの偽《にせ》アカウントの使用、そしてジャーナリスト、メディアグループ、政治家などへの一連の賄賂《わいろ》も含まれている。北京をデジタル的に孤立させることは、台湾の民主制度を守る上で極めて重要である。だがそれも十分ではない。なぜなら中国は台湾を「解放」する、別の手段も持っているからだ。

これから一〇年以内に中国による侵略が可能になる場所は数多くあるが、その筆頭は台湾だ。中国は台湾を再吸収すると決意しており、それを実現する唯一確実な方法は、台湾海峡を越えて軍隊を送り込むことだ。アメリカはすでに台湾の抑止力を強化する第一歩を踏み出した。それは遠回《とおまわ》しな言い方ではあるが、戦う意志があることを相手に伝えるものだ。[*43]

アメリカの専門家たちの中には「アメリカはさらに踏み込んで、実質的には条約上の同盟国ではない台湾に、条約締結国のような安全保障を与えるべきだ」と主張する者もいる。なぜなら中国の攻撃に台湾単独で立ち向かう必要がないことを示し、台湾の抵抗の意思を強化できるかもしれないからだ。[*44]だが最も強い「レッドライン」の宣言も、それが強力な防衛体制に裏打ちされていなければ――それはまさに現在のアメリカと台湾に欠けているものだが――単なる口先だけの話と捉えられかねない。

もちろん台湾とアメリカの政策立案者たちは、この問題を認識している。だが彼らは問題を解決しうる十分な速さで動いていない。[*45]現在のペンタゴンは、台湾を守ることをアメリカの防衛戦略の中心に据えているはずだが、アメリカの政策立案者たちは二〇四〇年代に完成するかどうかも怪しい三五五隻体制の海軍を作り上げるかどうかについて、膨大な時間を費やして議論している最中だ。ペンタゴン自身も、一〇年遅れてようやく使えるようになるかもしれない派手な新機能に研究開発費をつぎ込んでいる。

台湾は、中国の侵略に対抗するために必要な「ヤマアラシ構想」を原則として採用している。だが台湾は、配備まで長い時間がかかる国産の艦船や潜水艦、戦争になったら離陸できないかもしれない戦闘機、台湾の砂浜やジャングルや市街地で簡単に操縦できない戦車に、年間防衛予算の四分の一以上をつぎ込み続けているのだ。[*46]

このペースで行けば、台湾とアメリカは、二〇三〇年代の戦争への準備は整えられるかもしれない。ところが実際に必要なのは二〇二〇年代の紛争の抑止（そしてできれば勝利）のための戦略だ。中国にとっての短期的な「チャンスの窓」を閉じるために、アメリカと台湾は様々な分野で迅速に行動する必要がある。

第一に、ペンタゴンは、台湾海峡の国際水域を、攻撃しようとする軍隊にとって「死の罠《わな》」に変え、中国の侵略コストを劇的に引き上げることができる。しかもそれは今すぐ使える、あるいはもうすぐ使えるツールを購入するだけで可能だ。最も単純な解決策は、ミサイルランチャー、武装ドローン、電波妨害装置、スマート機雷、海中センサー等を、海峡付近の海上と同盟国の領土に大量に配置することだ。中国の侵略が始まるまで待ってからこの地域に派遣され、ミサイル攻撃を誘い寄せてしまう空母の代わりに、ペンタゴンは実質的な「ハイテク地雷原《じらいげん》」とでも言うべきものを利用して、中国の侵攻部隊を壊滅させ、本土の港で荷物を積み込んだり、一〇〇マイル以上離れた海域を移動してくる部隊間の通信回線を切断できる。

このような分散した武器と妨害装置をつなげたネットワークは、中国にとり、地域全体を巻き込む戦争でも始めない限り、排除するのが難しい。このネットワークの構築には大規模な兵員や兵站《へいたん》システムを必要としないし、豪華なプラットフォームの調達も不要だ。その代わり、これらは海に浮き、空を飛ぶあらゆるもの、つまり旧式のプラットフォームや再利用された貨物船、はしけ、そして航空機などに設置することが可能だ。[*47]

このアプローチは、アメリカの重要な優位性を利用できる。中国の戦争目的はアメリカのそれよりも野心的で、達成も困難である。中国が戦争に勝つには、台湾とその周辺海域のコントロールを奪取する必要があるのに対して、アメリカは単に中国軍のコントロールを拒否すればよいだけであり、その任務には現代のミサイル、機雷、ドローン、電波妨害装置などが適している。[*48]

また、この戦略は中国が迅速に勝利する可能性を否定するため、抑止力を高める。中国の指導者たちは、たとえ何百万人もの死者を出すことになろうと、台湾をめぐる短期戦の開始をいとわないかもしれない。だが彼らは、制御不能に陥り、勝利を宣言する機会もなく、延々と続くように思われる長期戦には気乗りしないはずだ。このような厄介で制御不能な紛争は、経済を狂わせ、国内の不満と政情不安に拍車をかける可能性がある。

中国が過去に戦闘を躊躇《ちゅうちょ》したのは、予想される死傷者の数ではなく、カオスが予想されるためだった。[*49] 北京が台湾海峡をミサイル、機雷、電磁波が邪魔する「(中国を自由に行動させない）無人海域《ノーマンズ・シー》」だと恐れるようになれば、今日でも同じように戦闘を躊躇《ちゅうちょ》する可能性がある。

第二に、アメリカは戦場に留《とど》まらなければ戦いに勝つことはできない。これは東アジアのアメリカ軍基地、通信、兵站ネットワークを急速に分散させ抗堪化《こうたんか》すべきであるという意味だ。中国の勝利の理論《セオリー・オブ・ビクトリー》（技術的に優れた敵対者アメリカを打ち負かす計画）は「システム破壊戦」に大きく依存している。[*50] この意味は、前方展開されているアメリカの航空機を基地で駐機中に破壊し、その通信回線と兵站《へいたん》機能を麻痺《まひ》させて、他の地域からのアメリカ軍の増援を阻止することだ。

中国のこの「勝利の理論」の実現を防ぐため、アメリカは部隊を東アジアの何十もの小規模な作戦拠点に分散させ、一回きりの通信やデータのやりとり以上のものを必要とする、非ステルス性兵器システムへの依存を減らす必要がある。その他の数少ない大規模基地には、強化されたシェルター、強固なミサイル防衛体制、中国のミサイルを「吸収」する偽装標的を設置しなければならない。

また中央集権的なネットワークに依存する部隊は、中央からの指令に依存せず任務を遂行できるよう、定期的な訓練を行って通信遮断に備えなければならない。アメリカには完全に防空・防弾された部隊は必要ないが、中国の指導者たちに大規模な「システム破壊」を本当に達成できるか疑わせる強靭性《レジリエンス》を備えた軍隊は必要だ。[*51]

さらに、中国に対する「システム破壊戦」を準備することも必要だ。これは十分に準備されたサイバー攻撃、電子戦、そしてその他の手段を用いて、紛争初期に中国の主要能力を停止させる。アメリカのサイバー戦士は、実際の銃撃戦が始まる前に、中国がサイバー能力を使って台湾を妨害するのを阻止すべく、重要なサーバーやネットワークへの台湾の警戒活動を積極的に支援する必要がある。

それは第三の要件に関連してくる。つまり、台湾の自助努力を支援することだ。台北は移動式ミサイルランチャーや機雷の備蓄、レーダーなどの備えに関する賢い計画を持ち、通信インフラを強化し、陸軍と陸上部隊の予備役の増強を行っている。

台湾はゆっくりではあるが確実に、勝利のための唯一の戦略に向かって進んでいる。それは安価で豊富な能力（二〇一九年にアメリカのある高官が述べた「小さなものを大量に」）を用《もち》いて、侵略者に非常に高いコストを強《し》いるものだ。アメリカは、弾薬やセンサーを譲渡《じょうと》し、台湾のミサイルランチャーや機雷敷設装置の調達を補助し、台湾の重要軍事インフラへの投資を調整し、台北が「非対称アプローチ」を積極的に進めることを条件に、防空・沿岸防衛、対潜・機雷戦の共同訓練を拡大することで、こうした準備を早めればよいのである。

これらの計画は、アメリカがイスラエルと維持している「同盟国への戦争準備備蓄プログラム」（the War Reserve Stocks for Allies）を手本にできる。これは孤立した小さな民主国家を支援することを意味するイニシアチブの実例だ。[*52] またペンタゴンは、非従来型戦争での特殊作戦部隊の専門知識を活用して、中国の占領者に致命的となる反乱を台湾人が起こす準備を援助できる。その援助で反乱を起こす可能性を高められたら、そもそも中国の侵略を抑止できるかもしれない。

端的に言うと、台湾が正しい戦略の実行に努力しないなら、アメリカができることは限られてくる。もし実行できるなら、アメリカは資金、ハードウェア、そして専門知識を提供し、台湾をさらに難攻不落《なんこうふらく》にする必要がある。このためには当然、ワシントンと台北の関係を今日よりもさらに緊密化する必要があり、正式な同盟関係にはならないかもしれないが、それでも平時での頻繁《ひんぱん》なハイレベル協議、訓練や演習、深い軍事・外交面での連携を行い、いざ戦争が勃発《ぼっぱつ》したときには効果的に共闘できる関係を作っておくことが必要だ。[*53]

第四に、アメリカは台湾付近、さらには台湾本島での軍事的プレゼンスを高めることで、地理的な不利を軽減《けいげん》し、さまざまな措置が効果を発揮する時間を稼ぐ必要がある。アメリカの軍艦と潜水艦は、他の地域から部隊を再配置してでも台湾海峡を定期的にパトロールすべきで、最も近いアメリカの火力が数百マイル離れているときに紛争が始まってしまう確率を減らすべきだ。

日米両国は、日本南端の琉球列島に攻撃基盤となる共同運営基地を設置すべきだ。しかもこれは戦争が始まるのを待たず、今すぐやるべきだ。アメリカはまた、台湾とひそかに行っている特殊作戦部隊の訓練任務を増やし、エリート部隊の小グループが、すでに台湾の現場にいて支援の準備が整っている状況が多くなるようにすべきである。[*54]

より劇的な支援策として、アメリカが独自の地対空ミサイルおよび対艦ミサイル部隊を台湾に配備することもできる。だがこの措置は必要ないかもしれない。というのも、台湾にはすでに高度なミサイルがあり、アメリカ軍は台湾の近くに水上艦やミサイル発射用のはしけを配備するだけで十分な火力を確保することができるからだ。だが台湾内で活動できれば、アメリカはその困難な地形を最大限に利用することができるし、同時に、ペンタゴンが最初から参戦していると中国に認識させることもできる。

第五に、アメリカは中国の軍事通信システムを混乱させる能力を開発すべきだ。独裁的な政権が最も嫌うのは、軍に対する統制力を失うことである。中国共産党は一九七九年のベトナム侵攻以来、主に自国民を殺害してきたため、戦時中のストレス下で指揮統制システムをテストしたことがない。中国共産党の幹部たちは、ひどく政治化され、しかもまだ腐敗している党が「戦争の霧《きり》の中」でうまく機能できるか疑念を持っているはずだ。[*55]

サイバー攻撃やその関連手段を通じて中国の指揮統制機構に負荷をかけ、軍の通信ネットワークに混乱を引き起こす能力を開発することで、ペンタゴンは中国の当局者に自分たちの部隊が戦闘中にどれだけ不具合《ふぐあい》を起こすか、懸念を持たせることができる。また、平時からその能力をさりげなく宣伝することで、アメリカは北京に、紛争をエスカレートさせる価値がそもそもあるのかどうかを疑問視させることができる。

最後に、アメリカは中国に「台湾での戦争は拡大するだけでなく長期化する可能性がある」と認識させる必要がある。アメリカが多くの同盟国やパートナーを参戦させられるなら、北京にとってその戦争はさらに魅力を落とすことになる。人民解放軍は「東京が台湾侵攻の邪魔《じゃま》をするなら、日本を核攻撃する」と豪語《ごうご》するかもしれないが「世界の超大国」と「地域で最も強力なその同盟国」と同時に戦うことを本気で喜ぶことなどできない。[*56]

同様に、インドとオーストラリアの海軍は、マラッカ海峡を通過する北京のエネルギー輸入を阻止することで、ワシントンを助けることができる。ヨーロッパの主要国、特にイギリスとフランスは、西太平洋での海戦に数隻の潜水艦や水上艦を提供することで貢献できる。また、台湾の重要な情報システムの防衛を支援するため、その研鑽《けんさん》されたサイバー分野の専門知識を提供することができる。また、中国の侵略があった場合には痛烈《つうれつ》な経済制裁を科すこともできる。[*57]

これらの国のいずれも、台湾を軍事的に救うことはできない。しかしこれらの国々は台湾をめぐる戦争が「中国vs.世界の民主的な先進国」の対立に発展するよう、ワシントンを助けることはできる。これは習近平でさえも支払うのを躊躇《ちゅうちょ》する、戦略的な代償となる。

しかし抑止に失敗した場合、侵攻してくる中国の艦隊を撃沈《げきちん》するしかなくなる。しかも、それだけでは北京を止めることはできないだろう。大国間の戦争は、特に一方が重要な領土を巡って争っていると考える場合、開戦直後に終わることはほとんどない。アメリカとその同盟国たちは、数カ月から数年にわたり続く可能性のある激しい戦闘に、物心両面で準備を整えなければならない。

長期戦

産業革命と大規模な軍隊の出現以来、大国間戦争は短期間よりも長期間に及ぶことが多くなった。ナポレオン戦争、アメリカの南北戦争、第一次世界大戦、第二次世界大戦は、いずれも急速な殲滅戦《せんめつせん》ではなく、執拗《しつよう》な消耗戦によって決着した。

もし中国が台湾への侵攻を試《こころ》みて失敗した場合、その後も戦いを継続しようとする強いインセンティブが働く。習近平は「台湾という反逆者」と「アメリカという帝国主義者」に敗北を認めてしまえば、中国が地政学的困難に陥り、中国共産党の正統性《レジティマシー》が脅かされ、自身が打倒されることにつながることを恐れるはずだ。彼は戦争を続けることで、敗北寸前での勝利をもぎ取るか、あるいは単に面子《メンツ》を保《たも》とうとするかもしれない。中国の台湾侵攻を阻止することは、第一次世界大戦の初期にフランスがマルヌ川で行った戦いに匹敵《ひってき》するかもしれない。つまり長引く流血の激戦の舞台を設定した、英雄的で必要不可欠な防衛戦、という位置づけだ。

そのような紛争に勝つには、まずアメリカと台湾の弾薬が不足しないようにすることだ。

アメリカは、中国の最も貴重な艦船や航空機を遠距離から破壊できる長距離ミサイルを大量に備蓄《びちく》すべきだろう。台湾にとっては、短距離ミサイル、迫撃砲、機雷、ロケットランチャーなどが重要な武器となる。アメリカと台湾は、これらの兵器を備蓄するだけでなく、戦時中にも新兵器の生産能力を向上させる必要がある。これはアメリカが歴史上ほとんどすべての主要な紛争で行ってきたことでもある。

台湾の兵器工場は中国のミサイルの標的《ターゲット》となることが明白なので、同盟国の生産力を活用することも重要だ。例えば日本の造船能力を利用して、シンプルなミサイル発射用のはしけを迅速に設計し、生産規模を急速に拡大させることなどが挙げられる。

同時に、アメリカと台湾は、中国が仕掛ける懲罰的な作戦を持ちこたえる必要が出てくるかもしれない。戦争が長期化すると、第一次世界大戦でドイツが無制限潜水艦戦に頼ったように、戦争当事者たちはたいてい、新たな効果的な戦力を探し求めるようになる。

たとえ上陸艦隊が台湾海峡の底に沈められたとしても、北京にはまだ台湾とアメリカを威圧する方法が多く残されている。たとえば海上封鎖で台湾を経済的に締め付けることもできるし、サイバー攻撃でアメリカや台湾の電力網や通信網を麻痺《まひ》させることもできる。[*58]また、台湾を空爆して屈服させようとしたり、または核兵器を使用したり、その使用を警告して脅すこともできるかもしれない。この戦術は、近年の急速な核兵力の増強のおかげで、北京にとり現実的で魅力的に映《うつ》る可能性もある。

このような強要を阻止するには「防御」と「攻撃」の組み合わせが必要となる。アメリカと台湾は、重要なネットワークをサイバー攻撃から守る努力を重ねる必要がある。台湾は民間人用のシェルターを拡充《かくじゅう》し、食料、燃料、医療品の備蓄を強化し、国民に対して長期にわたって痛みを伴《ともな》う犠牲を覚悟させなければならない。だがこれらの防衛措置は、中国に手痛い報復で脅すための、攻撃的な準備と共に実行されねばならない。

同盟国やパートナーたちと中国の海洋貿易を遮断する能力を示す演習を行うことで、アメリカは中国共産党に対し「戦争の長期化は経済的破局につながる」と脅すこともできる。[*59] 中国の重要インフラ――さらには中国共産党の統治機構にも――に対して厳しいサイバー攻撃を実施する能力を開発すれば、アメリカは北京に戦争被害の発生を警告することもできる。

西太平洋上のあらゆる場所で中国海軍の艦艇を撃沈し、北京が建設した基地やその他のグローバルな軍事インフラを標的に収める準備をすることで、アメリカは中国共産党に、台湾を巡る戦争でこれまで一世代かけて行ってきた軍事近代化と拡張を台無しにするリスクを背負わせることができる。[*60]

アメリカは台湾をめぐる戦争を、核が使用されない状態で維持することを明らかに望んでいるが、それでも「限定的な核オプション」、すなわち港湾、飛行場、艦隊、およびその他の軍事目標に対して低出力の核兵器を使用する能力を持つ必要がある。これによってアメリカは、中国の核の脅しに対して信憑性《しんぴょうせい》のある対応ができ、抑止もできるようになる。[*61]

要するに、アメリカは北京に対して根本的な主張を突きつけるべきなのだ。つまり「戦争が長引けば長引くほど、アメリカは中国とその支配体制に大きな打撃を与えることになる」ということだ。

最後に、アメリカは戦争準備と同じくらい、戦争の終わらせ方について真剣に備える必要がある。核武装した敵との戦争は、アメリカの完全勝利や中国の完全降伏で終わるとは考えにくい。[*62]アメリカが戦争を有利に進めるほど、怯《おび》えた中国共産党はますます予測不可能になるかもしれない。北京に戦争をやめさせるためには多くの持続的な強制と破壊が必要となるが、それと同時に面子を保つための外交も必要になるかもしれない。

たとえば台湾が政治面での独立を求めず、アメリカもそれを支持しないと約束する代わりに、中国が最終的に台湾への攻撃をやめるとすれば、アメリカはそのような取り引きを受け入れる方が賢明かもしれない（このアプローチの逆のものとして「銃撃が続けばアメリカの戦争目的はエスカレートし、おそらく台湾の正式な独立を含むことになるだろう」と静かに警告するかもしれない）。

そうなれば、アメリカは中国の拡張を阻《はば》む障壁《しょうへき》としての台湾を守れたと示せるし、習近平は（実に怪しげではあるが）「台北に教訓《きょうくん》を与えた」と主張することもできるかもしれない。

戦争を始めるのは簡単だが、終わらせるのは難しい。したがってアメリカには攻撃的な中国をすり潰《つぶ》す必要がある一方で、その逃げ道を残しておく必要もあるのだ。

ヨーロッパとのつながり

中国の新たな経済帝国を打破すること、世界的な民主制度の浸食を阻止すること、台湾を救うこと……このような任務は、どんな状況下でも当初から困難だが、ロシアのウクライナ侵攻を受けてさらに一層困難になっている。しかもアメリカはたった一つの安全保障上の深刻な危機に直面しているのではない。世界最大の大陸の反対側で少なくとも二つの危機に直面しており、しかもさらに多くの危機が発生する可能性がある。

とりわけ最大の脅威は中国で、その理由は巨大なパワーと盛り上がる野心にある。アメリカ人はロシアが主導する世界の中で生きていくことに危機感を抱いていない。だが一部のアナリストたちが主張するように「アメリカはヨーロッパを捨てるべきだ」というのは無理だし、アジアに国力をすべて投入することもできない。

歴史的にも、アメリカがヨーロッパから手を引こうとするたびに災難が発生してきた。最もひどい例は第一次世界大戦後に起こっており、アメリカの撤退は世界的な大災厄の原因となった「孤立主義が第二次世界大戦の一因となったこと」。

最近の歴史も教訓を与えている。二〇〇一年にブッシュ大統領は、プーチン大統領の目を見て、この独裁者には優しい魂《たましい》があると判断し、ヨーロッパにいたアメリカ軍を撤退させ、中東での戦争に集中した。すると二〇〇八年に、ロシアはグルジアに侵攻した。その後、オバマ政権はロシアを「衰退する大国」と見なし、モスクワとの「リセット」を進め、アメリカの戦略的な関心をアジアに移したが、プーチンはウクライナを切り刻むことで、ワシントンにその代償を払わせた。

トランプ政権とバイデン政権は、中国に優先的に対処する決意を持って政権運営を開始した。するとロシアは、独立したウクライナを大規模な領土侵攻で破壊しようとし、世界的な安全保障危機を引き起こした。ナポレオン、ムッソリーニ、ヒトラー、スターリン、ミロシェビッチ、そしてプーチンを生んだ欧州大陸に、平和は望めないのである。

また、ヨーロッパでの出来事は、アジアの勢力均衡と切り離すこともできない。その理由の一つは、ロシアの革命的で反民主的なキャンペーンが中国のそれと連動しているからだ。民主国家に干渉し、NATOの信頼性に挑戦し、勢力圏を広め、独裁制の正統性《レジティマシー》を促進することで、モスクワは国際秩序に亀裂《きれつ》を入れ、北京がそれを突破できるようお膳立《ぜんだ》てしている。

さらに、アメリカが中国に対抗するうえで必要となる三つの主要な権力アセット、つまり「自由世界経済圏」、「安全保障コミュニティー」、そして「民主主義の保護体制」は、ヨーロッパの秩序の崩壊《ほうかい》で機能不全に陥る可能性があり、そうなればアメリカの同盟国は消耗し、分裂することになる。

中国は世界の複数の地域に影響力を及ぼし、世界全体で優位に立とうとしている。北京に対抗するには主要な民主国家群で構成された国際的な同盟を結集する必要があり、しかも世界で最も強力な自由主義国家の多くがヨーロッパにある。ヨーロッパが混乱に陥れば、その同盟は立ち行かなくなる。

つまりアメリカは、中国とロシアの脅威に同時に対処する「二重の封じ込め戦略」を追求する必要がある。ヨーロッパでは、NATOの東側面で防衛力を強化することが第一の任務となる。ヨーロッパ諸国は防衛への投資を増やすと約束しており、長年にわたって欧州大陸で「ただ乗り」を率先《そっせん》してきたドイツが、いまや防衛投資で模範的《もはんてき》な姿を示すと約束している。[*63]

だが、こうした努力が実を結ぶのは何年も先のことであり、ペンタゴンが一つの重要な戦域の防衛にもっと力を注がなければ、このような動きも十分な効果を上げることはできないだろう。不安定さと侵略が実現しないようにしておくには、ワシントンはヨーロッパとその周辺海域に、さらに部隊、兵器、空軍力、および海軍アセットを持続的に配備する必要がある。[*64]

またアメリカは、バルト海や東欧の軍隊に対して、迅速に動員して敵の戦車や航空機を破壊し、大規模な軍隊に対する急襲作戦や市街戦を展開できるよう、訓練と装備の支給を率先して行う必要がある。その最大の目的は、侵略者となるロシアに大規模な懲罰《ちょうばつ》を与えることができる現地部隊を立ち上げて、「敵を素早く圧倒して既成事実を作ることができるかもしれない」というモスクワの野望を排除することである。

そしてウクライナ人やその他のロシアの侵略の対象となっている者たちが抵抗を続ける限り、ワシントンは武器や情報、その他の形で彼らを支援すべきだ。これは「モスクワを一つの紛争に引きずり込んで、別の紛争に手を出せないようにする」ためである。

ロシアとの対立が激化すれば、強制vs.反強制の競争になる。したがってアメリカと裕福《ゆうふく》な民主国家群は、重要なネットワークの強化、エネルギー資源の備蓄の増加と代替供給手段の開発、そしてロシアのランサムウェアを使った攻撃やその他のデジタル面での妨害に激しい反撃の姿勢を示すことによって、ロシアのエネルギー資源を使った影響力の行使やサイバー攻撃を鈍《にぶ》らせる準備も必要となる。

少なくとも民主国家群は、ロシアが国際的な許容範囲を逸脱《いつだつ》する行動をとる限り、金融面・技術面で厳しい罰則を与える手段を維持する必要がある。つまり「軍事的な侵略は経済面での衰退をさらに確実にするだけだ」と、モスクワに警告すべきなのだ。[*65] もちろん、自暴自棄《じぼうじき》になったプーチンは、自暴自棄になった習近平と同じくらい危険な存在になる可能性がある。ロシアには中国のような総合的な国力はないかもしれないが、世界を脅かす核兵力を持つ。したがって民主国家のコミュニティーは、モスクワの行動が変化し、自由世界が大きな力を持つようになった場合に備えて、モスクワとのオープンなコミュニケーションラインの維持と、エスカレーションを防ぐ意欲も必要となる。

だが「悪い知らせ」は、こうした取り組みには継続的な多国間協力が必要であるということだ。しかもこのような取り組みは高くつく。つまり冷戦時代の対中・対露［ソ連］戦略を、ポスト冷戦レベルの緊急性と投資で実現しようとしてもうまくいくものではない。二〇二二年当初のアメリカと同盟国たちの国防予算は、北京を相手に「デンジャー・ゾーン」を駆け抜けるにも、ましてや二つの大国のライバルと同時に激しい競争を繰り広げるにも、十分なレベルではない。[*66]だが「良い知らせ」は、民主主義世界はやる気さえ出せば、この戦略を実現するためのリソースがあることだ。

ワシントンとヨーロッパとアジアの同盟国のパワーは、モスクワと北京の総力を凌駕《りょうが》している。前者は世界経済における生産力の半分以上を占め、中国とロシアは二〇％程度だ。[*67]二〇二二年初頭の時点で、アメリカはＧＤＰの約三・二％を国防費に費《つい》やしている。これは冷戦時代の平均約七％よりもはるかに低く、一九五〇年代初頭のような過去の非常時の支出に比べれば、ほんのわずかな割合でしかない。もし今日、アメリカがＧＤＰの五％を国防に費やし、主要な同盟国もそのレベルを上げれば、民主世界がその挑戦者に打ち勝てない経済的理由はないだろう。[*68]

幸運なことに、時代は変わりつつある。ロシアの残忍なウクライナ侵攻は、冷戦後のどの時期よりも、NATO加盟国を緊密に結びつけたからだ。冷戦時代、朝鮮戦争が高額の国防予算と世界的な「封じ込め」の強化に拍車《はくしゃ》をかけたように、プーチンは民主国家群にショックを与えて怠惰《たいだ》から目覚めさせ、ロシアのみならず中国との大国間競争の時代に向けて再編制し、再始動するための歴史的なチャンスをもたらしたのだ。

アメリカは、独裁的な侵略の苛烈《かれつ》なイメージを利用して、以前は考えられなかったレベルの投資と集団的な行動を喚起《かんき》しなければならない。そこに含まれるのは、日本やドイツの再軍備の加速、中国やロシアに対する多国籍軍事作戦の詳細で骨太《ほねぶと》な作戦計画、中距離核戦力（INF）全廃条約で禁止されている高性能ミサイルをロシアと中国の国境近くの同盟国の領土へ配備すること、技術やイノベーションの分野での連携強化、中国による台湾侵略の際に用いる経済制裁や石油封鎖など、経済面での厳しい罰則を事前に準備しておくことなどである。

ジョン・フォスター・ダレスは「恐怖は外交官の仕事を容易にする」と好《この》んで口にしたが、それは実際、自由世界が生き残るのに必要な民主国家同士の結束を生み出した。[*69] 皮肉にも、プーチンはアメリカに恩恵を与えてしまったかもしれない。つまり世界の一方の地域での独裁国家による攻撃は、もう一方の地域でのトラブルに備えるためにアメリカに必要となる緊急性を提供するかもしれないからだ。

愚かにならず早急に

アメリカは、中国の強制力を複数の領域にわたって速《すみ》やかに低下させるか、少なくとも中国共産党の強制力を行使する能力を弱める必要がある。しかし「デンジャー・ゾーン戦略」の底にあるアイディアは、戦争を起こすためではなく、それを回避《かいひ》することにあるため、必然的にアメリカができることに限界はある。

たとえばアメリカ政府は、中国経済の足を引っ張る包括的な技術禁輸を実施できる。かつて安かった中国の製品を広大なアメリカ市場から追い出すため、全面的な貿易制裁を実施することもできる。中国の中央銀行に制裁を科して、同国の金融機関の多くを世界の決済システムから締め出すこともできる。これはアメリカとその同盟国が二〇二二年二月にロシアに科そうとしたのと同じ「経済的な死刑」の執行だ。アメリカは冷戦時代に使った戦術本を見返して、さらに挑発的な行動に出ることも可能である。たとえば不満を持つ少数民族を煽動《せんどう》し、内乱を煽《あお》る大規模な秘密行動計画を開始することもできる。

これらの措置は、いずれも中国共産党に深刻なダメージを与えるはずだ。だがこれらはアメリカが協力しなければならない国々を脅かすことにもなり、アメリカに、より大きな犠牲を強いることになるかもしれない。しかも本来ならアメリカが阻止すべき自暴自棄な動きを、逆に誘発してしまう危険性もある。

たとえば一九四一年七月にアメリカが行った石油の禁輸措置は、日本経済の活力を奪い、その結果として東京は生き残りをかけて真珠湾攻撃に踏み切った。強さと慎重さのバランスをとる必要があるからこそ、アメリカはあらゆる場所で一斉に急激な圧力強化に出てはならず、最も対策が必要な問題に焦点を絞《しぼ》る必要がある。

実際、「デンジャー・ゾーン戦略」には中国の資金と関心を、より脅威の少ない方向に向ける場合には冷静に対処することや、あるいはそれを奨励《しょうれい》することも含まれるべきだ。もし北京がパキスタンの「連邦直轄部族地域」(the Federally Administered Tribal Areas) のような、世界で最も荒れた地域で何の役にも立たないインフラプロジェクトに資金をつぎ込もうとするなら、邪魔しないほうがいい。[*70] もし中国が、いざという時(ペンタゴンが最も心配している事態)に全く役に立たない空母に多額の投資をするなら、そうさせるべきだ。アメリカが重要でない分野への取り組みを減らせば、それだけ本当に重要な分野に多く取り組めるようになる。

同じような理由で、アメリカは外交についても現実を直視したアプローチをとる必要がある。もしアメリカが過去三〇年間に学んだことがあるとすれば、それは「いくら外交的に関与しても中国共産党が世界の見方を根本的に変えることはない」ことだ。戦争は「偶然」、あるいはコミュニケーション不足のために起こる可能性よりも、中国の計算された攻撃の決定の結果として起こる可能性の方が高い。[*71]

危機管理の見通しさえも限定的だ。中国は信頼《しんらい》醸成《じょうせい》措置《そち》、つまり有意義な軍同士の交流、トップリーダーを結ぶ緊急時の「ホットライン」、互いに近接して航行する船舶や飛行機のための明確な行動規範などに対して、実に曖昧《あいまい》な態度を取ることが多い。なぜなら彼らはワシントンに「危機をうまく管理することができる」と思って欲しくないからだ。[*72]

だが慎重な外交にはまだ果たすべき役割が残っている。米中の利害が一致する数少ない分野での協力――たとえば気候変動の進行を遅らせることなど――は、激化する対立を緩和することができるかもしれない。中国政府高官との定期的な会談は、アメリカが台湾問題やその他の問題で公的な対立を招くことなく意図を伝えるのに役に立つし、また実に不透明な存在として知られる中国政府の考えを知る上でも有益である。また、南シナ海での船舶衝突のような不慮《ふりょ》の事故が発生した場合、オープンなコミュニケーション・チャンネルが無用なエスカレーションを防ぐ可能性もある。[*73]

一般的に言って「アメリカは対話の扉を開けている」と見られることが、アメリカの戦略上も重要だ。なぜならチャンネルを閉じてしまえば、米中対決に巻き込まれたくないと考えている重要なパートナーたちが怖気《おじけ》づいてしまうからである。

冷戦時代と同様に、最も重要なのは、アメリカが抱《いだ》く期待を現実的なものにすることだ。米中両国が協力できる分野は限られている。直近のパンデミックを引き起こし、それを無慈悲に利用したこの国は、おそらく次のパンデミックの発生防止にもあまり役立たないだろう。

北京はまた、ワシントンを経済や安全保障に関する公式のハイレベルな「おしゃべり大会」（戦略的対話）に誘い込んだ長い実績があり、それは主にアメリカを台頭しつつある課題に対して麻痺状態にするのに役立った。

そしてアメリカにとって最悪なのは、中国が気候変動やその他の問題における協力と、安全保障競争におけるアメリカの抑制とを結びつけることを許す「いつもの罠《わな》」に再び陥ってしまう事態だ。[*74] それは現在のように時間がないときには、災《わざわ》いでしかない。外交は、これから数年間、激しい競争に直面するアメリカの戦略を補完することができる。だが逆に外交がその戦略の代用になってしまうなら、アメリカは大変な事態に陥ることになるだろう。

「デンジャー・ゾーン戦略」は容易ではない。危機的な二〇二〇年代を乗り切るには、精力的な防御的穴埋めと、的《まと》を絞《しぼ》った攻撃的な強制が必要だ。アメリカはリスクを冒し、より高い緊張状態を受け入れなければならないし、時間、エネルギー、資源などを真剣に投資しなければならない。とりわけ（最も頑健な官僚組織を含む）アメリカは、脆弱《ぜいじゃく》な平和を維持するために、戦時中の機敏さ、スピード、目的を呼び起こさなければならない。

アメリカの短期的な脆弱性は十分顕著《けんちょ》になっており、もはや遅れは許されない。つまり今困難なことをやるか、中国が戦略的ブレークスルーを達成した後にさらに困難なことをやるのかのどちらかを選択しなければならないのである。それができなければ、システムは破壊される。

もしこの任務が困難なら、短期的な利益も限られるだろう。デンジャー・ゾーンの時期を越えても、米中間の競争に終止符が打たれるわけではない。それは冷戦初期をやり過ごせたあとも米ソの競争関係が終わらなかったのと同じだ。大国は停滞し、崩れつつあっても、まだ多くの場所で深刻な問題を引き起こすことができる。

したがって、二〇三〇年以降の米中対立は世界規模となり、期間も延長される可能性がある。だがもしアメリカがこれからの一〇年間をうまくやり過ごすことができれば、単に戦線を維持するだけでなく、はるかに多くのことを成し遂げることができるだろう。

振り返ってみると、冷戦の最初の数年間で、自由世界は最も懸念される脆弱性に対処しただけでなく、最終的に決定的な利点になるものを蓄積《ちくせき》し始めたからこそ、極めて重要な意味を持った。米中対立にも、これと同じようなチャンスが残されている。

自由な台湾を守ることで、ワシントンは抑圧的で減速した中国に代わる、イデオロギー的にも強力な代替案を維持することができ、北京を抑制する地政学的な制約の強化を開始できる。自由世界の経済圏を構築することで、アメリカは重要な技術の分野で、今後数十年間にわたり民主国家がペースを握るのを保証できる。

いまの課題に焦点を絞ったアドホックな［臨時の］民主国家群の協力を結集することで、ワシントンは将来のさらに大規模で野心的な同盟の基礎を築くことができるのだ。競争の初期に確立されたパターンは、永続的かつ変革的な効果をもたらす可能性が高い。もしアメリカが「デンジャー・ゾーン戦略」における戦略を正しく理解して実行できれば、長期的なゲームでも、いずれ勝利できる可能性が高まるのだ。

第八章
その後の状況

「デンジャー・ゾーン」後のシナリオ

経済学者のアダム・スミスは「国家には多くの破滅の種《たね》がある」と述べた。衰退する大国の下り坂は、実際かなり長くなる可能性もある。今にして考えれば、ソ連は冷戦の最初の一〇年間で冷戦に勝つ絶好の機会を失ったのだ。ソ連経済は一九六〇年代までに崩壊を始め、一九七〇年代には政治・思想面での「死のスパイラル」が始まっていた。しかしソ連の軍事力と地政学的な拡大が頂点に達したのは一九七〇年代後半であり、鋭い観察者以外は、ソ連体制の致命的な停滞に気づかなかった。

ソ連帝国が崩壊したのは一九八〇年代後半から一九九〇年代初頭にかけてだった。アメリカが冷戦の「デンジャー・ゾーン」を乗り越えた後も、そのライバル関係をアメリカが望む通りに終わらせるには、数十年にもわたる圧力と忍耐力が必要だった。一九六二年のケネディ大統領の発言のように、アメリカ人は「われわれはすでに一七年間もこの重荷《おもに》を背負ってきた。もう降ろしてもいいだろう？」と言うかもしれない。しかし当面の間「われわれはそれ（重荷）を降ろすことはできないし、どうやって降ろすのか想像もつかない」のだ。[*1]

今日のアメリカの政府高官たちにとって重要な、いくつかの教訓がある。仮にアメリカが、最大の危機が迫るこの一〇年間に中国の膨張を抑制し、暴力的な侵略を抑止することに成功したとしよう。そして二〇二〇年代に民主世界の力と結束が強まった結果、これまで以上に厳しい逆風が北京を襲《おそ》うと仮定しよう。その場合、米中競争の緊迫性は低下し、バランス・オブ・パワーは不安定ではなくなり、中国共産党が勝利する確率は劇的に低下するかもしれない。

だが、そこから平和と調和が生まれるとは思わないほうがいい。

たとえ最良のシナリオが実現しても、一〇年後の現実世界と仮想世界はさらに分断され、冷戦後の「一つの世界」の夢よりも、冷戦中の「二つの世界」の現実に近いものになる可能性が高い。イデオロギーの境界線が明確に引かれ、東アジアのような重要な地域は徹底的に軍事化されるかもしれない。中国もどうなるか、誰にもわからないのだ。

あるシナリオによれば、ピークを越えた大国は一〇年間の封じ込めとフラストレーションに直面した後、痛みを伴《ともな》う外交面での譲歩《じょうほ》と、国内改革を選択する可能性がある。習近平はその場合、ゴルバチョフの前任者であるブレジネフ書記長のような存在だったと見なされるようになるかもしれない。

しかし中国は、「熱戦」の脅威が薄れ、冷戦に勝利する能力が衰えても、執拗《しつよう》に災《わざわ》いを引き起こす「低迷する妨害者」の役割を担うようになることも十分あり得る。二〇二一年にバイデン政権のアジア政策の担当者がコメントしたように、アメリカはすべてを正しく行うことができても、中国の挑戦は「この世代と次の世代にとって非常に困難」だと証明するかもしれないのだ。[*2]

実際、大国間競争は多くのフェーズを経《へ》るものだ。冷戦初期の、緊張とサスペンスに満ちた時代から、一九七〇年代には「デタント」と呼ばれる比較的落ち着いた時期があり、その後は再び緊張が高まり、クライマックスを迎えた一九八〇年代に至る。たとえ中国が停滞したとしても、経済的にはソ連やナチス・ドイツより強力であり、人口動態の破局を迎えつつあると言っても、アメリカより数億人多い人口を抱えていることに変わりはない。

これらが示すことは、アメリカも競争のある段階から別の段階へ、つまり二〇二〇年代の短距離走から、長期的な戦略へ移行しなければならないことを意味している。「デンジャー・ゾーン」の突破は「終わりの始まり」ではなく「始まりの終わり」を意味するかもしれない。したがってアメリカは、重要な一〇年間の様々な課題に直面しつつも「その後の生活」への準備を始めるべきなのだ。

成功の危険性

アメリカはいつも計画を持っているわけではない。だがそれを持ったとき、世界は作り変えられる。今次の「デンジャー・ゾーン戦略」も例外ではない。もちろんその計画で、今日の世界をそのまま維持できるわけではない。計画は世界政治の構造を根本的に変えることになるかもしれないが、必ずしもそれが良い方向に向かうとは限らない。

だがここでの「良い知らせ」は、この変化がかなり予測可能なものである点だ。しかし「悪い知らせ」は、それが本質的に新たな冷戦を伴《ともな》うものであることだ。もしアメリカが「デンジャー・ゾーン戦略」に成功すれば、中国はアメリカ政府関係者にとって悪夢となる、地政学的な支配につながる技術ブロックを構築することはなくなるだろう。アメリカのデジタル連合は、最終的にさらに拡大し、強く、そして勝利に向けて優位な立場になるはずだ。

ところが世界は経済的にも技術的にもさらに分裂し、一方でアメリカとその同盟国たちと、もう一方で衰退しつつも反抗的な中国とその独裁的パートナーたち（ロシアも含む）の雑多な一団が存在し続けることになる。

この二つのブロックの分離は加速するはずだ。アメリカとその同盟国は、中国をサプライチェーンから排除し、インターネットを分割し、自由世界の技術面での防御を強化することになるからだ。二〇一七年に始まり、二〇二〇年代にエスカレートした米中間の貿易・技術戦争は、無制限に激化するだろう。

この新しい「永遠戦争」は、軍事戦闘を伴わないかもしれないが、両国は強制力としてあらゆる非軍事的な武器を使用するはずだ。関税、投資制限、技術禁輸、金融制裁、ビザ（査証）の制限、そしてサイバースパイなど、それぞれの領域を拡大し、ライバル国の経済を弱体化させることを狙う。その他の国々は、両陣営との貿易や技術提携を維持すれば「ヘッジ」することが次第に難しくなるのを実感するだろう。つまりアメリカと中国は、パートナーたちにどちらの側につくかはっきりさせるように迫るか、あるいはサプライチェーンのルートを変更するよう求めるのだ。

技術による世界分断は、一般の人々にも深刻な影響を与える。人々があるブロックから別のブロックへ移る際に（たとえば「ビザ」を取得できるものと仮定しても）、彼らは異なるデジタル世界に入ることになる。携帯電話は使えなくなり、メールのサーバーや大事なソーシャルメディアのアプリなど、お気に入りのウェブサイトなども使えなくなる。一方のブロックから別のブロックへのファイルの送信は悪夢と化すだろう。中国の技術帝国主義が横行《おうこう》するブロックより、西側のブロックの方がはるかにましだが、それでも今のアメリカ人の多くが想像できないほど醜《みにく》い世界となるだろう。

東アジアの海域の状況も同様だ。世界で最も経済的に活発な地域の一つである東アジアでは、台湾の実例に続き、各国が中国の海洋侵攻から自国の海岸線を守るために、高度なミサイル、機雷、ドローンなどを備え、高度な武装化が進むことになるだろう。

東アジアのシーレーンには、アメリカが大規模な多国籍連合を結成して航行の自由を守り、中国の侵略を抑止しようとするため、他地域の海軍を含む多くの軍艦がひしめき合うことになる。中国の海軍はこれに対抗しようとするはずだ。同盟軍と中国軍の遭遇《そうぐう》は頻繁《ひんぱん》に起こり、武力衝突の脅威が常に存在する。中国は軍事的征服を阻《はば》む強力な「封じ込め」の障壁に直面するが、その障壁を維持することは関係者全員に深刻なリスクをもたらすことになる。

また、思想的な競争もさらに激しくなるだろう。アメリカと中国は特定の技術や貿易体制を推進しているだけでなく、それぞれ異なった生活様式を推進しているのだ。もしアメリカが二〇二〇年代にうまくやれば、中国とその仲間たちが世界の民主国家群を弱体化させたり、独裁体制が台頭するような新時代を迎えることはないだろう。しかし、中国における人権侵害や人道に対する罪、そしてアメリカやその他の民主国家における人種差別の遺産といったガバナンスの問題をめぐる対立は、国際機関や注目度の高いサミット、そして公的な論争などで展開されていく。[*3]

ラテンアメリカでのクーデターや、サハラ以南での民主化の突然の進展は、政治危機であると同時に地政学的な危機となるだろう。政治戦も激化する。なぜなら中国共産党がアメリカや他の民主国家の内政に積極的に干渉し、それに対してワシントンは、中国国内および世界のデジタル権威主義の弱点を示そうとするからだ。

この争いにおいて、アメリカは他の対抗分野と同様に、比較的有利な立場になるかもしれない。だが効果的な「デンジャー・ゾーン戦略」の成果は、失敗した場合の帰結に比べればまだマシに見えるだけで、状況が困難であることに変わりはない。

二〇三〇年代の中国

新たな冷戦が展開する中で、中国はどうなっていくのだろうか？　中国の将来については不明な点が実に多いが、わかっていることの中には極めて重要な三つのことがある。これらをまとめて見ると、中国は二〇三〇年代までに経済的に低迷し、国際的にも嫌われ、政治的にも不安定になることが示されている。

第一の事実は、中国の人口危機の本格化だ。中国の長期的な人口問題についてはすでに第二章で述べたが、中期的にもその逼迫《ひっぱく》は深刻化するだろう。二〇二〇年から二〇三五年にかけて、中国は約七〇〇〇万人の労働年齢人口を失い、一億三〇〇〇万人の高齢者を獲得することになるからだ。[*4]

これはたった一五年の間にフランスと同じ規模の若年労働者、消費者および納税者の人口が減り、日本と同じ規模の高齢年金受給者が増えることを意味する。さらにその後、事態は本当に悪くなる。二〇三五年から二〇五〇年にかけて、中国はさらに一億五〇〇〇万人の労働者を失い、六四〇〇万人の高齢者を抱える。[*5]　したがって、早ければ二〇三〇年の時点で、中国は人口のピークを越えて崖《がけ》から落ちることになる。

中国の人口崩壊の速度と規模は、その経済を崩壊させる可能性が非常に高い。平均して、国は労働力増加率が一パーセンテージ・ポイント低下するごとに、GDP成長率の一パーセンテージ・ポイントを失う。ところが中国の労働力人口は成長が止まるだけでなく、二〇二〇年から二〇三五年にかけて七%近く縮小し、二〇三五年から二〇五〇年にかけてさらに一一%も減少するだろう。[*6]

その一方で、何千万人もの高齢者が貧困に陥らないようにするため、年金と医療への支出は二〇二〇年から二〇三五年にかけてGDP比で二倍（二〇五〇年には三倍）に増やす必要がある。[*7]国家規模で高齢者介護を提供する財政的・物理的負担は、中国の減少する健康な成人人口の貯金、専門能力の開発、消費を阻害すると予想される。

このような悲惨な状況――急速に高齢化が進み、さらに人口が減少していく――では「投資主導の成長」（現在の中国のモデル）も「消費主導の成長」（中国が採用しようとしている現在のアメリカのようなモデル）も、実質的に不可能だ。そうなると残る選択肢は「輸出主導の成長」であり、これはグローバル化が進んでいた一九九〇年代の中国にはうまくいった戦略だが、厳しい貿易障壁と軍事化されたシーレーンが存在する「バルカン化した世界」には不向きだ。

習近平は新興国市場に資金を大量投入することでこの問題を回避し、将来の中国の輸出需要を喚起《かんき》するのを期待している。しかしその期待は「第二の不都合な事実」によって打ち砕かれる。すなわち、中国の海外融資の多くは二〇三〇年頃に満期を迎え、その多くが返済不能に陥ることだ。

二〇一〇年代に中国政府は、世界の発展途上国の八〇％を含む一五〇カ国以上に対して、約一兆ドルの融資と企業間信用を提供した。[*8] これらの融資のほとんどは一五年以内に返済される予定だ。[*9] しかしそれらの多くは、実際は返済されないだろう。というのもそれらは、不安定な国での財政的に疑わしいプロジェクトの資金に使われたからだ。中国の一帯一路のパートナーの半分以上は、信用格付けで投資適格以下のレベルにある。[*10] 中国政府自身でさえ、南アジアで八〇％、東南アジアで五〇％、中央アジアで三〇％の投資価値を失うはずだと試算している。[*11]

二〇三〇年頃にこれら海外融資の大部分が返済期限を迎えたら、北京は数千億ドルの損失を償却《しょうきゃく》しなければならない。これは、深刻な景気後退に苦しむ中国の納税者たちを確実に激怒させる。もしくは、国民を養うのがやっとの、多くの一帯一路パートナー国の資産を差し押さえなければならない。中国共産党は自ら、国内外から軽蔑《けいべつ》されるように仕向けたのである。

この時に巻き起こるはずの罵詈雑言《ばりぞうごん》がどのようなものになるか、それが垣間見《かいまみ》えたのが二〇一七年だった。すなわちスリランカが債務不履行《さいむふりこう》に陥った後、中国がスリランカの港を押収《おうしゅう》したように見られたとき、ヒステリックな声が噴出《ふんしゅつ》した例を考えてみればよい。[*12]

中国の「債務《さいむ》の罠《わな》外交」を非難する声がニューデリーから東京、そしてワシントンにまで響き渡り、多くの国が一帯一路から脱退するか、契約の再交渉を要求し、いくつかのパートナー国で反中政権が台頭した。[*13] その一方で、中国国民は自国の半分以上の人々がまだ一日一〇ドル未満で暮らしているのに、なぜ政府は海外で何億元も投資して損失を出しているのかと疑問の声を上げたのだ。

二〇三〇年代初頭に中国が引き起こすであろう反発は、スリランカの大惨事よりはるかに深刻なものになる。なぜならさらに多くの国々と資金が巻き込まれることになるからだ。研究者たちは中国の最近の融資計画を、一九八〇年代のいわゆる「第三世界債務危機」を引き起こした好景気の「双子の片割《かたわ》れ」だと表現している。

この危機では何十カ国もの貧しい国々が何千億ドルもの融資不履行に陥り、経済成長ゼロの「失われた一〇年」に苦しんだ。[*14] この場合の「貸し手」（十数カ国の裕福な国の大手銀行たち）は、結局、彼らが持つ債務の三分の一を放棄《ほうき》しなければならなかった。債務不履行に陥った国々のほとんどは、ＩＭＦと世界銀行の「構造調整」（あるいは緊縮財政）計画を強いられ、発展途上国全体で暴動が起きた。

現在、中国はそれと同じ国々に、経済規模に占める割合で同じレベルの負債を負わせている。前回と唯一違うのは、銀行団ではなく中国政府が圧倒的に最大の貸し手であり、これから起こる混乱の後始末と外交問題に単独で対処しなければならない点だ。債権回収《さいけんかいしゅう》は厄介なビジネスだ。無謀《むぼう》な融資をしまくった結果、中国は友人とソフトパワーを失うかもしれない。

われわれが知る中国の第三の事実は、迫《せま》りくる後継者問題の危機に直面していることだ。*15

習近平は肥満の喫煙者《スモーカー》で、ストレスの多い仕事をしており、二〇三三年には八〇歳になる。今後数年間は統治するかもしれないが、数理計算上はそうではないことが示唆《しさ》される。

少なくとも中国共産党幹部たちは「ポスト習近平」時代を考え、遅くとも二〇三〇年代前半には後継者を巡る地位争いを始めるだろう。習近平は二〇一八年に終身国家主席に就任し、中国共産党の権力継承と合議制に関する数少ない規範《きはん》を破壊したため、権力闘争がどのように展開されるかは、習近平でさえわからないだろう。

したがって「デンジャー・ゾーン後」の中国政府の構成がどうなるかは不明だが、流動的なのは確実だ。現在の中国の最高統治機関である政治局常務委員会のメンバーは、二〇二七年には全員が定年で退任する。習近平の巨大な後釜《あとがま》になれるような若い指導者はいないし、そうでないことを証明する時間は急速に失われつつある。

習近平が引退を表明して後継者を指名したとしても——過去一〇〇年間に退位した独裁者の四一％が、退任後一年以内に追放、投獄、死亡していることを考えると、彼が躊躇《ちゅうちょ》するのも無理はないが——彼の弟子は政権の座につけない可能性が高い。*16

習近平の派閥は分裂し、習近平の政権下で処罰されたり脇《わき》に追いやられていた人々は、権力を取り戻そうとするかもしれない。習近平の権力は強大だが、それを獲得するために一〇〇万人以上の党幹部を粛清《しゅくせい》しなければならなかったことを忘れてはいけない。だからこそ習近平に取って代わろうと画策《かくさく》する、野心的で不満な幹部はいくらでもいるのだ。[17]
中国の歴史は「シームレスな権力移譲《いじょう》」を期待する人々にとり、ほとんど慰《なぐさ》めにならない。同国の歴史で完全に形式化され秩序立った指導者の継承《けいしょう》は、二〇一二年に習近平自身が就任したときの一度だけである。[18] 中国共産党以前の時代は全く安心できるものではなかった。四九の王朝にまたがる中国の二八二人の皇帝は、その半数が殺害され、打倒され、強制的に退位させられ、あるいは自殺を余儀《よぎ》なくされている。[19] 後継者を選んだのはその半数以下で、その大半は在位の最終年に決められ、後継者は政敵に殺害されるのを常《つね》とする。[20] 端的に言うと、中国の後継者問題は暴力的な混乱につながるのが一般的で、何が起きても不思議ではない。

警戒すべきは妨害者の登場

習近平の次に誰が中国を率《ひき》いるか、そしてどのように権力を獲得するかはわからないが、その人物が就任後に、経済の低迷、戦略的包囲網、そして願わくばアメリカの「デンジャー・ゾーン戦略」の成功などの構造的な力学に直面することはわかっている。これらの要因は、中国が取るべき道を必ずしも決定するものではないにせよ、二〇三〇年代以降に北京が取り得る選択肢の幅を形づくることになる。

おそらく最良のシナリオは、習近平の後任に「中国版ゴルバチョフ」が就任することだろう。つまり国内を自由化し、国外では撤退することを望む改革者である。ソ連は一九八〇年代初頭に、西側諸国に遅れをとっていることに気づいて焦《あせ》り始めた。しかし一九八〇年代半ばからは地政学的な圧力と国内の停滞に耐え切れなくなり、ソ連指導部はやむなく冷戦を終わらせることにした。ゴルバチョフ政権は、同盟国への援助と融資を削減し、アフガニスタンから敗退し、西側の企業に経済を開放し、国防費を削減し、五〇万の兵力を削減し、過酷《かこく》な軍備管理協定に応じた。強硬派たちもこの全面的な撤退に合意したのだ。

ソ連軍最高幹部のドミトリー・ヤゾフが後に語ったように、「われわれにはアメリカ、イギリス、ドイツ、フランス、イタリア、つまりNATO圏に結集するすべての繁栄する国家に対抗する力がなかった。われわれは終局を模索《もさく》しなければならず……絶えず交渉し、削減につぐ削減をしなければならなかった」のだ。[*21]

超大国の夢を失った中国も、台湾海峡での緊張緩和、南シナ海での国際法の遵守、民主主義政権への政治干渉の放棄《ほうき》、開かれた世界経済のルールに従うことなどを通じて「デタント」を模索するかもしれない。中国共産党は国内で政治・経済改革を行うかもしれないし、習近平時代の最悪の弾圧をやめることで、体制の若返りと中国共産党の正統性を復活させようとするかもしれない。その場合でも、もちろんアメリカと中国はある種の競争相手であり続けるだろうし、天安門広場には毛沢東の肖像画の隣に習近平の肖像画が飾られているかもしれない。だが中国共産党は、習近平の超修正主義的な政策からは脱却しているはずだ。

しかし、さらに可能性の高い別のシナリオもある。習近平の代わりに復讐《ふくしゅう》に燃えるストリートファイターの「中国版プーチン」が現れ、超大国への野心を抱く中国を、厄介な妨害者へと移行させるプロセスを指揮することだ。その場合、競争相手としての中国の脅威は急速に薄《うす》れるかもしれない。だがその代わりに、もはや自分たちが支配できない国際秩序を、わざと破壊することで自己防衛を図る「巨大ならず者国家」が出現するかもしれないのだ。

その場合、中国は、独自の帝国を築く代わりに、アメリカが主導する国際秩序にゲリラ戦を仕掛けるかもしれない。中国はあからさまな軍事的征服の脅しの代わりに「グレーゾーン」侵略を頻発《ひんぱつ》させ、準軍事組織や沿岸警備隊や漁船を派遣し、紛争地域の小さな区画に駐留させ、それによって発砲せずに実効支配の既成事実《きせいじじつ》を作り出そうとするだろう。あるいは技術のイノベーションによる支配を目指すことに代えて、技術の借用による支配に重点を置き、海外から先進技術を盗み、輸入し、大規模で迅速な展開を図るだろう。抑圧的な統治モデルを世界中に輸出する代わりに、代理勢力による政治戦を実行し、サイバー傭兵を密かに雇って、アメリカやその同盟国のネットワークを混乱させ、自由社会に混乱をもたらそうとするだろう。そして北京は国内での異論を厳しく取り締まり続ける。ウイグル族とチベット族は拘束《こうそく》され、不妊手術を受け、中国共産党の監視体制は絶えずアップグレードされて拡大していく。習近平以後の中国は、覇権《はけん》を握る見込みがなくなっても諦めることなく、優勢な同盟国たちとの長い戦いに腰を据《す》えて臨《のぞ》むだろう。

以上の二つのシナリオの実現の可能性が最も高いかもしれないが、もちろんこの二つだけが唯一の可能性ではない。中国は内戦状態に陥るかもしれないし、技術面での逆転劇が功《こう》を奏《そう》して、衰退から救われるかもしれない。あるいは全く予想外のことが起こる可能性もある。短期的な中国の脅威は否定できないが、長期的な中国の立場はまだ何も決まっていないのだ。

長期戦に備える

一つだけはっきりしているのは、アメリカが最大の危機の時期を脱したとしても、平穏な時期を迎えるわけではおそらくないことだ。むしろ依然《いぜん》としてアメリカの浮き沈みは激しく、衝撃や驚きに事欠《ことか》かない戦いを続けていくことになるだろう。二〇三〇年代には「デンジャー・ゾーン戦略」から、競争を続けていく持続可能なアプローチへとシフトする必要がある。この移行を行う際に、以下の一〇の原則が役に立つはずだ。

第一の原則は「**勝利とはどのようなものになるかを想像してみるとわかりやすい**」ことだ。逆に、今から一〇年後の敗北が一体どのようなものになるかを想像してみるとわかりやすい。中国に支配された台湾は地域拡大への足がかりとなり、地域全体が技術面で北京に手錠をかけられた状態となり、脆弱な民主国家群が独裁国家に圧倒されている世界だ。「デンジャー・ゾーン戦略」の最大の目標は、最悪の事態を防ぐこと、つまりこのようなディストピア的な未来が急速に実現するのを防ぐことにある。

しかしそれは、あくまで暫定的《ざんていてき》な目標であり、まだアメリカが決めていない目的地に向かう途中の通過点でしかない。アメリカは改革後の中国と何らかの形で「競争的な共存関係」を築きたいのだろうか？　つまりライバル的な要素は残るが、道義的なルールは確立されており、アメリカの重要な利益が守られている関係だ。アメリカは、冷戦時代のヨーロッパでソ連圏が崩壊するまで主流だったような、小さくて弱い中国の勢力圏と、大きくて活気のあるアメリカの勢力圏が共存しているようなシナリオを受け入れることができるだろうか？

それとも中国共産党は、アメリカ主導の世界に対する敵意がＤＮＡに刷《す》り込《こ》まれている、どうしようもない政権なのだろうか？　この場合、その政権が内部から改革する方向に進化するか、もしくはその権力が崩壊して外の世界を脅かさなくなるまで、競争を続けなければならないのだろうか？[*22]

これらの問題は大きいが、センシティブでもある。二〇二〇年代の慌《あわ》ただしい時代、われわれは中国の力を牽制《けんせい》することだけに集中したい。そしてもちろん「北京との競争がどのように終わるか」という問題は、アメリカが完全に答えられるものではない。中国の国民と指導者たちの選択が、それを決める最も重要な要素となるからだ。とはいえ、ここで様子見《ようすみ》のアプローチを採用するのも間違いだろう。

アメリカは「デンジャー・ゾーン戦略」を、中国との和解を模索する時期へと「橋渡しするアプローチ」にするのか、あるいは冷静になったライバルとの「共存共栄のアプローチ」にするのか、それとも救済不可能な政権に対する「長く厳しい作戦に至る前哨戦」とするのか、決める必要がある。

特定の政策を立案する際に、アメリカの政府関係者は、政策の目標が「改革後の中国を再び完全になった世界秩序に組み込むこと」なのか、それとも単に「政権交代するか、その力が劇的に衰《おとろ》えるまで、中国の拡大を阻止する障壁を維持すること」なのかを、わきまえていなければならない。

そして二〇三〇年代とそれ以降、アメリカが変化しつつある中国にどう対応するかは、アメリカが最終的にその関係をどのようなものにしたいと思っているかに左右される。もちろん短期的には、多忙な政府関係者にとって、長期的な対立関係の結末などという抽《ちゅう》象《しょう》的な質問を先送りにしたい願望は常にある。だが長期的に何を達成したいか明確にしなければ、アメリカは中国との競争で成功することはできないのだ。

第二の原則は「**ペースを合わせるのを学ぶ**」ことだ。どんな競争でも、持久力よりもスピードが重要になる時期、つまりその国が全力で走るしかないときがある。一九五〇年から五一年にかけての厳しい冬、アチソンは「やりすぎ」ということはないと述べたが、その理由は「これ以上ないほど危険が迫っている」からだった。[*23] だが、どの国も永遠に走り続けることはできない。

アチソンの経験がまさにこれを証明している。朝鮮戦争の遂行と大規模な軍備増強は、共産主義者の侵略に対する必要不可欠な対応だったが、人命と資金面で非常に高くついたために、アイゼンハワー政権は「安価で負担の少ない封じ込め」を模索《もさく》することにした。一九六〇年代、アメリカはベトナム戦争で自らに負担をかけすぎてしまったため、その後何年にもわたり心理的、戦略的、経済的な足止めを食った。「やりすぎの状態」が長く続くと、やがて十分な行動がとれなくなるものだ。

二〇二〇年代以降のことを考えれば、アメリカは持続可能な戦略を見出す必要がある。長引く競争の中で「あらゆる場所で競争するのではなく、競争する場所を選ぶ」ことは「あらゆる場所で効果的であること」を犠牲にする。アメリカは、北京の先を行くために全力を尽くすべき場所（例えば東アジアの軍事バランスと技術競争）と、そのエネルギーが報酬《ほうしゅう》に見合わない場所（例えば中央アジアとアフリカの一部）を見極めなければならない。

また、アメリカ政府関係者はいつダッシュし、いつスローダウンするか、考えるべきだ。迫り来る脆弱性を埋めるため、そして遅れをとったライバルを永久に抜き去るために、猛ダッシュすべきなのはどの瞬間か、そしてたとえ敵に一息つかせることになっても、われわれに戦略的な息抜きが必要なのはどの瞬間か、見極めるのだ。

たとえば台湾が「戦略的ヤマアラシ」と化し、デジタル権威主義の拡散が止まり、アメリカとその民主的なパートナーたちが世界の主要技術と標準を生み出す競争を明らかにリードできるようになれば、たとえ永続的な決意を要する競争の中にあっても、アメリカはささやかな休息のときを見出すことができるかもしれない。

しかし、この問題を解決できる「魔法の公式《マジック・フォーミュラ》」はない。アチソン自身も、北朝鮮が韓国を攻撃した際に、「予期せぬ挑戦が望まぬコミットメントを要求してくること」や「攻撃されたときに初めて重要性が明らかになるポジションがあること」を学んだ。だがワシントンが「ペース合わせ」の問題に真剣に取り組まなければ、アメリカは短期間のレースでは成功できても、長期間のレースでつまずくことになりかねない。

第三の原則は「**システムを作り上げることで、ライバル関係を形づくること**」だ。冷戦時代にアメリカが行った最も重要なことは、敵の破壊ではなく、友とともに達成した創造である。当時、モスクワの力は増大していたが、アメリカは粉々になった世界の残骸《ざんがい》から活力ある民主主義社会を構築することで、非共産主義国がソ連の強制に抵抗するのを助けたのだ。

アメリカは比較的自由で繁栄している友邦各国の実例を作ることで、ソ連の指導者や国民に向かって、自分たちの帝国の何が問題だったかを問うように仕向け、彼らに帝国を崩壊させる改革を行うように促した。アメリカは冷戦を、単に「二国間の闘争」として扱い、勝利したのではない。アメリカは味方についた国々のためにより良い世界を形成することで、ソ連の侵略を阻止し、そのイデオロギーを破綻《はたん》させたのだ。[*24]

一九四五年当時と比べれば、今日の世界はそれほど破壊されてはいないが、上記の点は変わっていない。現在、中国を後退させるにはサプライチェーンの寸断、インターネットの分断、東アジアの海上を武装地帯に変えるなど、多くの分断や分裂が必要となる。

アメリカはまた、世界貿易機関（WTO）のような自由主義的な国際秩序を管理する制度機関を、一時的に縮小せざるを得ないかもしれない。こうした組織は内部に入り込んだ独裁的なプレーヤーに対処できるようにはデザインされていないからだ。だが、さらにその先の将来を見据えた場合、アメリカが中国を抑制し、中国共産党の愚《おろ》かさを世界に知らしめることができるかどうかは、中国を取り巻く世界の強さ、強靭性《レジリエンス》、そしてその魅力に左右されることになるだろう。

そのためには、中国が腐敗させてしまった組織に代わる、新たな国際機関を創設する必要があるかもしれない。また、中国の侵略から世界を守るには、各国間の統合とダイナミズムを促進する貿易協定を結ぶ必要があるだろう。それにはクアッドのような取り決めを、様々な問題に対応する、さらに広範な協力のフォーラムに発展させ、すでに中国の挑戦に対応するために生まれている民主主義国の間のパートナーシップを徐々にリンクさせて、公式化することも必要かもしれない。[*25]

もちろん「民主国家による世界連合」は短期的には実現不可能だが、長期的な目標としては有用になりそうだ。つまり全般的に言って、このアプローチは冷戦時代の健全な国際秩序のビジョンを復活させることを意味する。それは志《こころざし》を同じくするすべての国に利益をもたらすが、そのビジョンを脅かす国々は参加させない。今後数十年の間に、中国のパワーを最も強力に抑制するのは、北京から脅威を受けている国同士の結びつきである。つまりワシントンは、今日から始めなければならない臨時のグループづくりを、今後長年にわたって続く多国間構築プロセスの始まりと見なすべきなのだ。

これは「ワシントンは中国に手加減すべきだ」ということではない。第四の原則は「**アメリカは非対称的に戦い、相手に容赦《ようしゃ》なくコストを押し付けなければならない**」のだ。競争関係が長引くほど、自国の強みを発揮し、敵の弱みを突くことが重要になる。

同様に、ライバルを破滅させる鍵は、自国の利益を守るために支払わなければならない代償を高くすることだ。長年にわたりペンタゴンの戦略家だったアンドリュー・マーシャルは、長引く闘争で成功する道は、敵にゲームに参加し続けるための法外《ほうがい》な支出をさせる一方で、その闘いを相対的に有利な領域へと誘導することだと述べている。[*26]

したがってアメリカは、長期的な技術戦争に不可欠な「ドルの世界支配」や、アメリカが北京に対する世界的な反感や反発を組織化できる「同盟ネットワーク」など、比類なき優位性をもたらす資産を促進すべきである。

また、中国のグローバルな取り組みに対しては、的《まと》を絞った対応を進めるべきだ。具体的には、あらゆる独裁政権からの支持や忠誠を求めて北京と争うのではなく、民主国家群と協力して質の高いインフラ整備計画を推進することなどが挙げられる。

さらに、中国からの投資や融資を評価・査定しようとする国に、技術的な専門知識を提供するなど、アメリカの小規模な投資が、より大規模で費用のかかる、中国共産党の試みを挫《くじ》くことが可能な分野を特定する必要がある。[*27] また、西太平洋を「(中国を自由に行動させない)無人海域《ノーマンズ・シー》」にしたり、技術的な遮断《しゃだん》を利用して、北京が高い代償を払って築いた企業や産業を破壊するなど、いわゆる「非対称的なコスト」を相手に課すのを可能にする戦略を追求すべきだ。[*28]

またアメリカは、高圧的で気難しい独裁者が犯しがちな失敗に乗じて、相手にコストを課すこともできる。北京には、わずかな批判に対しても激高し、中国の覇権がいかに不愉快なものかを他国に思い知らせてしまう悪癖《あくへき》がある。この傾向は習近平政権の性質から出たもので、この政権は「国内での独裁者のための行動」と「国外での同盟国のための行動」の区別がそもそもついていないようなのだ。たとえば二〇二一年、アメリカは欧州諸国や他の国々と協力して、中国の抑圧的な政府高官に多国間制裁を加えた結果、中国の行き過ぎた反応による外交的自傷行為《じしょうこうい》で利益を得ている。中国を戦略的にいらだたせるような微妙な行動は可能なのだ。

実際、あらゆる戦略は、中国共産党の「最大の弱点」につけ込むものでなければならない。その弱点とは、残忍で腐敗し、ますます全体主義的になっていく支配体制そのものだ。アメリカは中国の政権交代を追求する必要はない。北京が国内の権威を守るための努力に、さらに多くの費用を費やすようにさせればよいのだ。その政策には、政府のデジタル統制機構に「成りすまし」を仕込むこと、中国共産党政権によって虐待《ぎゃくたい》されている人々のために発言すること、抑圧的な政府当局者への多国間制裁を調整すること、冷戦時代に西側がソ連圏に対して行ったように、中国の情報エコシステムに公平なニュースを紹介する方法を見つけることなどが含まれるかもしれない。

また、中国共産党が両方とも得ようと熱望している、国内統制と国際的な威信との間にトレードオフ（一方を得れば他方を失う）関係を作り出すために、国際的なフォーラムで一貫して政権の最もひどい実態を常に晒《さら》すことなども考えられる。その結果として中国の暴発を招き、それで北京の大義名分が損なわれるなら、それもありだろう。中国が国内の課題と国際的な非難に対して過敏《かびん》になっていること自体が、アメリカが利用できる弱点なのだ。

第五の原則は「**自分の主な強みの源泉に対して継続的に投資すること**」だ。二〇二〇年代にアメリカは、中国の勢いを止めるため、あらゆる手段を講じることになる。長年かけて発展させてきた従来の能力は、そこであまり役に立たないかもしれない。「最初に家を整えよ」というアドバイスは、実際、単なる気休めでしかない。だがこのアドバイスは、戦いが長引けばそれだけ意味を持ってくる。

アメリカは冷戦終結に至るまで、何十年間にもわたって築いた同盟関係、最先端の軍事能力、さらにはアメリカ合衆国広報文化交流局のように、超大国間の対立を意識して作られた制度機関に投資してきた。レーガン政権時代の軍備増強で注目された先端兵器の多くは、一九五〇年代から六〇年代にかけて政府資金で行われた研究開発の成果だった。アメリカが同盟国を冷戦の最終段階の攻勢に動員可能だったのは、同盟関係に長期的にエネルギーを注いできたからだ。アメリカにはいざという時に使える「競争的な資本」があり、それは資金を長年にわたって蓄積してきた成果だ。

アメリカが中国に先行するには、この離《はな》れ業《わざ》を再びやってのけるしかない。つまり情報戦や経済戦など、新たな競争時代の中心となる分野の政府能力を再建し、アメリカの経済・軍事的優位を支えるイノベーションのエコシステムを再活性化し、同盟関係を継続的に整備して、彼らに要求される能力に十分な強度を持たせることだ。

とりわけ最後の点が重要である。アメリカの対中戦略には、北京に対抗するため自らリスクを負い、コストを吸収しなければならない友好国からの多くの支援が必要となるからだ。そのためには日々の同盟管理の仕事に精進《しょうじん》し、アメリカが同盟国の安全保障にコミットし続けていることを示し、技術、貿易、その他の問題に関して、アメリカの利益を促進しながら、同時に同盟国の利益も促進するアプローチを追求することが重要となる。

アメリカはトランプ大統領が思い描いていたような単独行動をとることもできるし、中国を打ち負かすこともできるだろう。だがその両方を同時に行うことはできない。ではアメリカ国内の機能不全への対処はどうすればいいのだろうか？　そこで第六の原則は「**新時代の世界的な緊張を利用して自己改善を促す**」となる。

アメリカの国内問題はリアルに実在する。そもそも自国の力の基盤である国内が崩壊してしまえば、中国の衰退から利益を得ることはできない。その修復のリストには、高技能労働者の増加を確かなものとする移民政策の見直しや、教育と基礎研究への再投資、国の物理的インフラ、デジタルインフラ双方の活性化、汚職の撲滅《ぼくめつ》、そして政治的閉塞から政治暴力に至る効果を持つ、政治の分極化の緩和などを含むだろう。[*29]

アメリカの民主制度の最大の強みは強靱性《レジリエンス》である。しかもこの国は、過去にも悪い時代を乗り越えてきた。資本主義と民主主義の将来が疑問視された一九三〇年代や、国内の動乱と暴力が横行した一九六〇年代後半などだ。国内の再活性化は、米中間の競争を戦い抜くために不可欠である。

幸いなことに、後者は前者を助けることができる。中国の脅威は、国民の団結をある日突然、魔法のように生み出すわけではないし、マッカーシズムの前例からわかるように、いかに強い民主国家であっても、恐怖の感情は自滅的な衝動《しょうどう》を加速させる。しかしアメリカはこれまで、外国の挑戦を国内の革新の原動力としてきた。たとえば第二次世界大戦時や冷戦時代に世界水準の大学システムを構築したし、モスクワとのイデオロギー的な戦いに勝つ手段として、それまで自分たちが行ってきた人種隔離政策を批判し改める政策変更に踏み切った。[*30]

中国の脅威は、まだ限定的ながらも、この伝統を復活させつつある。すでに、半導体や科学研究や開発への投資、またアメリカが中国共産党との競争がなかったとしても重視すべきだった、その他の分野への大規模な投資に拍車をかけている。[*31]平和な時代には不可能と思われる改革が、競争における厳しい要求の中で可能になることがある。国際的な危機が生み出す国内の機会を最大限に活用すれば、アメリカは再び頂上決戦に勝利することができるのだ。

第七の原則は「**交渉を競争の一環にすること**」である。これまで述べてきた原則は、衰退しつつも強大である国に対し、アメリカが優位性を保つためのものだ。そのためにアメリカは懸命に働き、タフにプレーする必要がある。同時に、相手側と対話することも必要になる。

もちろんアメリカの政府関係者は、今後数年のうちに外交上のブレークスルーが得られる確率がどれほどか、健全な懐疑心を持たねばならない。さらにいえば、秘密主義の敵対国との交渉は常に危《あや》ういものだ。中国を含む権威主義的な政権が、厳粛《げんしゅく》な国際協定に署名した後に、とんでもない裏切りを働いた記録は枚挙《まいきょ》にいとまがない。[32]あまり熱心に彼らと交渉しようとした国は、たいていの場合、代償を払うことになる。だがそれでも、アメリカがいかなる戦略的目標を選択しようと、慎重な交渉は重要な目的を果たすことができる。

気候変動の抑制から新技術の軍事利用の規制まで、いくつかの問題では米中協力が実を結ぶかもしれない。それがなければ、悲惨な結果になるかもしれないからだ。アメリカが今後一〇年間で、台湾海峡やその他のホットスポットで中国の思い通りにならないことを示し、無制限の威圧が中国共産党にとって逆効果になると示せれば、選択的に緊張を緩和《かんわ》させるチャンスが生まれるかもしれない。

交渉が競争の一環である最大の理由は、競争に勝つ手段になり得るからだ。交渉はライバルの意図を探り、自国と相容《あいい》れない目標に今も取り組んでいるかどうか見極める手段になる。賢明な外交を行えば、アメリカが対処に苦労している場面でも、厳しさを和らげることができる。

たとえば一九七〇年代の米ソ協議は、アメリカがベトナム戦争で疲弊《ひへい》している間、核軍拡競争に終止符を打つことになった。[33] 少なくとも、協力が可能かどうか定期的に探《さぐ》ることは「平和を妨《さまた》げているのはワシントンではない」と示すことで、アメリカ国民や同盟国に対して、引き続き競争が必要だと説得するのに役立つ。

真に変革的な外交、すなわち対立関係を終わらせるタイプの外交は、持続的で熾烈《しれつ》で競争的な戦略に先行するものではなく、むしろその後に行われるのが一般的だ。だが慎重な交渉は、アメリカにとって長い対立関係を少しでも安全で負担の少ないものにできるのであり、それによってアメリカが対立に勝利するまでの十分長い間、競争に留まることができるようになる。

第八の原則は、ロシアと中国という不倶戴天《ふぐたいてん》の関係に対する、反直感的なアプローチだ。**「ライバル同士を引き合わせることは、引き離す前触《まえぶ》れになるかもしれない」**である。ロシアと中国の友好関係が現状のまま進み、現在の指導者たちが居座《いすわ》りつづける限り、アメリカには中露関係の断絶を誘発するためできることはほとんどないだろう。一九七〇年代のアメリカの対中国交回復劇のように、巧みな外交でプーチンを習近平から引き離す、いわゆる「キッシンジャーの逆」をやってもうまくいかない。

現在の中露関係は、一九六〇年代後半のような爆発を起こすほど燃えやすいものではなく、地政学的譲歩によってモスクワの協力を買おうとしても、一番まずいタイミングで肝心の欧州を不安定にするだけだ。関連するアプローチに、NATOへのアメリカのコミットメントを大幅に削減してアジアにだけ集中するというものがあるが、これもアメリカのグローバルな態勢《たいせい》に大きな穴を開け、ワシントンが北京に対抗するために必要な、ヨーロッパの民主国家の多くを遠ざけてしまうことになる。

第二次世界大戦中と同様、アメリカは二つの危険なライバルを同時に封じ込めることに代わる、良い代替案を持たない場合がある。今日のワシントンが置かれている状況は、まさにこれに当てはまる。

「(中露の)二重の封じ込め」政策は、残念ながら短期的には中露の協力関係の緊密化を促すかもしれない。ところがここで、別の冷戦のエピソードが浮上してくる。一九五〇年代、ドワイト・アイゼンハワーは、最大限の圧力をかける政策のほうが、熱心に関与する政策よりも中ソ関係を断絶させる可能性が高いと考えていた。なぜなら圧力をかければ、同盟国の弱いほうである北京が、強いほうのモスクワに依存することになり、結果として両者とも不満になるからだ。アイゼンハワーのこの賭《か》けは正しかった。この、曖昧《あいまい》な同盟国間の緊張を利用するチャンスは、その関係が利益よりも痛みを生むことを実証した後にしか出てこないと考えたのだ。*34

過去と同様、現在でも、中露という世界的野心を持つ大陸規模の地政学的共謀者が永遠に親友であり続けるとは思えない。そして以前と同様、今日においても中露の相違《そうい》を強調する最良の方法は、より緊密な連携を奨励《しょうれい》することなのかもしれない。

アメリカとその同盟国が、モスクワの戦略の変更を促したいのであれば、まずロシアの地政学的修正主義と北京との連携政策が報《むく》われないこと、そして欧米との容認可能な関係の代わりに、不快な険呑《けんのん》さと野心に際限がない中国への依存度がますます高まることを証明しなければならないだろう。同様に、北京をモスクワから引き離すには、ロシアの侵略行為が独裁主義への恐怖を高めて世界中の民主国家を結集させ、習近平が覆《くつがえ》そうとしている秩序をかえって強化してしまい、結果的に中国の生存を困難にすることを、繰り返し示す必要があるかもしれない。

確かにこれは長期的な戦略である。長期化した対立関係は、長い間報《むく》われない賭《か》けを必要とすることもある。これは第九の原則「**オリーブの枝を伸ばす準備をしておく**」と関連する。

アメリカが大きな圧力をかけなければ、短期的であれ長期的であれ、競争に勝つことはできない。アメリカは北京の拡大への試みを繰り返し挫折《ざせつ》させ、現状変更をしようとする中国に大きな代償を払わせなければならない。だが競争の目的は、緊張状態をいつまでも維持することではなく、より良い現状維持を実現することだ。核武装した大国とのライバル関係という文脈でこれを実行するには、ソフトなタッチで強硬路線を維持することが最終的に必要になるかもしれない。

冷戦が静かな勝利で終わった理由の一つは、アメリカがいつイエスと答えるべきかを知っていたからだ。レーガンとブッシュの両政権は、一九八〇年代後半にソ連が撤退して改革を始めると、地政学的圧力の継続、ハイレベルの首脳会談、お互いへの公式な場での惜しみない賞賛《しょうさん》、外交・経済関係の改善の約束など、ニンジンと棍棒《こんぼう》を組み合わせて、改革を促した。

また、あらかじめ敵対関係を打破する可能性を検討しておくことも重要だ。リチャード・ニクソンが一九七〇年代初頭に対中関係を改善できたのは、彼が何年も前から、そのチャンスについて考えていたからだ。[*35] うまく封じ込められて制約を受けた中国は、ある時期から再びアメリカにとって脅威ではなくなるような変化をとげるかもしれない。アメリカはそのタイミングで警戒を解いてはならないが、建設的な動きを促すタイミングにはなる。

アメリカは、将来の中国が習近平の弟子、もしくは中国共産党内の改革派、あるいはまったく別の政権によって運営されるかどうかはさておき、「態度を軟化《なんか》させることが自国の安全保障に害を与える」のではなく、むしろ「軟化することが安全保障の役に立つ」と説得しなければならない。アメリカは中国に対して「攻撃的・抑圧的になることをやめれば、世界とより良い関係を享受《きょうじゅ》できる」と示す必要がある。

もしワシントンが今後一〇年と、それ以降も正しい行動をとれば、この競争に勝つことができるだろう。そのためには北京に、根本的な変化が必要だと納得させる強制力を持続させ、適切な時期にその変化が望ましいと納得させる融和策を提供することが必要になる。

最後の原則は「**我慢すること**」だ。「デンジャー・ゾーン」を乗り切るには、緊急性と行動の精神が必要だ。一九四〇年にフランクリン・ルーズヴェルトは「サインやシグナルは、スピードを求めている……フルスピードだ」と述べた。これはまさに世界のバランスが不安定だった時代の話だ。[*36] だがそれ以降の期間は、すぐに終わるとは限らない競争で、優位性を少しずつ積み重ねていくことが成果につながった。

長い道のりは本当に長くなるかもしれない。ケナンは一九四〇年代後半に、これから冷戦が一〇年から一五年ほど続くかもしれないと考えて「忍耐」を説いた。[*37] だが実際は四〇年以上かかった。この期間中に危険度は上がったり下がったりしたが、不快な重荷を負い、戦争と平和の間の曖昧な領域を乗り越えていく必要性は変わらなかった。「封じ込め」は目覚《めざ》ましい成果を上げたが、勝利の実現には何十年もかかったのだ。

今後一〇年間のアメリカの課題は、ピークに達した中国がその意思を世界に押しつけることを阻止することにある。しかし戦略面での緊急性の後には、戦略的忍耐が必要になる。「デンジャー・ゾーン」を乗り切ったアメリカが得られる報酬は、アメリカの優位性が一世代以上にわたって決定的になる、より長い闘争へのチケットになるのかもしれない。

それは迅速で決定的な解決策を好む国にとっては、ほんのわずかな褒賞《ほうしょう》にしか見えないかもしれない。しかし今日のアメリカと世界が直面している危機を考えれば、きっと勝ち取るに値《あたい》するものだ。

謝辞

本書は、ジョンズ・ホプキンス大学高等国際問題研究所《SAIS》、タフツ大学、そしてアメリカン・エンタープライズ研究所《AEI》という並外れた制度機関の支援により完成したものである。私たちが最初にこの本のプロジェクトのアイデアを思いついたのは、AEIの外交・防衛政策チームの定例セミナーであった。

また、この本は私たちの意見に激しく反対しながらも、その意見形成に協力してくれた多くの人々との交流から生まれたものである。以下は不完全なリストであるが、お世話になった人々の名前を記す。ジェームズ・ベイカー、サシャ・ベイカー、ジュード・ブランシェット、ジェイソン・ブレッシング、ダン・ブルーメンソール、タルン・シャブラ、ザック・クーパー、マッケンジー・イーグレン、ニコラス・エバースタッド、チャールズ・イーデル、フランシス・ギャヴィン、マイケル・グリーン、アドリ・グハ、トビー・ハーショウ、ジョナサン・ヒルマン、ロバート・ケーガン、コリン・カール、クロン・キッチェン、レベッカ・リスナー、オリアナ・スカイラー・マストロ、アンドリュー・メイ、エヴァン・モンゴメリー、ダニエレ・

プレッカ、ミラ・ラップ＝フーパー、イーライ・ラトナー、マリー・サロッテ、コリ・シェイク、アンドリュー・シアラー、デレク・シザーズ、デイヴィッド・シプレイ、ジェームズ・スタヴリディス、ジェームズ・スタインバーグ、ジェイク・サリバン、そしてトーマス・ライトの各氏である。

フォーリン・アフェアーズ誌のダン・クルツ＝フェラン、フォーリン・ポリシー誌のキャメロン・アバディ、アトランティック誌のプラシャント・ラオは、本書で取り上げたアイデアのいくつかを展開し始めた頃に、私たちが書いた記事を掲載してくれた。

ノートン社では、ジョン・グラスマンとヘレン・トマイデス、そしてエージェントのレイフ・サガリンが一緒に仕事するのを喜ばしいものにしてくれた。ジョン・ボルトン（あのジョン・ボルトンではない）、ザック・ウィーラー、エミリー・カーは、貴重な調査協力を行ってくれた。もちろん、最大の感謝を捧げるのは、これまでのプロジェクトと同様、このプロジェクトにおいても私たちにふさわしい以上の戦略的忍耐を示し続けてくれた家族である。

訳者あとがき

本書は二〇二二年八月にアメリカのW・W・ノートン社から刊行されたハル・ブランズ（Hal Brands）とマイケル・ベックリー（Michael Beckley）の共著、Danger Zone: The Coming Conflict with China に「日本語版まえがき」を加えた、全訳日本語版である。

二〇一七年一月にトランプ政権が誕生する前後から、国際政治の専門家たちは「世界秩序が変化しつつある」「ロシアと中国がアメリカの一極状態に本格的に挑戦し始めた」「リベラル国際秩序が崩壊した」とする言説を専門誌などに発表して議論するようになったが、この米中「新冷戦」は、二〇一八年の一〇月にトランプ政権の副大統領であったマイク・ペンスがアメリカの首都ワシントンDCにあるハドソン研究所で行った、いわゆる「ペンス演説」によって公式に始まったとする報道や言説が多い。

この前後から、成長し続ける中国はどのような行動をとるようになるのかについて、アメリカではいくつかの想定すべきモデルが提示されていた。たとえば日本でも訳書が出て有名になったものとしては、中国には長期戦略があり、米中の争いは長期化すると論じたハドソン研究所のマイケル・ピルズベリーによる『China 2049』（日経BP、二〇一五年）がある。さらにはハーバード大学のグレアム・アリソン教授による『米中衝突前夜』（ダイヤモンド社、二〇一七年）も米中戦争の衝突の危険性を豊富な歴史の例から導き出してそれを回避するにはどうしたら良いかを論じたものだ。余談《よだん》だが、本稿の執筆者である奥山が監訳したエドワード・ルトワックの『自滅する中国』も同じテーマから「中国は自滅的な行動を起こし続けるために覇権《はけん》国にはなれない」と論じたものである。

本書はそのような二〇一〇年代に出てきた議論を受け継ぐ中で最新のものであり、米中関係の将来を予測し、それに対してアメリカはどうするべきなのかの明確な大戦略を提示したことで、発売当初から大きな話題になったものだが、執筆した原著者たちや本書の位置づけに関しては日本ではまだ十分に知られていない部分が多いため、本稿では最初に彼らの経歴などを紹介しながら、本書の内容について簡潔《かんけつ》な解説を行っていきたい。

まず一人目の著者であるハル・ブランズは、現在ジョンズ・ホプキンス大学の高等国際問題研究大学院（SAIS）の教授であり、スタンフォード大学やイエール大学で歴史学の学位を修めており、主に冷戦史の分野からアメリカの大戦略を見るアプローチを得意とする学者だ。彼はまたアメリカ企業公共政策研究所（AEI）で上級研究員を務めるほか、オバマ政権から国防総省のアドバイザーを務めており、現在のバイデン政権でも国務省の外交政策のアドバイザーを務めている。専門の冷戦史に関するテーマだけでなく、大戦略についての著作も含めてすでに一〇冊ほどの編著を記しており、ブルームバーグのコラムニストとしても積極的に意見記事を発表している。

もう一人の著者であるマイケル・ベックリーは、現在タフツ大学の准教授を務めており、以前にはハーバード大学のケネディ行政学院でも研究していた人物だ。非常勤ながらブランズと同じくAEIの研究フェローをつとめており、過去には国防省のアドバイザーやランド研究所、そしてカーネギー国際平和財団などのシンクタンクでも働いた経験を持っている。専門は大国政治の歴史であり、豊富なデータを使いながら大国の行動を解読するのを得意としている。著作は本書の前のデビュー作（Unrivaled, 二〇一八年）があるだけであり、そこではなぜアメリカという超大国にとってかわるようなライバルが出現しないのかを説明している。

本書の「謝辞」でも触れられている通り、この本は両者が所属するAEIが開催したセミナーで意見交換していた際に意気投合したことがきっかけで生まれたものだ。

本書の内容や主張は極めてシンプルである。それは、米中間には二〇二〇年代に危機が迫ることになるが、それは中国が台頭し続けるからではなく、むしろ衰退し始めたことを認識して焦《あせ》った北京が無謀《むぼう》な軍事的な賭《か》けに出るからであり、その可能性が高まる危険な時期が今後一〇年ほど続くという。そしてこの「危険な時期」を、本書のタイトルにもなっている「デンジャー・ゾーン」と呼ぶ。

では具体的に本書全体の流れを説明しよう。本書は厳密には学術専門書ではないのだが、有識者への政策提言という色彩が濃く、シンクタンクで明晰《めいせき》な文章を書く訓練を受けているせいか、実に論理的かつ読みやすい文体のものだ。全部で八章もあるのだが、論点が明快で文章もうまいため、あっさりと読みこなせる。したがって翻訳されたものが読みにくいと感じるのであれば、それは訳者である私の力不足のためである。

序章では、二〇二四年に行われる次の大統領選挙後に前回と同じような米国内の不正選挙騒ぎが起こっている中で台湾有事が勃発《ぼっぱつ》するというシナリオを紹介しつつ、実は焦った習近平が冒険的な行動に出る可能性に対して、米国の備えは遅すぎるのではと疑問を呈《てい》するところから始まる。

第一章では中国にはアメリカを押しのけて世界でナンバーワンになる野望があること、中国には主に四つの大戦略の原則があることを紹介しながら分析する。第二章では中国がこれまで台頭できてきたいくつかの要因が、近年になって阻害《そがい》要因に変わり、実は中国の国力がピークを迎えてしまったと論じる。

第三章では中国の台頭に警戒する周辺の国々が互いに「反中同盟」をつくるような動きが出始めており、それによって恵まれていた安全保障環境が北京にとって厳しいものに変わりつつある事態を「戦略面での休暇の終わり」という印象的な言葉で説明している。この反中同盟の動きをしている国の中には、アメリカだけでなくわが日本も入っていることは言うまでもない。

第四章では現在の中国の焦りを考える上で参考になる過去の実例を紹介するのだが、ここで引き合いに出されるのが第一次世界大戦直前のドイツ帝国と、第二次世界大戦前の大日本帝国であり、いずれも当時は経済的に行き詰まりを感じるとともに戦略的に追い込まれていたことが指摘される。

第五章では過激な反応を示す中国側が軍事的に仕掛ける先として、日本やフィリピンを取り挙げており、第六章ではそれに対処する「デンジャー・ゾーン戦略」の原則を考えるために参考になる、冷戦開始時のトルーマン政権の鮮やかな動きを見ていく。ここで得られる教訓は、長い闘争の初期にその後の条件が決まるということであり、その点でトルーマン大統領は見事な動きをしたとされる。

第七章ではさらに米国に必要な「デンジャー・ゾーン戦略」の詳細なステップを見ていき、最後の第八章では「デンジャー・ゾーン」の時期を越えた先にも米中の対立状況は続くことを予測してまとめている。

このように、東アジアの現状とあわせて見ると実にタイムリーな本だが、本書の特徴を考えてみると、注目点としては以下の三つの点に集約できると考えられる。

第一に、本書が今後の中国の対外行動についての一つのモデルを実に明快に描ききっていることだ。著者たちは前述のアリソンらが提出した「覇権国vs.台頭する大国」の構造が国際政治に大きなストレスをもたらして大戦争につながるとするモデルは明確に誤っているとして、実際には「台頭する大国がピークを迎え、そこから落ち始めるときに焦りを感じて冒険主義的な危険な行動に走る」というモデルを提示する。そしてこのような大国を「ピーキングパワー」と名付け、まさに中国はこの「焦り始めた国」であると指摘する。

この「焦り」の原因についても、ブランズらは明確に二つの要素があるとして「経済の停滞」と「戦略的な包囲」であるという。過去の大国たちはまさにこのような例から冒険的な行動をしてきたのであり、その実例として第一次世界大戦前のドイツ帝国と、第二次世界大戦前の大日本帝国を主な例に挙げて検証するのだ。

本書の原書が出版されてからまだ日は浅いのだが、経済面ではゼロコロナ政策の影響や、不動産バブル崩壊の影響もあってか、中国経済は相当に落ち込んでいることが判明しつつあるし、二〇二二年八月のナンシー・ペロシ米下院議長の台湾訪問の際の中国軍のアグレッシブな態度を見るにつけ、事態は本書の想定した通りに動いていているように感じる。

第二に、それに対しアメリカが取るべき対策について、彼らはトルーマン政権が大胆に開始した冷戦初期の「封じ込め」政策への流れを参考にすべきであるとしている点だ。お読みいただければ実に明白だが、原著者たちは今回の米中による「新冷戦」も長期化するとは見ているのだが、その前に「デンジャー・ゾーン」となる最初の短距離走の一〇年間があり、そこで素早く大胆な政策を打っておかないとその後の長期戦の構造が決まってしまうとして、トルーマン政権が欧州の経済再建の計画として出した「マーシャル・プラン」

や北大西洋条約機構（NATO）の創設などを引き合いに出すのだ。

このような歴史のアナロジーを使った議論はまさに冷戦史を専門とするブランズの本領発揮であり、その中身は本書の第六章で雄弁に語られている。ただし現在は一九四〇年代とは根本的に状況が違うため、果たしてこのような冷戦初期のトルーマン政権の行動から導き出され、第七章で提案されるいわゆる「デンジャー・ゾーン戦略」が本当に賢明なものなのかについての検証が常になされるべきであることは言うまでもない。

第三に、日本への課題をこれ以上ないほど明確に突きつけている点だ。本書はもちろん全般的にいえばアメリカの戦略家による対中戦略の提案書だが、その底には民主主義の同盟国である日本に対しても、対中戦略において大きな役割を果たすことへの期待が見てとれる。参考までに似たような対中意識から書かれたものとして、現在日経BPで邦訳が準備中とされるエルブリッジ・コルビーの『拒否のための戦略』（Strategy of Denial, 二〇二一年）があるが、こちらではさらに踏み込んで、日本の防衛費は三％に上げるくらいの覚悟がなければ本当に中国を抑止できないという意見も出ていることは注目すべきであろう。

ただしわれわれが取り違えてはならないのは、アメリカの対中戦略にどう付き合うのか、という問題意識よりも、本書で描かれている通り、焦って暴走を始める中国に対して地理的にすぐ隣にいる日本が紛争（台湾有事など）に巻き込まれないわけがなく、アメリカに言われるまでもなく最悪の事態に備えなければならないという点だ。なぜそれが重要なのかは、本書でも示唆《しさ》されているように、われわれには「アメリカが力を落とし、中国が覇権を握った世界で生きていきたいのか」という根本的な価値観の問題が今回の新冷戦でも問われているからだ。

もちろん本書に対してはその鮮やかな語り口と明確な意見の主張から、賛同と同じくらい批判的な議論も提起されている。ネット上の書評などを見ても「提案がタカ派すぎる」というものから「本当にこのモデルは正しいのか」「中国経済はそこまで劇的に沈むのか」「もしこの大戦略が正しかったとして、果たして実行できるのか」などが挙げられる。

いずれにせよ、台湾有事をはじめとする東アジアにおける米中衝突の危機が迫っており、日本の増大する国防費の財源に関する議論が高まる昨今、しかも今後の世界政治の変革の中心地である東アジアで生きるわれわれにとって、この二〇〇〇年に成人に達したいわゆる「ミレニアル世代」に属する若き戦略家たちの提言は、決して聞き逃すことができないものであると言えよう。

★

最後に個人的なことを述べさせていただきたい。まずは「日本語版のまえがき」をわざわざ執筆してくれた原著者の両者には感謝したい。期待した以上の文章を、律儀にも締め切り前に送ってくれたことは頭の下がる思いである。また、編集者である飛鳥新社の工藤博海氏には、この素晴らしい本の翻訳を勧めてくれた他に、今回も仕事の遅い私に付き合っていただき、大変なご迷惑をおかけした。あらためて記して感謝したい。

奥山真司

二〇二二年一二月一二日

は香港の政治体制を変えないという約束を破った．

33. John Maurer, "The Forgotten Side of Arms Control: Enhancing U.S. Advantage, Offsetting Enemy Strengths," *War on the Rocks*, June 27, 2018.
34. 以下を参照，John Lewis Gaddis, *The Long Peace: Inquiries into the History of the Cold War* (New York: Oxford University Press, 1986)『ロング・ピース』．
35. 以下を参照，Richard Nixon, "Asia After Vietnam," *Foreign Affairs*, October 1967.
36. Franklin Roosevelt, Address at Charlottesville, Virginia, June 10, 1940, https://www.mtholyoke.edu/acad/intrel/WorldWar2/fdr19.htm.
37. X (Kennan), "The Sources of Soviet Conduct," *Foreign Affairs*, July 1947, 566–582.

8. Sebastian Horn, Carmen M. Reinhart, and Christoph Trebesch, "China's Overseas Lending." NBER Working Paper 26050 (Cambridge, MA: National Bureau of Economic Research, 2021).
9. Horn, Reinhart, and Trebesch, "China's Overseas Lending."
10. Christopher Miller, "One Belt, One Road, One Bluff," *American Interest*, May 23, 2017.
11. "The Belt-and-Road Express," *The Economist*, May 4, 2017.
12. Lee Jones and Shahar Hameiri, "Debunking the Myth of 'Debt-trap Diplomacy': How Recipient Countries Shape China's Belt and Road Initiative," Chatham House Research Paper, August 19, 2020.
13. Tanner Greer, "The Belt and Road Strategy Has Backfired on Xi," *Palladium Magazine*, October 24, 2020.
14. Horn, Reinhart, and Trebesch, "China's Overseas Lending," 33–34.
15. 起こりうる結果についての優れた分析は以下を参照 , Richard McGregor and Jude Blanchette, "After Xi: Future Scenarios for Leadership Succession in Post-Xi Jinping Era," a Joint Report of the CSIS Freeman Chair in China Studies and the Lowy Institute, April 22, 2021.
16. Alexandre Debs and H.E. Goemans, "Regime Type, the Fate of Leaders, and War," *American Political Science Review*, 104, no. 3 (August 2010), table 2.
17. Richard McGregor, *Xi Jinping: The Backlash* (Melbourne: Penguin, 2019).
18. 1990 年代の鄧小平から江沢民への移行は , 完全に形式的なものではなかった . 鄧小平は 1989 年に「引退」した後も , 中国ブリッジ（トランプゲーム）協会会長が唯一の公式役職でありながら , 何年にもわたって裏からの支配を続けた .2000 年代初頭の江沢民から胡錦濤への移行も , 完全に整然としたものではなかった . 江沢民は 2002 年に党総書記と国家主席を胡錦濤に譲ったが , 中央軍事委員会主席（中国の最高司令官に相当）の地位は 2004 年まで維持した . これはたとえれば , ブッシュ（父）がクリントン大統領就任の 2 年後まで米軍の最高司令官であり続けたようなものである .
19. Yuhua Wang, "Can the Chinese Communist Party Learn from Chinese Emperors?" in *The China Questions: Critical Insights into a Rising Power*, ed. Jennifer Rudolph and Michael Szonyi (Cambridge, MA: Harvard University Press, 2018), chap. 7, table 1『中国の何が問題か ?』ジェニファー・ルドルフ , マイケル・ソーニ編 , 朝倉和子訳 , 藤原書店 ,2021.
20. Wang, "Can the Chinese Communist Party Learn from Chinese Emperors?"
21. 以下より引用 , Stephen G. Brooks and William C. Wohlforth, "Power, Globalization, and the End of the Cold War: Reevaluating a Landmark Case for Ideas," *International Security*, 25, no. 3 (Winter 2000–2001): 46.
22. このパラグラフは以下の分析を引用している , Hal Brands and Zack Cooper, "America Will Only Beat China When Its Regime Fails," *Foreign Policy*, March 11, 2021, これはタイトルから想像されるよりも , 内容にもっとニュアンスのある記事となっている . さらに , このセクションで議論される原則のいくつかは , 下記より引用されている , Hal Brands, *The Twilight Struggle: What the Cold War Teaches Us About Great-Power Rivalry Today* (New Haven, CT: Yale University Press, 2022).
23. Memorandum for the President, December 15, 1950, Box 136, Paul Nitze Papers, Library of Congress.
24. Robert Kagan, *The Jungle Grows Back: America and Our Imperiled World* (New York: Knopf, 2018).
25. Hal Brands and Charles Edel, "A Grand Strategy of Democratic Solidarity," *Washington Quarterly*, March 2021.
26. Andrew Marshall, "Long-Term Competition with the Soviets: A Framework for Strategic Analysis," RAND Corporation, April 1972.
27. Rush Doshi, *The Long Game: China's Grand Strategy to Displace the American Order* (Oxford: Oxford University Press, 2021).
28. このフレーズについては以下を参照 , Eugene Gholz, Benjamin Friedman, and Enea Gjoza, "Defensive Defense: A Better Way to Protect U.S. Allies in Asia," *Washington Quarterly*, Winter 2020.
29. 痛烈な分析は以下を参照 , Suzanne Mettler and Robert Lieberman, "The Fragile Republic," *Foreign Affairs*, September/October 2020.
30. Thomas Borstelmann, *The Cold War and the Color Line: American Race Relations in the Global Arena* (Cambridge, MA: Harvard University Press, 2003).
31. "Congress Is Set to Make a Down-Payment on Innovation in America," *The Economist*, June 5, 2021.
32. 以下を参照 , Eric Croddy, "China's Role in the Chemical and Biological Disarmament Regimes," *Nonproliferation Review*, 9, no. 1 (Spring 2002): 16–47. 最近では , 中国が香港を再吸収した後 ,50 年間

2021.
59. このオプションの公正な評価については以下を参照, Sean Mirski, "Stranglehold: The Context, Conduct, and Consequences of an American Naval Blockade of China," *Journal of Strategic Studies*, 36, no. 3 (July 2013): 385–421.
60. 以下を参照, Michele Flournoy, "How to Prevent a War in Asia," *Foreign Affairs*, June 18, 2020.
61. Elbridge Colby, "If You Want Peace, Prepare for Nuclear War: A Strategy for the New Great-Power Rivalry," *Foreign Affairs*, November/December 2018.
62. Joshua Rovner, "A Long War in the East: Doctrine, Diplomacy, and the Prospects for a Protracted Sino-American Conflict," *Diplomacy & Statecraft*, 29, no. 1 (January 2018): 129–142.
63. Maria Sheahan and Sarah Marsh, "Germany to Increase Defence Spending in Response to 'Putin's War'—Sholz," Reuters, February 27, 2022.
64. David Shlapak and Michael Johnson, *Reinforcing Deterrence on NATO's Eastern Flank: Wargaming the Defense of the Baltics* (Santa Monica: RAND Corporation, 2016).
65. 以下を参照, Edward Fishman and Chris Miller, "The New Russian Sanctions Playbook: Deterrence Is Out, and Economic Attrition Is In," *Foreign Affairs*, February 28, 2022.
66. Hal Brands and Evan Braden Montgomery, "One War Is Not Enough: Strategy and Force Planning for Great-Power Competition," *Texas National Security Review*, 3, no. 2 (Spring 2020): 80–92.
67. バイデン政権関係者が指摘する通り, 以下を参照, White House, "Press Briefing by Press Secretary Jen Psaki and National Security Advisor Jake Sullivan, February 11, 2022."
68. Kori Schake, "Lost at Sea: The Dangerous Decline of American Naval Power," *Foreign Affairs*, March/April 2022; John Lewis Gaddis, *Strategies of Containment: A Critical Appraisal of American National Security Policy during the Cold War* (New York: Oxford University Press, 2005), 393–394.
69. 引用元は以下, Hal Brands, *The Twilight Struggle: What the Cold War Teaches Us About Great-Power Rivalry Today* (New Haven: Yale University Press, 2022), 43.
70. たとえば以下を参照, "Chinese Engineers Killed in Pakistan Bus Blast," BBC.com, July 14, 2021.
71.「偶発的戦争」のレアケースについては以下を参照, Marc Trachtenberg, "The 'Accidental War' Question," paper presented at Center for International Security and Cooperation, March 2000, http://www.sscnet.ucla.edu/polisci/faculty/trachtenberg/cv/inadvertent.pdf.
72. Jacob Stokes and Zack Cooper, "Thinking Strategically About Sino-American Crisis Management Mechanisms," *War on the Rocks*, September 30, 2020.
73. Kevin Rudd, "Short of War: How to Keep U.S.-Chinese Confrontation from Ending in Calamity," *Foreign Affairs*, March/April 2021.
74. この点についてオバマ政権が非難され, また現在でもオバマ政権の元政府高官が時折弁護の主張をしていることは, 以下を参照, Alex Ward, "Ben Rhodes is Worried About Joe Biden's Climate Change and China Policies," *Vox*, April 23, 2021.

第 8 章 . その後の状況

1. John F. Kennedy, Television and Radio Interview, December 17, 1962, American Presidency Project (APP).
2. David Brunnstrom and Humeyra Pamuk, "China, U.S. Can Coexist in Peace but Challenge is Enormous—White House," Reuters, July 6, 2021.
3. 2021 年 3 月, 米中当局者間のアラスカ・アンカレッジ会談で起きた通りである.
4. United Nations, Department of Economic and Social Affairs, Population Division, *World Population Prospects: The 2019 Revision*, Online ed., rev. 1 (New York: United Nations, 2019).
5. United Nations, Department of Economic and Social Affairs, Population Division, *World Population Prospects: The 2019 Revision.*
6. United Nations, Department of Economic and Social Affairs, Population Division, *World Population Prospects: The 2019 Revision*; Ruchir Sharma, "The Demographics of Stagnation: Why People Matter for Economic Growth," *Foreign Affairs*, March/April 2016, 18–24.
7. Yong Cai, Wang Feng, and Ke Shen, "Fiscal Implications of Population Aging and Social Sector Expenditure in China," *Population and Development Review*, 44, no. 4 (December 2018): 811–831.

and Capture: Implications for Developing Countries (New York: United Nations Publishing, 2019), 2.
36. Tom Wheeler, *Time for a U.S.—EU Digital Alliance* (Washington, DC: Brookings Institution, 2021).
37. Jonathan Hillman, *The Digital Silk Road: China's Quest to Wire the World and Win the Future* (New York: Harper Business, 2021), 226–233.「揺れる国」のコンセプトについては以下を参照, Richard Fontaine and Daniel Kliman, "International Order and Global Swing States," *Washington Quarterly*, Winter 2013.
38. Hillman, *Digital Silk Road*, 228.
39. "Chinese Smartphone Brands Expanded India Market Share in 2020," Reuters, January 27, 2021.
40. James Rogers, Andrew Foxall, Matthew Henderson, and Sam Armstrong, *Breaking the China Supply Chain: How the "Five Eyes" Can Decouple from Strategic Dependency* (London: The Henry Jackson Society, 2020), 26.
41. Rajesh Roy, "India Offers $1 Billion in Perks to Entice Computer Makers from China," *Wall Street Journal*, February 24, 2021.
42. Rush Doshi, "Taiwan's Election Is a Test Run for Beijing's Worldwide Propaganda Strategy," *Foreign Affairs*, January 9, 2020.
43. Michael Crowley, "Biden Backs Taiwan, but Some Call for a Clearer Warning to China," *New York Times*, April 8, 2021.
44. Michael Mazza, "Shoot It Straight on Taiwan," *War on the Rocks*, August 3, 2021.
45. たとえば以下を参照, Eric Sayers and Abe Denmark, "Countering China's Military Challenge, Today," *Defense One*, April 20, 2021.
46. Michael A. Hunzeker, "Taiwan's Defense Plans Are Going Off the Rails," *War on the Rocks*, November 18, 2021.
47. Captain R. Robinson Harris, U.S. Navy (Ret.), Andrew Kerr, Kenneth Adams, et al., "Converting Merchant Ships to Missile Ships for the Win," *Proceedings* (U.S. Naval Institute), January 2019.
48. 基本的な非対称性については以下を参照, Elbridge Colby, *The Strategy of Denial: American Defense in an Age of Great-Power Conflict* (New Haven, CT: Yale University Press, 2021).
49. Sulmann Wasif Khan, *Haunted by Chaos: China's Grand Strategy from Mao Zedong to Xi Jinping* (Cambridge, MA: Harvard University Press, 2018); Burgess Laird, "War Control: Chinese Writings on the Control of Escalation in Crisis and Conflict," Center for a New American Security, 2017; Alison Kaufman and Daniel Hartnett, "Managing Conflict: Examining Recent PLA Writings on Escalation Control," Center for Naval Analysis, 2016.
50. Jeffrey Engstrom, *Systems Confrontation and System Destruction Warfare: How the Chinese People's Liberation Army Seeks to Wage Modern Warfare* (Santa Monica, CA: RAND Corporation, 2018).
51. Chris Dougherty, *More than Half the Battle: Information and Command in a New American Way of War*, Center for a New American Security, May 2021.
52. Lee His-min and Eric Lee, "The Threat of China Invading Taiwan Is Growing Every Day. What the U.S. Can Do to Stop It," NBC News, July 9, 2021; James Timbie, "Large Numbers of Small Things: A Porcupine Strategy to Use Technology to Make Taiwan a Harder Target Against Invasion," Hoover Institution, September 2021.
53. 以下を参照, Dan Blumenthal, "The U.S.-Taiwan Relationship Needs Alliance Management," *National Interest*, December 18, 2021.
54. Abhijnan Rej, "Marine Raiders Arrive in Taiwan to Train Taiwanese Marines," *The Diplomat*, November 11, 2020.
55. 以下を参照, Michael Chase, Jeffrey Engstrom, Tai Ming Cheung, et al., *China's Incomplete Military Transformation: Assessing the Weaknesses of the People's Liberation Army (PLA)* (Santa Monica, CA: RAND Corporation, 2015).
56. "China Threatens to Nuke Japan over Possible Taiwan Intervention," *Times of India*, July 20, 2021.
57. この点については以下でより詳しく論じている, Hal Brands, "Europe Needs to Embrace China's Threat to the World," Bloomberg Opinion, April 29, 2021; Franz-Stefan Gady, "How Europe Can Help Defend Taiwan," *Nikkei Asia*, December 17, 2021.
58. たとえば以下を参照, Lonnie Henley, "PLA Operational Concepts and Centers of Gravity in a Taiwan Conflict," Testimony Before the U.S.-China Economic and Security Review Commission, February

Optimistic Take on COVID and World Order," in *COVID-19 and World Order: The Future of Conflict, Competition, and Cooperation*, ed. Hal Brands and Francis J. Gavin (Baltimore: Johns Hopkins University Press, 2020), chap. 16.
11. Melissa Flagg, "Global R&D and a New Era of Alliances," Center for Security and Emerging Technology, June 2020, https://cset.georgetown.edu/research/global-rd-and-a-new-era-of-alliances/.
12. これは Aaron Friedberg も指摘した点だ, "An Answer to Aggression: How to Push Back Against Beijing," *Foreign Affairs*, September/October 2020.
13. Daniel Kliman, Ben Fitzgerald, Kristine Lee, and Joshua Fitt, "Forging an Alliance Innovation Base," Center for a New American Security, March 29, 2020.
14. この点については下記を参照, Derek Scissors, "The Most Important Number for China Policy," *AEIdeas*, January 3, 2022.
15. 重要な技術のリストは以下を参照, Emma Rafaelof, "Unfinished Business: Export Control and Foreign Investment Reforms," U.S.-China Economic and Security Review Commission, Issue Brief, June 1, 2021.
16. Rob Schmitz, "U.S. Pressures Europe to Find Alternatives to Huawei," NPR. org, February 15, 2020.
17. Stu Woo and Alexandra Wexler, "U.S.-China Tech Fight Opens New Front in Ethiopia," *Wall Street Journal*, May 22, 2021.
18. Brarini Chakraborty, "China Hints at Denying America Life-saving Coronavirus Drugs," Fox News, March 13, 2020.
19. Ivan Krastev and Mark Leonard, *The Crisis of American Power: How Europeans See Biden's America* (Berlin: European Council on Foreign Relations, 2021).
20. "Mapping the Future of U.S. China Policy," Center for Strategic and International Studies, https://chinasurvey.csis.org, accessed August 2021.
21. James A. Lewis, Testimony Before the Senate Committee on Commerce, Science and Transportation, "5G Supply Chain Security: Threats and Solutions," March 4, 2020.
22. このパラグラフの統計データは以下を参照, Michael Beckley, *Unrivaled: Why America Will Remain the World's Sole Superpower* (Ithaca, NY: Cornell University Press, 2018), chap. 3.
23. Chris Miller, "Weaponizing Advanced Technology: The Lithography Industry and America's Assault on Huawei," paper prepared for the America in the World Consortium, June 2021.
24. Miller, "Weaponizing Advanced Technology."
25. Derek Scissors, "Partial Decoupling from China: A Brief Guide," American Enterprise Institute, July 2020.
26. Federal Bureau of Investigation, "China: The Risk to Academia," July 2019.
27. たとえばアメリカのサイバー部隊はネットワークを保護するためにこの方法を採用している. 以下を参照, Erica Borghard, "Operationalizing Defend Forward: How the Concept Works to Change Adversary Behavior," *Lawfare*, March 12, 2020.
28. この点については以下を参照, Thomas Wright, "Joe Biden Worries that China Might Win," *The Atlantic*, June 9, 2021; Jacob Helberg, *The Wires of War: Technology and the Global Struggle for Power* (New York: Simon & Schuster, 2021).
29. このパラグラフの引用の出典は以下, Hal Brands and Charles Edel, "A Grand Strategy of Democratic Solidarity," *Washington Quarterly*, March 2021.
30. Tim Hwang, "Shaping the Terrain of AI Competition," Center for Security and Emerging Technology, June 2020.
31. 特に後者の点については以下を参照, Derek Scissors, "Limits Are Overdue in the U.S.-China Technology Relationship," Statement to Senate Committee on the Judiciary, Subcommittee on Crime and Terrorism, March 4, 2020.
32. Daphne Psaledakis and Simon Lewis, "U.S. Will Not Leave Australia Alone to Face China Coercion—Blinken," Reuters, May 13, 2021.
33. Richard A. Clarke and Rob Knake, "The Internet Freedom League: How to Push Back Against the Authoritarian Assault on the Web," *Foreign Affairs*, August 12, 2019.
34. Dean Acheson, *Present at the Creation: My Years in the State Department* (New York: Norton, 1969), xvii『アチソン回顧録』ディーン・アチソン著, 吉沢清次郎訳, 恒文社, 1979.
35. United Nations Conference on Trade and Development, *Digital Economy Report 2019: Value Creation*

182.

51. Eisenhower to Harriman, December 14, 1951, Box 278, Averill Harriman Papers, Library of Congress; Trachtenberg, *Constructed Peace*, chap. 4.
52. NSC 135/3, "Reappraisal of United States Objectives and Strategy for National Security," September 25, 1952, Box 169, National Security Council File, Truman Library.
53. Table 3.1, "Outlays by Superfunction and Function: 1940–2024," in Office of Management and Budget, Historical Tables, 50–51, https://www.whitehouse.gov/wp-content/uploads/2019/03/hist-fy2020.pdf; Robert Bowie and Richard Immerman, *Waging Peace: How Eisenhower Shaped an Enduring Cold War Strategy* (New York: Oxford University Press, 1998).
54. NSC Meeting, December 21, 1954, *FRUS, 1952–1954*, Vol. II, Part 1: Document No. 143; Mira Rapp-Hooper, *Shields of the Republic: The Triumph and Peril of America's Alliances* (Cambridge, MA: Harvard University Press, 2020).
55. Giovanni Arrighi, "The World Economy and the Cold War, 1970–1990," in *The Cambridge History of the Cold War*, Vol. III, ed. Melvyn Leffler and Odd Arne Westad (New York: Cambridge University Press, 2010), 28.
56. Table 3.1, "Outlays by Superfunction and Function," 51–52; Aaron Friedberg, *In the Shadow of the Garrison State: America's Anti-Statism and Its Cold War Grand Strategy* (Princeton, NJ: Princeton University Press, 2000). これは ,1980 年代のレーガン政権時に国防費が GNP の 6%程度で推移していた時期でさえ同様にあてはまる .
57. 以下を参照 , John Lewis Gaddis, *The Long Peace: Inquiries into the History of the Cold War* (New York: Oxford University Press, 1986)『ロング・ピース』ジョン・L・ギャディス著 , 五味俊樹 , 阪田恭代 , 宮坂直史 , 坪内淳 , 太田宏訳 , 芦書房 ,2003.
58. Herbert Meyer to William Casey, "What Should We Do About the Russians?" June 28, 1984, CIA FOIA.
59. 1970 年代 ,80 年代については以下を参照 , Hal Brands, *Making the Unipolar Moment: U.S. Foreign Policy and the Rise of the Post-Cold War Order* (Ithaca, NY: Cornell University Press, 2016).
60. Robert Kagan, *The Jungle Grows Back: America and Our Imperiled World* (New York: Knopf, 2018), 68–69.

第 7 章 . デンジャー・ゾーンへ

1. ハル・ブランズによる米政府関係者とのディスカッション , 2021 年5月 .
2. David Lynch, "Biden Orders Sweeping Review of U.S. Supply Chain Weak Spots," *Washington Post*, February 24, 2021; Carla Babb, "Pentagon Launches Effort to Better Address China Challenge," Voice of America, June 9, 2021.
3. Uri Friedman, "The New Concept Everyone in Washington is Talking About," *The Atlantic*, August 6, 2019.
4. "Remarks by President Biden in Press Conference," March 25, 2021, https://www.whitehouse.gov/briefing-room/speeches-remarks/2021/03/25/remarks-by-president-biden-in-press-conference/.
5. 以下を参照 , Michael Beckley and Hal Brands, "America Needs to Rediscover Strategic MacGyverism," *National Interest*, March 27, 2021.
6. Bruce A. Bimber and Steven W. Popper, *What Is a Critical Technology?* (Santa Monica, CA: RAND, 1994).
7. George Modelski and William R. Thompson, *Leading Sectors and World Powers* (Columbia: University of South Carolina Press, 1996).
8. Stephen G. Brooks and William C. Wohlforth, "Power, Globalization, and the End of the Cold War: Reevaluating a Landmark Case for Ideas," *International Security*, 25, no. 3 (Winter 2000–2001): 35.
9. たとえば米国は , 中国で組み立て , テスト , パッケージング（ATP）され , 米国に輸出される米国製半導体チップに 25%の関税を適用している . 中国における付加価値の低い ATP 活動には技術移転のリスクがほとんどないにもかかわらず , この関税はインテルなど米国の半導体メーカーに損害を与えている . 一方 , 中国の半導体メーカーは米国にほとんどチップを輸出していないため , この関税の影響をあまり受けない .
10. 以下を参照 , Hal Brands, Peter Feaver, and William Inboden, "Maybe It Won't Be So Bad: A Modestly

University Press, 1991), 195.

28. Memorandum of Conversation, January 8, 1952, Box 99, President's Secretary's File, Harry S. Truman Presidential Library; Leffler, *Preponderance of Power*, 406–418.

29. Marshall in James Forrestal Diary, November 7, 1947, Box 147, James Forrestal Papers, Seeley Mudd Manuscript Library (SMML), Princeton University.

30. George Kennan, "Planning of Foreign Policy," June 18, 1947, Box 298, Kennan Papers, SMML.

31. Gaddis, *George F. Kennan*, 254–255; Joseph Jones, *The Fifteen Weeks, February 21–June 5, 1947* (New York: Harcourt, Brace & World, 1964); Dean Acheson, *Present at the Creation: My Years in the State Department* (New York: Norton, 1969), 212–225.

32. Dunn to Secretary, February 7, 1948, *FRUS, 1948*, Vol. III: Document No. 511; Dunn to Secretary, June 16, 1948, *FRUS, 1948*, Vol. III: Document No. 543; Kaeten Mistry, *The United States, Italy and the Origins of Cold War: Waging Political Warfare, 1945–1950* (New York: Cambridge University Press, 2014).

33. 米国憲法は議会に宣戦布告の権限を与えているので，どんな条約も米国に自動的な武力行使を約束させることはできない．北大西洋条約はそこで次善の策を講じた．条文にはこうある．「締約国は，欧州又は北米におけるこれらの国の一つ又は複数に対する武力攻撃は，これらの国すべてに対する攻撃とみなすことに同意する」 そして各国は「武力の行使を含む，必要と認める行動で対応することに同意する」．

34. "Meeting of the Secretary of Defense and the Service Chiefs with the Secretary of State 1045 Hours," October 10, 1948, Box 147, Forrestal Papers, SMML.

35. Michael Lind, *The American Way of Strategy: U.S. Foreign Policy and the American Way of Life* (New York: Oxford University Press, 2006), 107.

36. Leffler, *Preponderance of Power*; Robert Beisner, *Dean Acheson: A Life in the Cold War* (New York: Oxford University Press, 2006).

37. CIA, "Threats to the Security of the United States," September 28, 1948, CIA Freedom of Information Act Electronic Reading Room (CIA FOIA).

38. "The World Position and Problems of the United States," August 30, 1949, Box 299, Kennan Papers, SMML.

39. Office of the Secretary of Defense, Historical Office, "Almost Successful Recipe: The United States and East European Unrest Prior to the 1956 Hungarian Revolution," February 2012, Electronic Briefing Book 581, National Security Archive; Gregory Mitrovich, *Undermining the Kremlin: America's Strategy to Subvert the Soviet Bloc, 1947–1956* (Ithaca, NY: Cornell University Press, 2000).

40. NSC-68, "United States Objectives and Programs for National Security," April 12, 1950, President's Secretary's Files (PSF), HSTL; "Statement by the President on the Situation in Korea," June 27, 1950, APP.

41. Trachtenberg, "Wasting Asset," 21.

42. "Estimated U.S. and Soviet/Russian Nuclear Stockpiles, 1945–94," *Bulletin of the Atomic Scientists*, December 1994, 59; Allan Millett, Peter Maslowski, and William Feis, *For the Common Defense: A Military History of the United States* (New York: Free Press, 2012), 467–491.

43. Memorandum for the President, August 25, 1950, Box 187, National Security Council Files, Truman Library.

44. 引用の出典は以下，Julian Zelizer, *Arsenal of Democracy: The Politics of National Security—From World War II to the War on Terrorism* (New York: Basic Books, 2010), 102.

45. Report on "Soviet Intentions" Prepared by Joint Intelligence Committee, April 1, 1948, *FRUS, 1948*, Vol. I, Part 2: Document No. 14.

46. NIE- 17, "Probable Soviet Reactions to a Remilitarization of Western Germany," December 27, 1950, CIA FOIA.

47. Radio Report to the American People, April 11, 1951, APP; also Douglas to Lovett, April 17, 1948, *FRUS, 1948*, Vol. III: Document No. 73.

48. Stueck, *Korean War*, 205–206.

49. Beisner, *Dean Acheson*, 156; Dean Acheson, "Soviet Reaction to Free World's Growing Strength," *Department of State Bulletin*, October 20, 1952, 597.

50. Ambassador in France (Caffery) to Secretary of State, July 3, 1947, *FRUS, 1947*, Vol. III: Document No.

DC: U.S. Department of State, Office of the Historian). 以下 *FRUS* と表記し , 年 , 巻 , 文書番号の順に記載する .

3. PPS-1, "Policy with Respect to American Aid to Western Europe," May 23, 1947, Box 7, Charles Bohlen Papers, Record Group 59, National Archives and Records Administration (NARA), College Park, MD; also John Lewis Gaddis, *George F. Kennan: An American Life* (New York: Penguin, 2011), 264–270.
4. Robert Jervis, *Perception and Misperception in International Politics* (Princeton, NJ: Princeton University Press, 2017), 239.
5. このため , ソ連は厳密にいうと第 4 章で紹介した事例群に含める資格がない . しかし , 本章が示すように , 冷戦初期にソ連がアメリカに与えた問題と , 好戦的で不安定な中国が今日生み出す戦略的ジレンマとの間には , 依然として強い類似性がある .
6. Office of Strategic Services, "Problems and Objectives of United States Policy," April 12, 1945, *Declassified Documents Reference System* (DDRS).
7. Kennan to Secretary of State, February 22, 1946, *FRUS, 1946*, Vol. I: Document No. 475.
8. X (Kennan), "The Sources of Soviet Conduct," *Foreign Affairs*, July 1947, 566–582.
9. Harry S. Truman's Statement, February 6, 1946, American Presidency Project (APP), University of California–Santa Barbara.
10. Robert Pollard, *Economic Security and the Origins of the Cold War, 1945–1950* (New York: Columbia University Press, 1985), 151; Melvyn Leffler, *A Preponderance of Power: National Security, the Truman Administration, and the Cold War* (Stanford: Stanford University Press, 1992), 7.
11. Hal Brands, *The Twilight Struggle: What the Cold War Teaches Us About Great-Power Rivalry Today* (New Haven, CT: Yale University Press, 2022), 16; Marc Trachtenberg, *A Constructed Peace: The Making of the European Settlement, 1945–1963* (Princeton, NJ: Princeton University Press, 1999), 87–90, 96–99.
12. PPS 33, "Factors Affecting the Nature of the U.S. Defense Arrangements in the Light of Soviet Policies," June 23, 1948, *State Department Policy Planning Staff Papers*, Vol. 2 (New York: Garland, 1983), 289.
13. Samuel F. Wells, *Fearing the Worst: How Korea Transformed the Cold War* (New York: Columbia University Press, 2020), 251.
14. Memorandum for the Record, January 24, 1951, in *FRUS, 1951*, Vol. I: Document No. 7; Marc Trachtenberg, "A Wasting Asset: American Strategy and the Shifting Nuclear Balance, 1949–1954," *International Security*, 13, no. 3 (Winter 1988–89): 5–49.
15. Harry S. Truman, Farewell Address, January 15, 1953, APP.
16. "President Harry S. Truman's Address Before a Joint Session of Congress," March 12, 1947, Avalon Project, Yale Law School, https://avalon.law.yale.edu/20th_century/trudoc.asp.
17. Harry S. Truman, *Years of Trial and Hope* (Garden City, NY: Doubleday, 1956), 124–128『トルーマン回顧録Ⅱ』ハリー・S. トルーマン著 , 堀江芳孝訳 , 恒文社 ,1992.
18. Harry S. Truman, Address, September 2, 1947, APP.
19. Harry S. Truman's News Conference, January 29, 1948, APP; John Lewis Gaddis, *Strategies of Containment: A Critical Appraisal of American National Security Policy during the Cold War* (New York: Oxford University Press, 2005), chaps. 2–3.
20. PPS-13, "Resume of World Situation," November 6, 1947, *FRUS, 1947*, Vol. I: Document No. 393.
21. G. John Ikenberry, *Liberal Leviathan: The Origins, Crisis, and Transformation of the American World Order* (Princeton, NJ: Princeton University Press, 2011), 199.
22. Gaddis, *Strategies of Containment*, 112.
23. 以下を参照 , Forrest Pogue, *George C. Marshall: Statesmen, 1945–1959* (New York: Penguin, 1989), 334.
24. Hal Brands, *What Good Is Grand Strategy? Power and Purpose in American Statecraft from Harry S. Truman to George W. Bush* (Ithaca, NY: Cornell University Press, 2014), 37–41; Shu Guang Zhang, *Deterrence and Strategic Culture: Chinese-American Confrontations, 1949–1958* (Ithaca, NY: Cornell University Press, 1992), 40–42.
25. Michael Schaller, "Securing the Great Crescent: Occupied Japan and the Origins of Containment in Southeast Asia," *Journal of American History*, 69, no. 2 (September 1982): 392–414.
26. Bruce to State, June 26, 1950, *FRUS, 1950*, Vol. II: Document No. 99; William Stueck, *The Korean War: An International History* (Princeton, NJ: Princeton University Press, 1995), passim, esp. 30–36.
27. Irwin Wall, *The United States and the Making of Postwar France, 1945–1954* (New York: Cambridge

Alastair Iain Johnston (Stanford: Stanford University Press, 2006), chap. 3; M. Taylor Fravel, "Power Shifts and Escalation: Explaining China's Use of Force in Territorial Disputes," *International Security*, 32, no. 3 (Winter 2007–2008): 44–83.
67. Michael Peck, "Slaughter in the East China Sea," *Foreign Policy*, August 7, 2020.
68. Helene Cooper, "Patrolling Disputed Waters, U.S. and China Jockey for Dominance," *New York Times*, March 30, 2016.
69. Paul V. Kane, "To Save Our Economy, Ditch Taiwan," *New York Times*, November 10, 2011.
70. Michael O'Hanlon, "Why China Cannot Conquer Taiwan," *International Security*, 25, no. 2 (Fall 2000): 51–86.
71. Thomas Shugart, *First Strike: China's Missile Threat to U.S. Bases in Asia* (Washington, DC: Center for A New American Security, 2017).
72. Michael Beckley, "China Keeps Inching Closer to Taiwan," *Foreign Policy*, October 19, 2020.
73. Samson Ellis and Cindy Wang, "Taiwan Warns China Could 'Paralyze' Island's Defenses in Conflict," Bloomberg, September 1, 2021.
74. Thomas H. Shugart III, "Trends, Timelines, and Uncertainty: An Assessment of the State of Cross-Strait Deterrence," Testimony Before the U.S.-China Economic and Security Review Commission, February 18, 2021.
75. Mackenzie Eaglen and Hallie Coyne, "The 2020s Tri-Service Modernization Crunch," American Enterprise Institute, March 2021.
76. Sydney Freedberg, "U.S. 'Gets Its Ass Handed to It' in Wargames: Here's a $24 Billion Fix," *Breaking Defense*, March 7, 2019.
77. Oriana Mastro, "The Taiwan Temptation: Why Beijing Might Resort to Force," *Foreign Affairs*, July/August 2021, 61.
78. Mastro, "The Taiwan Temptation."
79. Xi Jinping, "Secure a Decisive Victory in Building a Moderately Prosperous Society in All Respects and Strive for the Great Success of Socialism with Chinese Characteristics for a New Era (「小康社会の全面的完成の決戦に勝利し新時代の中国の特色ある社会主義の偉大な勝利を勝ち取る」)," Delivered at the 19th National Congress of the Communist Party of China, October 18, 2017.
80. Gabriel Collins and Andrew S. Erickson, *U.S.-China Competition Enters the Decade of Maximum Danger: Policy Ideas to Avoid Losing the 2020s* (Houston: Baker Institute for Public Policy, Rice University, 2021), 35.
81. "A Conversation with US Indo- Pacific Command's Adm. Philip Davidson," American Enterprise Institute, March 4, 2021, https://www.aei.org/events/a-conversation-with-us-indo-pacific-commands-adm-philip-davidson/.
82. Alison Kaufman and Daniel Hartnett, "Managing Conflict: Examining Recent PLA Writings on Escalation Control," CNA China Studies, February 2016, 68. 例えば以下を参照 , Guangqian Peng and Youzhi Yao, eds., *The Science of Military Strategy* (Beijing: Military Science Publishing House, 2005), 327.
83. Tara Copp, " 'It Failed Miserably': After Wargaming Loss, Joint Chiefs Are Overhauling How the U.S. Military Will Fight," *Defense One*, July 26, 2021.
84. Hal Brands and Evan Braden Montgomery, "One War Is Not Enough: Strategy and Force Planning for Great-Power Competition," *Texas National Security Review*, 3, no. 2 (Spring 2020): 80–92.
85. *Providing for the Common Defense: The Assessment and Recommendations of the National Defense Strategy Commission*, U.S. Institute for Peace, November 2018, 14. この委員会のメンバーには , バイデン政権の高位任命者が何人も含まれ , 本書の著者の一人（ブランズ）は , この報告書の主な執筆者だった .
86. このフレーズは下記より引用 , Eaglen and Coyne, "2020s Tri- Service Modernization Crunch."

第 6 章 . 前の冷戦が教えること

1. Benn Steil, *Marshall Plan: Dawn of the Cold War* (New York: Simon & Schuster, 2018), 15『マーシャル・プラン』ベン・ステイル著 , 小坂恵理訳 , みすず書房 ,2020.
2. Editorial Note, in *Foreign Relations of the United States, 1947*, Vol. III: Document No. 133 (Washington,

October 11, 2021.
42. Varieties of Democracy Project, 2019, version 9, https://doi.org/10.23696/vdemcy19.
43. John Garver, *China's Quest: The History of the Foreign Relations of the People's Republic of China* (New York: Oxford University Press, 2016), 479.
44. World Bank, "World Development Indicators," GDP Per Capita Growth Rate, https://databank.worldbank.org/source/world-development-indicators, accessed August 10, 2021.
45. 引用の出典は以下 , George J. Church, "China: Old Wounds Deng Xiaoping," *Time*, January 6, 1986.
46. Samuel Huntington, *The Third Wave: Democratization in the Late Twentieth Century* (Norman: University of Oklahoma Press, 1993)『第三の波』サミュエル・P. ハンチントン著 , 坪郷実 , 藪野祐三 , 中道寿一訳 , 三嶺書房 ,1995. データの出典は以下を参照 , the Mass Mobilization Project, https://massmobilization.github.io.
47. M.E. Sarotte, "China's Fear of Contagion: Tiananmen Square and the Power of the European Example," *International Security*, 37, no. 2 (Fall 2012): 156–182; Karrie J. Koesel and Valerie J. Bunce, "Diffusion-Proofing: Russian and Chinese Responses to Waves of Popular Mobilizations Against Authoritarian Rulers," *Perspectives on Politics*, 11, no. 3 (September 2013): 753–768.
48. Christopher Walker and Jessica Ludwig, "The Long Arm of the Strongman: How China and Russia Use Sharp Power to Threaten Democracies," *Foreign Affairs*, May 12, 2021.
49. Elizabeth C. Economy, "Exporting the China Model," Testimony Before the U.S.-China Economic and Security Review Commission Hearing on The "China Model," March 13, 2020.
50. Sarah Repucci and Amy Slipowitz, *Freedom in the World 2021: Democracy Under Seige* (Washington, DC: Freedom House, 2021).
51. Robert Kagan, "The Strongmen Strike Back," *Washington Post*, March 14, 2019.
52. 以下を参照 , Yaroslav Trofimov, Drew Henshaw, and Kate O'Keeffe, "How China Is Taking over International Organizations, One Vote at a Time," *Wall Street Journal*, September 29, 2020.
53. Hal Brands, "How Far Will China's Surveillance State Stretch?" Bloomberg Opinion, August 12, 2020; Jonathan Kearsley, Eryk Bagshaw, and Anthony Galloway, " 'If You Make China the Enemy, China Will Be the Enemy': Beijing's Fresh Threat to Australia," *Sydney Morning Herald*, November 18, 2020.
54. 以下の記事を参照 , the January 2019 issue of the *Journal of Democracy* collectively titled "The Road to Digital Unfreedom"; Richard Fontaine and Kara Frederick, "The Autocrat's New Toolkit," *Wall Street Journa*l, March 15, 2019.
55. Tiberiu Dragu and Yonatan Lupu, "Digital Authoritarianism and the Future of Human Rights," *International Organization*, 75, no. 4 (February 2021): 991–1017.
56. Sheena Chestnut Greitens, "Dealing with Demand for China's Global Surveillance Exports," Global China, Brookings Institution, April 2020.
57. Alina Polyakova and Chris Meserole, "Exporting Digital Authoritarianism: The Russian and Chinese Models," Brookings Institution Policy Brief, August 2019.
58. Andrea Kendall-Taylor, Erica Frantz, and Joseph Wright, "The Digital Dictators: How Technology Strengthens Autocracy," *Foreign Affairs*, March/April 2020.
59. Ross Andersen, "The Panopticon Is Already Here," *The Atlantic*, September 2020.
60. Jessica Chen Weiss, "A World Safe for Autocracy? China's Rise and the Future of Global Politics," *Foreign Affairs*, July/August 2019.
61. "Democracy Under Siege," Freedom House, 2021, https://freedomhouse.org/report/freedom-world/2021/democracy-under-siege.
62. Michael J. Mazarr, Abigail Casey, Alyssa Demus, et al., *Hostile Social Manipulation* (Santa Monica, CA: RAND Corporation, 2019); Jeff Kao, "How China Built a Twitter Propaganda Machine Then Let It Loose on Coronavirus," Pro-Publica, March 26, 2020.
63. Robert Kagan, *The Return of History and the End of Dreams* (New York: Knopf, 2008)『民主国家 vs 専制国家 激突の時代が始まる』ロバート・ケーガン著 , 和泉裕子訳 , 徳間書店 ,2009.
64. フランクリン・ルーズベルト大統領が 1940 年の一般教書演説で警告した通りだ .
65. Zheng Bijian, "China's Peaceful Rise to Great Power Status," *Foreign Affairs*, September/October 2005.
66. 二つ以上の事例がある , 以下を参照 , Thomas J. Christensen, "Windows and War: Trend Analysis and Beijing's Use of Force," in *New Directions in the Study of China's Foreign Policy*, ed. Robert S. Ross and

"China's "Dual-Circulation" Strategy Means Relying Less on Foreigners," *The Economist*, November 7, 2020.
17. Andrew Rennemo, "How China Joined the Sanctions Game," *The Diplomat*, February 8, 2021.
18. Matt Pottinger, Testimony Before the United States–China Economic and Security Review Commission, April 15, 2021, https://www.uscc.gov/sites/default/files/2021-04/Matt_Pottinger_Testimony.pdf.
19. "Time Holds the Key to 6G," *NewElectronics*, December 14, 2020, https://www.newelectronics.co.uk/electronics-technology/time-holds-the-key-to-6g/232997/.
20. Michael Brown, Eric Chewning, and Pavneet Singh, "Preparing the United States for the Superpower Marathon with China," Brookings Institution, April 2020.
21. Chris Miller, "America Is Going to Decapitate Huawei," *New York Times*, September 15, 2020.
22. Richard Aboulafia, "China's Potemkin Aviation Can't Survive Without Washington's Help," *Foreign Policy*, February 16, 2021.
23. Julian Gewirtz, "The Chinese Reassessment of Interdependence," *China Leadership Monitor*, June 1, 2020.
24. Nina Xiang, "Foreign Dependence the Achilles' Heel in China's Giant Tech Sector," *Nikkei Asia*, January 31, 2021.
25. Gewirtz, "Chinese Reassessment."
26. Paul Mozur and Steven Lee Meyers, "Xi's Gambit: China Plans for a World Without American Technology," *New York Times*, March 20, 2021.
27. Mozur and Meyers, "Xi's Gambit."
28. Lingling Wei, "China's New Power Play: More Control of Tech Companies' Troves of Data," *Wall Street Journal*, June 12, 2021; Emily Weinstein, "Don't Underestimate China's Military-Civil Fusion Efforts," *Foreign Policy*, February 5, 2021.
29. Matt Pottinger and David Feith, "The Most Powerful Data Broker in the World Is Winning the War Against the U.S.," *New York Times*, November 30, 2021; also Jonathan Hillman, "China Is Watching You," *The Atlantic*, October 18, 2021.
30. Catherine Clifford, "Google CEO: A.I. Is More Important than Fire or Electricity," CNBC.com, February 1, 2018.
31. Hal Brands, "China's Lead in the AI War Won't Last Forever," Bloomberg Opinion, November 12, 2019; "Artificial Intelligence," Accenture, https://www.accenture.com/us-en/insights/artificial-intelligence-summary-index; Jim Garamone, "Esper Says Artificial Intelligence Will Change the Battlefield," DOD News, September 9, 2020.
32. Gregory Allen, "Understanding China's AI Strategy: Clues to Chinese Strategic Thinking on Artificial Intelligence and National Security," Center for a New American Security, February 2019.
33. Jonathan Hillman, *The Digital Silk Road: China's Quest to Wire the World and Win the Future* (New York: Harper Business, 2021).
34. Henry Ridgwell, "U.S. Warns Information- Sharing at Risk as Britain Approves Huawei 5G Rollout," Voice of America, January 29, 2020.
35. Hillman, *Digital Silk Road*, esp. 2–3; also Abigail Opiah, "China Mobile International Launches First European Data Centre," *Capacity*, December 20, 2019; Max Bearak, "In Strategic Djibouti, a Microcosm of China's Growing Foothold in Africa," *Washington Post*, December 30, 2019; Jonathan Hillman and Maesea McCalpin, "Huawei's Global Cloud Strategy," *Reconnecting Asia*, May 17, 2021.
36. Hillman, *Digital Silk Road*, 2–3.
37. Valentina Pop, Sha Hua, and Daniel Michaels, "From Lightbulbs to 5G, China Battles West for Control of Vital Technology Standards," *Wall Street Journal*, February 8, 2021.
38. 引用の出典は以下, Pop, Hua, and Michaels, "From Lightbulbs to 5G."
39. Will Hunt, Saif M. Khan, and Dahlia Peterson, "China's Progress in Semiconductor Manufacturing Equipment: Accelerants and Policy Implications," CSET Policy Brief, March 2021.
40. Derek Scissors, Dan Blumenthal, and Linda Zhang, "The U.S.-China Global Vaccine Competition," American Enterprise Institute, February 2021.
41. 以下を参照, Tim Culpan, "China Isn't the AI Juggernaut the West Fears," Bloomberg Opinion,

80. Ernst Presseisen, *Germany and Japan: A Study in Totalitarian Diplomacy, 1933–1941* (The Hague: Springer, 1958), 241–243.
81. Heinrichs, *Threshold of War*, 183.
82. Heinrichs, *Threshold of War*, 182; Scott Sagan, "The Origins of the Pacific War," *Journal of Interdisciplinary History*, 18, no. 4 (Spring 1988): 903–908.
83. Paine, *Japanese Empire*, 148–149; Bix, *Hirohito*, 400, 406–407『昭和天皇』; LaFeber, *The Clash*, 197–200『日米の衝突』; Hosoya Chihiro, "Britain and the United States in Japan's View of the International System, 1937–1941," in *Anglo-Japanese Alienation, 1919–1952*, ed. Ian Nish (New York: Cambridge. University Press, 1982).
84. Sagan, "Origins," 912.
85. Ikuhiko Hata, "Admiral Yamamoto's Surprise Attack and the Japanese Navy's War Strategy," in *From Pearl Harbor to Hiroshima: The Second World War in Asia and the Pacific, 1941–45*, ed. Saki Dockrill (New York: St. Martin's, 1994), 65.
86. Hotta, *Japan 1941*, 201『1941 決意なき開戦』.
87. Sagan, "Origins," 893.
88. Adam Tooze, *The Deluge: The Great War, America, and the Remaking of the Global Order, 1916–1931* (New York: Penguin, 2014), 3.

第5章. 迫る嵐

1. John Feng, "China's Xi Jinping Says Soon No Enemy Will Be Able to Defeat the Country," *Newsweek*, May 6, 2021.
2. Sheena Chestnut Greitens, "Internal Security & Grand Strategy: China's Approach to National Security Under Xi Jinping," Statement before the U.S.-China Economic & Security Review Commission, January 2021.
3. Xi Jinping, "National Security Matter of Prime Importance「国家安全保障は第一等の大問題」," Xinhua, April 15,2014, http://www.xinhuanet.com//politics/2014-04/15/c_1110253910.htm.
4. Xi Jinping, "Safeguard National Security and Social Stability," *Qiushi*, April 25, 2014, http://en.qstheory.cn/2020-12/07/c_607612.htm.
5. Xi, "Safeguard National Security and Social Stability."
6. Alastair Iain Johnston, "China's Contribution to the U.S.-China Security Dilemma," in *After Engagement: Dilemmas in U.S.-China Security Relations*, ed. Jacques Delisle and Avery Goldstein (Washington, DC: Brookings Institution, 2021), 92–97.
7. "The CCP Central Committee-Formulated Proposal for the 14th Five-Year National Economic and Social Development Plan, and 2035 Long-Term Goals," Xinhua, http://www.xinhuanet.com/2020-10/29/c_1126674147.htm.
8. Jude Blanchette, "Ideological Security as National Security," CSIS, December 2, 2020.
9. Sheena Chestnut Greitens, *Preventive Repression: Internal Security & Grand Strategy in China Under Xi Jinping*, unpublished manuscript, 2021.
10. Sheena Chestnut Greitens, "Counterterrorism and Preventive Repression: China's Changing Strategy in Xinjiang," *International Security*, 44, no. 3 (Winter 2019–20): 9–47.
11. このパラグラフと「レーニンの罠」というフレーズは以下から引用した, Walter Russell Mead, "Imperialism Will Be Dangerous for China," *Wall Street Journal*, September 17, 2018.
12. Vladimir Ilich Lenin, *Imperialism as the Highest Stage of Capitalism* (Brattleboro, VT: Echo Point Books, 2020)『帝国主義 資本主義の最高の段階としての』レーニン著, 宇高基輔訳, 岩波文庫, 1956.
13. Sebastian Horn, Carmen M. Reinhart, and Christoph Trebesch, "China's Overseas Lending," NBER Working Paper 26050 (Cambridge, MA: National Bureau of Economic Research, 2019).
14. Daniel H. Rosen, "China's Economic Reckoning: The Price of Failed Reforms," *Foreign Affairs*, July/August 2021.
15. 以下を参照, Luke Patey, *How China Loses: The Pushback Against Chinese Global Ambitions* (Oxford: Oxford University Press, 2021).
16. James Crabtree, "China's Radical New Vision of Globalization," *NOEMA*, December 10, 2020;

56. G.C. Allen, *A Short Economic History of Modern Japan, 1867–1937* (New York: Palgrave Macmillan, 1981), 91.
57. Kenneth Pyle, *Japan Rising: The Resurgence of Japanese Power and Purpose* (New York: Public Affairs, 2007), 163.
58. LaFeber, *The Clash,* 148『日米の衝突』; Akira Iriye, *The Origins of the Second World War in Asia and the Pacific* (New York: Routledge, 1987)『太平洋戦争の起源』入江昭著 , 篠原初枝訳 , 東大出版会 ,1991.
59. Masato Shizume, "The Japanese Economy During the Interwar Period: Instability in the Financial System and the Impact of the World Depression," *Bank of Japan Review,* May 2009, chart 1.
60. Iriye, *The Origins of the Second World War,* 6『太平洋戦争の起源』.
61. Nobuya Bamba, *Japanese Diplomacy in a Dilemma: New Light on Japan's China Policy, 1924–1929* (Ontario: UBC Press, 2002), 56, 62.
62. Herbert Bix, *Hirohito and the Making of Modern Japan* (New York: Harper, 2001), 227『昭和天皇 (上)(下)』ハーバート・ビックス著 , 吉田裕監修 , 岡部牧夫 , 川島高峰 , 永井均訳 , 講談社学術文庫 ,2005.
63. Akira Iriye, "The Failure of Economic Expansion: 1918–1931," in *Japan in Crisis: Essays on Taisho Democracy,* ed. Bernard Silberman and H.D. Harootunian (Princeton, NJ: Princeton University Press, 1974), 265.
64. S.C.M. Paine, *The Japanese Empire: Grand Strategy from the Meiji Restoration to the Pacific War* (New York: Cambridge University Press, 2017), 110–113.
65. Christopher Thorne, *The Limits of Foreign Policy: The West, the League, and the Far Eastern Crisis of 1931–1933* (London: Macmillan, 1972) , 32『満州事変とは何だったのか (上)』クリストファー・ソーン著 , 市川洋一訳 , 草思社 ,1994; Michael Green, *By More than Providence: Grand Strategy and American Power in the Asia-Pacific Since 1783* (New York: Columbia University Press, 2016), 152.
66. James Crowley, *Japan's Quest for Autonomy: National Security and Foreign Policy, 1930–1938* (Princeton, NJ: Princeton University Press, 1966), 208; Michael Barnhart, *Japan Prepares for Total War: The Search for Economic Security, 1919–1941* (Ithaca, NY: Cornell University Press, 1987).
67. Kenneth Colegrove, "The New Order in East Asia," *Far Eastern Quarterly,* 1, no. 1 (November 1941): 6.
68. Green, *By More than Providence,* 156.
69. 特に以下を参照 , Bix, *Hirohito,* 308『昭和天皇』; Crowley, *Japan's Quest for Autonomy,* 286–290; J.W. Dower, *Empire and Aftermath: Yoshida Shigeru and the Japanese Experience, 1878–1954* (Cambridge, MA: Harvard University Press, 1988), 139『吉田茂とその時代 (上)(下)』ジョン・ダワー著 , 大窪愿二訳 , 中央公論新社 ,2014.
70. Pyle, *Japan Rising,* 176.
71. Bix, *Hirohito,* 374『昭和天皇』; Eri Hotta, *Japan 1941: Countdown to Infamy* (New York: Vintage, 2013), esp. 23–57『1941 決意なき開戦』堀田江理著 , 人文書院 ,2016.
72. S.C.M. Paine, *The Wars for Asia, 1911–1949* (New York: Cambridge University Press, 2012), 185『アジアの多重戦争 1911-1949』S.C.M. ペイン著 , 荒川憲一監訳 , 江戸伸禎訳 , みすず書房 ,2021.
73. Waldo Heinrichs, *Threshold of War: Franklin D. Roosevelt and American Entry into World War II* (New York: Oxford University Press, 1988), 7; Barnhart, *Japan Prepares,* 91–114.
74. Pyle, *Japan Rising,* 192.
75. 特に以下の文献を参照のこと , Iriye, *Origins of the Second World War*『太平洋戦争の起源』; 他にも以下がある , Robert Dallek, *Franklin Roosevelt and American Foreign Policy, 1932–1945* (New York: Oxford University Press, 1995); Rana Mitter, *Forgotten Ally: China's World War II, 1937–1945* (Boston: Houghton Mifflin, 2013).
76. Jonathan Utley, *Going to War with Japan, 1937–1941* (New York: Fordham University Press, 2005), 16『アメリカの対日戦略』ジョナサン・G・アトリー著 , 五味俊樹訳 , 朝日出版社 ,1989.
77. Dallek, *Franklin Roosevelt,* passim; Heinrichs, *Threshold of War,* 10; Gerhard Weinberg, *A World at Arms: A Global History of World War II* (New York: Cambridge University Press, 2020), 260.
78. Paine, *Japanese Empire,* 153; Barnhart, *Japan Prepares,* 162–262.
79. Jeffrey Record, *Japan's Decision for War in 1941: Some Enduring Lessons* (Carlisle Barracks, PA: Strategic Studies Institute, 2009), 25『アメリカはいかにして日本を追い詰めたか』ジェフリー・レコード著 , 渡辺惣樹訳 , 草思社 ,2017.

29. Christopher Miller, *Putinomics: Power and Money in Resurgent Russia* (Chapel Hill: University of North Carolina Press, 2018): 140–145; Daniel Treisman, "Why Putin Took Crimea: The Gambler in the Kremlin," *Foreign Affairs*, May/June 2016; Gotz, "It's the Geopolitics, Stupid."
30. Copeland, *Economic Interdependence and War*, chaps. 4–5; Adam Tooze, *The Wages of Destruction: The Making and Breaking of the Nazi Economy* (New York: Penguin, 2008)『ナチス 破壊の経済 (上)(下)』アダム・トゥーズ著 , 山形浩生 , 森本正史訳 , みすず書房 ,2019.
31. Bernard Wasserstein, *Barbarism and Civilization: A History of Europe in Our Time* (New York: Oxford University Press, 2007), 13–14; Paul Kennedy, *The Rise of the Anglo-German Antagonism, 1860–1914* (London: Allen & Unwin, 1980), 464; Taylor, *Struggle for Mastery*, xxvii; Angus Maddison, *The World Economy: Historical Statistics* (Paris: OECD, 2003), table 1b, 48–49.
32. David Calleo, *The German Problem Reconsidered: Germany and the World Order, 1870 to the Present* (New York: Cambridge University Press, 1980).
33. ビスマルクが 1871 年のアルザスとロレーヌの併合を失敗と考えたのはこのためである . それはフランスの敵意を永続させた .
34. Charles Kupchan, *The Vulnerability of Empire* (Ithaca, NY: Cornell University Press, 1994), 370.
35. Taylor, *Struggle for Mastery*, 372–402; Fritz Fischer, *Germany's Aims in the First World War* (New York: Norton, 1967); "Bernhard von Bulow on Germany's 'Place in the Sun,'" 1897, https://ghdi.ghi-dc.org/sub_document.cfm?document_id=783.
36. Eyre Crowe, "Memorandum on the Present State of British Relations with France and Germany," January 1, 1907, https://en.wikisource.org/wiki/Memorandum_on_the_Present_State_of_British_Relations_with_France_and_Germany.
37. Kennedy, *Rise of the Anglo-German Antagonism*, 420.
38. Immanuel Geiss, *German Foreign Policy 1871–1914*, Vol. IX (London: Routledge, 1976), 121.
39. Kennedy, *Rise of the Anglo-German Antagonism*, 55.
40. Copeland, *Economic Interdependence*, 125.
41. Annika Mombauer, *The Origins of the First World War: Diplomatic and Military Documents* (Manchester, UK: Manchester University Press, 2013), 33; Taylor, *Struggle for Mastery*, 403–482.
42. Kennedy, *Rise and Fall*, 213–214『大国の興亡』.
43. Mombauer, *Helmuth von Moltke*; Jack Snyder, "Civil-Military Relations and the Cult of the Offensive, 1914 and 1984," *International Security*, 9, no. 1 (Summer 1984): 108–146.
44. Dale Copeland, *The Origins of Major War* (Ithaca, NY: Cornell University Press, 2001), 70; Allison, *Destined for War*, 80–81『米中戦争前夜』; Hew Strachan, *The First World War: Volume I: To Arms* (New York: Oxford University Press, 1993).
45. Stephen Van Evera, "The Cult of the Offensive and the Origins of the First World War," *International Security*, 9, no. 1 (Summer 1984): 81.
46. Martin Gilbert, *The First World War: A Complete History* (New York: Henry Holt, 1994), 5–14.
47. Copeland, *Economic Interdependence*, esp. 126–131; Max Hastings, *Catastrophe 1914: Europe Goes to War* (New York: Vintage, 2013), 12.
48. Volker Berghahn, *Imperial Germany: Economy, Society, Culture, and Politics* (New York: Berghahn, 2005), 266.
49. Van Evera, "Cult of the Offensive," 69, 66, 68; Fischer, *Germany's Aims*.
50. 以下を参照 , Annika Mombauer, *Origins of the First World War: Controversies and Consensus* (New York: Routledge, 2013), 16.
51. Konrad H. Jarausch, "The Illusion of Limited War: Chancellor Bethmann Hollweg's Calculated Risk, July 1914," *Central European History*, 2, no. 1 (March 1969): 58.
52. Mombauer, *Origins of the First World War: Diplomatic and Military Documents*, 459; Copeland, *Origins of Major War*, 79–117; Immanuel Geiss, "The Outbreak of the First World War and German War Aims," *Journal of Contemporary History*, 1, no. 3 (July 1966): 75–91.
53. Hastings, *Catastrophe 1914*, 81.
54. Jarausch, "Illusion of Limited War," 48.
55. Jack Snyder, "Better Now than Later: The Paradox of 1914 as Everyone's Favored Year for War," *International Security*, 39, no. 1 (Summer 2014): 71.

10. 本セクションの基礎となるデータ，および選択の基準や具体的な事例については，以下でより長い説明を加えた．Michael Beckley, "When Fast- Growing Great Powers Slow Down: Historical Evidence and Implications for China," National Bureau of Asian Research, January 2021.
11. これは，有名な革命のＪカーブ理論に類似している．革命は，何十年も不幸が続いた後ではなく，経済が持続的に拡大した後に減速したときに起こりやすいとされる．以下を参照，James C. Davies, "Toward a Theory of Revolution," *American Sociological Review*, 27, no. 1 (February 1962): 5–19.
12. John Chipman, *French Power in Africa* (Oxford: Blackwell, 1989); Pierre Lellouche and Dominique Moisi, "French Policy in Africa: A Lonely Battle Against Destabilization," *International Security*, 3, no. 4 (Spring 1979): 108–133; Andrew Hansen, "The French Military in Africa," Council on Foreign Relations, February 8, 2008.
13. Walter LaFeber, *The Clash: U.S.-Japanese Relations Throughout History* (New York: Norton, 1997), 366『日米の衝突』ウォルター・ラフィーバー著，生田目学文訳，彩流社，2017; Jennifer Lind, "Pacifism or Passing the Buck? Testing Theories of Japanese Security Policy," *International Security*, 29, no. 1 (Summer 2004): 92–121.
14. David O. Whitten, "The Depression of 1893," EH.net, https://eh.net/encyclopedia/the-depression-of-1893/; Charles Hoffman, "The Depression of the Nineties," *Journal of Economic History*, (June 1956): 137–164.
15. David Healy, *U.S. Expansionism: The Imperialist Urge in the 1890s* (Madison: University of Wisconsin Press, 1970), 27.
16. Marc-William Palen, "The Imperialism of Economic Nationalism, 1890–1913,"*Diplomatic History*, 39, no. 1 (January 2015): 157–185.
17. Benjamin O. Fordham, "Protectionist Empire: Trade, Tariffs, and United States Foreign Policy, 1890–1914," *Studies in American Political Development*, 31, no. 2 (October 2017): 170–192.
18. Healy, *U.S. Expansionism*, 176; Walter LaFeber, *The New Empire: An Interpretation of American Expansion, 1860–1898* (Ithaca, NY: Cornell University Press,1963); Kevin Narizny, *The Political Economy of Grand Strategy* (Ithaca, NY: Cornell University Press, 2007), chaps. 2–4.
19. 以下を参照，Patrick McDonald, *The Invisible Hand of Peace: Capitalism, the War Machine, and International Relations Theory* (New York: Cambridge University Press, 2009); Kent E. Calder, *Crisis and Compensation: Public Policy and Political Stability in Japan* (Princeton, NJ: Princeton University Press, 1988)『自民党長期政権の研究』ケント・E・カルダー著，淑子カルダー訳，文藝春秋，1989.
20. Dietrich Geyer, *Russian Imperialism: The Interaction of Domestic and Foreign Policy, 1860–1914* (New Haven, CT: Yale University Press, 2009), 205.
21. Peter Gatrell, *Government, Industry and Rearmament in Russia, 1900–1914* (New York: Cambridge University Press, 1994), 21, 24.
22. Dale Copeland, *Economic Interdependence and War* (Princeton, NJ: Princeton University Press, 2015), 108; Brian Taylor, *Politics and the Russian Army: Civil-Military Relations, 1689–2000* (Cambridge, UK: Cambridge University Press, 2003), 69; Stephen Anthony Smith, *Russia in Revolution: An Empire in Crisis, 1890 to 1928* (New York: Oxford University Press, 2017), 18.
23. 以下のパラグラフは下記からの引用，Beckley "When Fast-Growing Great Powers Slow Down."
24. Valerie Bunce and Aida Hozic, "Diffusion-Proofing and the Russian Invasion of Ukraine," *Demokratizatsiya* 24, no. 4 (Fall 2016): 435–446.
25. Anders Aslund, *Russia's Crony Capitalism: The Path from Market Economy to Kleptocracy* (New Haven, CT: Yale University Press, 2019), 240; Kathryn Stoner, *Russia Resurrected: Its Power and Purpose in a New Global Order* (New York: Oxford University Press, 2021).
26. E. Wayne Merry, "The Origins of Russia's War in Ukraine: The Clash of Russian and European Civilization Choices for Ukraine," in Elizabeth A. Wood, William E. Pomeranz, E. Wayne Merry, and Maxim Trudolyubov, eds., *Roots of Russia's War in Ukraine* (New York: Columbia University Press, 2015), ch. 1.
27. Elias Gotz, "It's Geopolitics, Stupid: Explaining Russia's Ukraine Policy," *Global Affairs*, 1, no. 1 (2015): 3–10.
28. Samuel Charap and Timothy J. Colton, *Everyone Loses: The Ukraine Crisis and the Ruinous Contest for Post-Soviet Eurasia* (New York: Routledge, 2017).

Counter an Emerging Partnership," *Foreign Affairs*, May 3, 2021; Hal Brands and Evan Braden Montgomery, "One War Is Not Enough: Strategy and Force Planning for Great- Power Competition," *Texas National Security Review*, 3, no. 2 (Spring 2020): 80–92.
71. このパラグラフと「限界はない」発言の引用の出典は下記 , Hal Brands, "The Eurasian Nightmare: Chinese-Russian Convergence and the Future of American Order," *Foreign Affairs*, February 25, 2022.
72. この洞察については Peter Feaver に負うところが大きい .
73. Reid Standish, "China in Eurasia Briefing: How Far Will Beijing Go in Backing Putin?" *Radio Free Europe/Radio Liberty*, March 2, 2022.
74. これらのアイデアについては以下を参照 , Jared Cohen and Richard Fontaine, "Uniting the Techno-Democracies: How to Build Digital Cooperation," *Foreign Affairs*, November/December 2020; Hal Brands and Zack Cooper, "The Great Game with China is 3D Chess," *Foreign Policy*, December 30, 2020; Steve Holland and Guy Faulconbridge, "G7 Rivals China with Grand Infrastructure Plan," Reuters, June 13, 2021.
75. "GDP Per Capita (current US$)," World Bank, https://data.worldbank.org /indicator/NY.GDP.PCAP.CD, accessed May 2021.
76. Michael Beckley, *Unrivaled: Why America Will Remain the World's Sole Superpower* (Ithaca, NY: Cornell University Press, 2018), 34.
77. "Top China Generals Urge More Spending for U.S. Conflict 'Trap,' " Bloomberg News, March 9, 2021.
78. "Has the Wind Changed? PLA Hawks General Dai Xu and General Qiao Liang Release Odd Articles," GNews, July 11, 2020, https://gnews .org/257994/; 若干異なる翻訳として下記を参照 , "Xi's Intellectual Warriors Are Outgunning 'Realists' of Deng Xiaoping Era," *Business Standard*, August 19, 2020; Dai Xu, "14 Misjudgments."
79. Minnie Chan, " 'Too Costly': Chinese Military Strategist Warns Now Is Not the Time to Take Back Taiwan by Force," *South China Morning Post*, May 4, 2020.
80. Katsuji Nakazawa, "Analysis: China's 'Wolf Warriors' Take Aim at G- 7," *Nikkei Asia*, May 13, 2021.
81. Steven Lee Myers and Amy Qin, "Why Biden Seems Worse to China than Trump," *New York Times*, July 20, 2021.
82. Amanda Kerrigan, "Views from the People's Republic of China on U.S.-China Relations Since the Beginning of the Biden Administration," Center for Naval Analyses, September 2021.
83. Richard McGregor, "Beijing Hard- Liners Kick Against Xi Jinping's Wolf Warrior Diplomacy," Lowy Institute, July 28, 2020.

第 4 章 . 衰退する国の危険性

1. Paul Kennedy, *The Rise and Fall of the Great Powers: Economic Change and Military Conflict from 1500 to 2000* (New York: Random House, 1987), 209『決定版 大国の興亡 (上)(下)』ポール・ケネディ著 , 鈴木主税訳 , 草思社 ,1993.
2. A.J.P. Taylor, *The Struggle for Mastery in Europe, 1848–1918* (New York: Oxford University Press, 1954), xxxii.
3. Marc Trachtenberg, "A Wasting Asset: American Strategy and the Shifting Nuclear Balance, 1949–1954," *International Security*, 13, no. 3 (Winter 1988–89): 41.
4. Annika Mombauer, *Helmuth von Moltke and the Origins of the First World War* (New York: Cambridge University Press, 2001), 172.
5. Robert Strassler, ed., *The Landmark Thucydides: A Comprehensive Guide to the Peloponnesian War* (New York: Simon & Schuster, 2008), 65.
6. Jack S. Levy, "Declining Power and the Preventive Motivation for War," *World Politics*, 40, no. 1 (October 1987), 83; A.F.K. Organski, *World Politics* (New York: Knopf, 1968).
7. Graham Allison, *Destined for War: Can America and China Escape Thucydides's Trap?* (Boston: Houghton Mifflin Harcourt, 2017)『米中戦争前夜』; Robert Strassler, ed., *Landmark Thucydides*, 16.
8. Gideon Rachman, "Year in a Word: Thucydides' Trap," *Financial Times*, December 19, 2018.
9. Donald Kagan, *On the Origins of War and the Preservation of Peace* (New York: Anchor, 1996), 44; Donald Kagan, *The Outbreak of the Peloponnesian War* (Ithaca, NY: Cornell University Press, 1969).

Ocean," Foreign Policy Research Institute, February 8, 2021; Ken Moriyasu, "U.S. Eyes Using Japan's Submarines to 'Choke' Chinese Navy," *Nikkei Asia*, May 5, 2021; Makiko Inoue and Ben Dooley, "Japan Approves Major Hike in Military Spending, with Taiwan in Mind," *New York Times*, December 23, 2021.
47. Mark Episkopos, "Japan Is Investing Big in Its F-35 Stealth Fighter Fleet," *National Interest*, May 6, 2021.
48. Dzirhan Mahadzir, "U.S. Marine F-35Bs to Embark on Japan's Largest Warship," USNI News, September 30, 2021.
49. "Japan, U.S. Defense Chiefs Affirm Cooperation on Taiwan: Kyodo," Reuters, March 21, 2021; "Japan Deputy PM Comment on Defending Taiwan if Invaded Angers China," Reuters, July 6, 2021; "U.S. and Japan Draw Up Joint Military Plan in Case of Taiwan Emergency," Reuters, December 24, 2021.
50. Birch T. Tan, "Understanding Vietnam's Military Modernization Efforts," *The Diplomat*, November 25, 2020.
51. Michael Beckley, "The Emerging Military Balance in East Asia: How China's Neighbors Can Check Chinese Naval Expansion," *International Security*, 42, no. 2 (Fall 2017): 78–119.
52. ハル・ブランズによる米海軍高官とのディスカッション, 2018 年 1 月 .
53. Jon Grevatt, "Indonesia Announces Strong Increase in 2021 Defense Budget," *Janes*, August 18, 2020.
54. Koya Jibiki, "Indonesia Looks to Triple Submarine Fleet After Chinese Incursions," *Nikkei Asia*, May 30, 2021.
55. Joel Gehrke, "Philippines's Duterte Rebukes Top Diplomat for Profanity-Laced Message to China: 'Only the President Can Curse,' " *Washington Examiner*, May 4, 2021.
56. "Philippines Beefs Up Military Muscle in Wake of Alleged Chinese Aggression in South China Sea," ABC News, April 21, 2021.
57. Bill Hayton, "Pompeo Draws a Line Against Beijing in the South China Sea," *Foreign Policy*, July 15, 2020.
58. Keith Johnson, "Australia Draws a Line on China," *Foreign Policy*, May 4, 2021.
59. " 'Inconceivable' Australia Would Not Join U.S. to Defend Taiwan," Reuters, November 13, 2011.
60. William Mauldin, "India's Narendra Modi Emphasizes Security Ties in Address to Congress," *Wall Street Journal*, June 8, 2016.
61. Abishek Bhalla, "Indian Navy Ends Jam-Packed Year with Vietnamese Navy in South China Sea," *India Today*, December 27, 2020; "Anti-Ship Version of Supersonic Cruise Missile Testified from Andaman Nicobar Islands," *New Indian Express*, December 1, 2020; Tanvi Madan, "Not Your Mother's Cold War: India's Options in U.S.-China Competition," *Washington Quarterly*, Winter 2021.
62. Giannis Seferiadis, "EU Hopes for Tech Alliance with Biden After Trump Huawei 5G Ban," *Nikkei Asia*, January 12, 2021.
63. Abhijnan Rej, "France-led Multination Naval Exercise Commences in Eastern Indian Ocean," *The Diplomat*, April 5, 2021; Antoine Bondaz and Bruno Tertrais, "Europe Can Play a Role in a Conflict Over Taiwan. Will It?" *World Politics Review*, March 23, 2021; Josh Rogin, "China Is Testing the West. We Shouldn't Back Down," *Washington Post*, December 23, 2021.
64. Li Jingkun, "Xi Jinping's U.K. Visit Rings in a Golden Age of Bilateral Ties," *China Today*, November 10, 2015; Lionel Barber, "Boris Johnson's 'Global Britain Tilts toward Asia,' " *Nikkei Asia*, March 23, 2021.
65. Dalibor Rohac, "The Czechs are Giving Europe a Lesson on How to Deal with China," *Washington Post*, September 3, 2020.
66. "Canada Launches 58- Nation Initiative to Stop Arbitrary Detentions," Reuters, February 15, 2021.
67. Luke Patey, *How China Loses: The Pushback Against Chinese Global Ambitions* (Oxford: Oxford University Press, 2021); Vincent Ni, "EU Efforts to Ratify China Investment Deal 'Suspended' after Sanctions," *The Guardian*, May 4, 2021.
68. William Pesek, "Singapore's Trade-War Worries Bad for Everyone," *Asia Times*, October 4, 2019.
69. For instance, Mitsuru Obe, "Decoupling Denied: Japan Inc Lays Its Bets on China," *Financial Times*, February 16, 2021.
70. Andrea Kendall-Taylor and David Shullman, "China and Russia's Dangerous Convergence: How to

28. Michael Pillsbury, *The Hundred-Year Marathon: China's Secret Strategy to Replace America as the Global Superpower* (New York: Griffin, 2015)『China 2049』; Kurt Campbell and Ely Ratner, "The China Reckoning: How Beijing Defied American Expectations," *Foreign Affairs*, March/April 2018.
29. David Larter, "White House Tells the Pentagon to Quit Talking About 'Competition'with China," *Navy Times*, September 26, 2016.
30. *National Security Strategy of the United States of America*, December 2017, https://trumpwhitehouse.archives.gov/wp-content/uploads/2017/12/NSS-Final-12-18-2017-0905.pdf; *Summary of the 2018 National Defense Strategy of the United States of America*, https://dod.defense.gov/Portals/1/Documents/pubs/2018-National -Defense-Strategy-Summary.pdf; "U.S. Strategic Framework for the Indo-Pacific," February 2018, https://trumpwhitehouse.archives.gov/wp-content/uploads/2021/01/IPS-Final-Declass.pdf.
31. U.S. Department of State, Policy Planning Staff, *The Elements of the China Challenge*, November 2020; Iain Marlow, "U.S. Security Bloc to Keep China in 'Proper Place,' Pompeo Says," Bloomberg News, October 23, 2019.
32. Christopher Wray, Remarks at Hudson Institute, July 7, 2020, https://www.fbi.gov/news/speeches/the-threat-posed-by-the-chinese-government-and-the-chinese-communist-party-to-the-economic-and-national-security-of-the-united-states.
33. Haspel Remarks at University of Louisville, September 26, 2018, https://www.cia.gov/stories/story/remarks-for-central-intelligence-agency-director-gina-haspel-mcconnell-center-at-the-university-of-louisville/.
34. Josh Rogin, *Chaos Under Heaven: Trump, Xi, and the Battle for the 21st Century* (Boston: Houghton Mifflin, 2021); Bethany Allen-Ebrahimian, "Special Report: Trump's U.S.-China Transformation," Axios, January 19, 2021.
35. John Bolton, "The Scandal of Trump's China Policy," *Wall Street Journal*, June 17, 2020.
36. "Internal Chinese Report Warns Beijing Faces Tiananmen-Like Global Backlash over Virus," Reuters, May 4, 2020; Laura Silver, Kat Devlin, and Christine Huang, "Unfavorable Views of China Reach Historic Highs in Many Countries," Pew Research Center, October 6, 2020.
37. Demetri Sevastopulo, "Biden Warns China Will Face 'Extreme Competition' from U.S.," *Financial Times*, February 7, 2021.
38. Jim Garamone, "Biden Announces DOD China Task Force," *Defense News*, February 10, 2021; Alex Leary and Paul Ziobro, "Biden Calls for $50 Billion to Boost U.S. Chip Industry," *Wall Street Journal*, March 31, 2021.
39. Biden's Remarks at Munich Security Conference, February 19, 2021, https://www.whitehouse.gov/briefing-room/speeches-remarks/2021/02/19/remarks-by-president-biden-at-the-2021-virtual-munich-security-conference/.
40. Steven Lee Myers and Chris Buckley, "Biden's China Strategy Meets Resistance at the Negotiating Table," *New York Times*, July 26, 2021.
41. Dai Xu, "14 Misjudgments: China's '4 Unexpected' and '10 New Understandings'About the U.S.," May 26, 2020, https://demclubathr.files.wordpress.com/2020/06/what-china-doesnt-realize-us-china-relations-in-2020-dai-xu-weibo-may-26-2020.pdf.
42. Election Study Center, National Chengchi University, "Taiwanese/Chinese Identification Trend Distribution," January 25, 2021, https://esc.nccu.edu.tw/PageDoc/Detail?fid=7800&id=6961.
43. "Taiwan to Boost Defense Budget 10% in Face of China Pressure," *Nikkei Asia*, August 13, 2020; Gabriel Dominguez, "Taiwan Developing New Asymmetric Warfare Concepts to Counter China's Growing Military Capabilities, Says Pentagon," *Janes Defense News*, September 2, 2020; Drew Thompson, "Hope on the Horizon: Taiwan's Radical New Defense Concept," *War on the Rocks*, October 2, 2018.
44. "Taiwan Says It Will Fight to the End if Attacked as China Sends More Jets," *The Guardian*, April 7, 2021; Yimou Lee, "Taiwan's Special Defense Budget to Go Mostly on Anti- Ship Capabilities," Reuters, October 5, 2021.
45. Michael Crowley, "Biden Backs Taiwan, but Some Call for Clearer Warning to China," *New York Times*, April 8, 2021.
46. Felix Chang, "The Ryukyu Defense Line: Japan's Response to China's Naval Push into the Pacific

2021; Joe Biden, Narendra Modi, Scott Morrison, and Yoshihide Suga, "Our Four Nations Are Committed to a Free, Open, Secure, and Prosperous Indo-Pacific Region," *Washington Post,* March 13, 2021; Michele Kelemen, "Quad Leaders Announce Effort to Get 1 Billion COVID- 19 Vaccines to Asia," NPR, March 12, 2021.

5. Sudhi Ranjan Sen, "India Shifts 50,000 Troops to Chinese Border in Historic Move," Bloomberg, June 27, 2001; ハル・ブランズによるインド政府関係者とのディスカッション ,2021 年7月 .
6. Ken Moriyasu, "India and Vietnam Will Define the Future of Asia: Kurt Campbell," *Nikkei Asia,* November 20, 2021.
7. Gettleman, Kumar, and Yasir, "Worst Clash in Decades."
8. C. Vann Woodward, "The Age of Reinterpretation," *American Historical Review,* 66, no. 1 (October 1960): 1–16.
9. Kori Schake, *Safe Passage: The Transition from British to American Hegemony* (Cambridge, MA: Harvard University Press, 2017).
10. Richard Javad Heydarian, *The Indo-Pacific: Trump, China, and the New Struggle for Global Mastery* (New York: Palgave Macmillan, 2020), 160.
11. G. John Ikenberry, *Liberal Leviathan: The Origins, Crisis, and Transformation of the American World Order* (Princeton, NJ: Princeton University Press, 2011).
12. Toshi Yoshihara and Jack Bianchi, *Seizing on Weakness: Allied Strategy for Competing with China's Globalizing Military* (Washington, DC: Center for Strategic and Budgetary Assessments, 2021), 44; Andrew J. Nathan and Andrew Scobell, *China's Search for Security* (New York: Columbia University Press, 2012)『中国安全保障全史』.
13. Yoshihara and Bianchi, *Seizing on Weakness,* esp. 44; Robert Ross, "China's Naval Nationalism: Sources, Prospects, and the U.S. Response," *International Security,* 34, no. 2 (Fall 2009): 46–81.
14. Thomas Christensen, *The China Challenge: Shaping the Choices of a Rising Power* (New York: Norton, 2015), xv.
15. Christensen, *China Challenge,* xiv.
16. "Bush Lays Out Foreign Policy Vision," CNN, November 19, 1999; David Lampton, *Same Bed, Different Dreams: Managing U.S.-China Relations, 1989–2000* (Berkeley: University of California Press, 2001).
17. Robert B. Zoellick, "Whither China: From Membership to Responsibility?" U.S. Department of State, September 21, 2005.
18. Art Pine, "U.S. Faces Choices on Sending Ships to Taiwan," *Los Angeles Times,* March 20, 1996.
19. Thomas Lippman, "Bush Makes Clinton's China Policy an Issue," *Washington Post,* August 20, 1999.
20. ハル・ブランズと米情報機関関係者との会話による ,2016 年 5 月 ; Aaron Friedberg, *Beyond Air-Sea Battle: The Debate over U.S. Military Strategy in Asia* (New York: Routledge, 2014)『アメリカの対中軍事戦略』アーロン・フリードバーグ著 , 平山茂敏訳 , 芙蓉書房出版 ,2016.
21. James Mann, *About Face: A History of America's Curious Relationship with China from Nixon to Clinton* (New York: Vintage Books, 2000), 293–296『米中奔流』; Dan Kliman and Zack Cooper, "Washington Has a Bad Case of China ADHD," *Foreign Policy,* October 27, 2017.
22. Richard Bernstein and Ross Munro, *The Coming Conflict with China* (New York: Vintage, 1998)『やがて中国との闘いがはじまる』リチャード・バーンスタイン , ロス・H・マンロー著 , 小野善邦訳 , 草思社 ,1997; Aaron L. Friedberg, *A Contest for Supremacy: China, America, and the Struggle for Mastery in Asia* (New York: Norton, 2011)『支配への競争』アーロン・フリードバーグ著 , 佐橋亮監修 , 日本評論社 ,2013.
23. Prashanth Parameswaran, "U.S. Blasts China's 'Great Wall of Sand' in the South China Sea," *Diplomat,* April 1, 2015.
24. Eric Heginbotham, Michael Nixon, Forrest E. Morgan, et al., *The U.S.-China Military Scorecard: Forces, Geography, and the Evolving Balance of Power* (Santa Monica, CA: RAND Corporation, 2015).
25. "China Challenging U.S. Military Technological Edge: Pentagon Official," Reuters, January 28, 2014.
26. Brian Wang, "Google's Eric Schmidt Says U.S. Could Lose Lead in AI and Basic Science Research to China," *Next Big Future,* November 1, 2017.
27. Giuseppe Macri, "Ex-NSA Head: Chinese Hacking Is 'The Greatest Transfer of Wealth in History,'" *Inside Sources,* November 4, 2015.

78. Andrew Imbrie, Elsa B. Kania, and Lorand Laskai, "Comparative Advantage in Artificial Intelligence: Enduring Strengths and Emerging Challenges for the United States," CSET Policy Brief, January 2020; Will Hunt, Saif M. Khan, and Dahlia Peterson, "China's Progress in Semiconductor Manufacturing Equipment: Accelerants and Policy Implications," CSET Policy Brief, March 2021.
79. Saif M. Khan and Carrick Flynn, "Maintaining China's Dependence on Democracies for Advanced Computer Chips," Brookings Institution, Global China, April 2020.
80. Xiaojun Yan and Jie Huang, "Navigating Unknown Waters: The Chinese Communist Party's New Presence in the Private Sector," *China Review*, 17, no. 2 (June 2017): 38.
81. Daniel Lynch, *China's Futures: PRC Elites Debate Economics, Politics, and Foreign Policy* (Stanford: Stanford University Press, 2015).
82. Tom Holland, "Wen and Now: China's Economy Is Still 'Unsustainable,' " *South China Morning Post*, April 10, 2017.
83. Jane Cai, "Chinese Premier Li Keqiang Warns of Challenges over Jobs, Private Sector, Red Tape," *South China Morning Post*, May 2021.
84. Chris Buckley, "2019 Is a Sensitive Year for China. Xi Is Nervous," *New York Times*, February 25, 2019; Chris Buckley, "Vows of Change in China Belie Private Warning," *New York Times*, February 14, 2013.
85. Sui-Lee Wee and Li Yuan, "China Sensors Bad Economic News Amid Signs of Slower Growth," *New York Times*, September 28, 2018.
86. Lingling Wei, "Beijing Reins in China's Central Bank," *Wall Street Journal*, December 8, 2021.
87. 上海の胡潤研究院（Hurun Research Institute）からのデータ．これらのデータについて報じた以下を参照，David Shambaugh, "China's Coming Crack Up," *Wall Street Journal*, March 6, 2015; Robert Frank, "More than a Third of Chinese Millionaires Want to Leave China," CNBC, July 6, 2018; Robert Frank, "Half of China's Rich Plan to Move Overseas," CNBC, July 17, 2017.
88. Christian Henrik Nesheim, "2 of 3 Investor Immigrants Worldwide Are Chinese, Reveals Statistical Analysis," *Investment Migration Insider*, February 25, 2018.
89. データ出典は以下，China Labour Bulletin, https://clb.org.hk. 以下の報告も参照，Javier C. Hernandez, "Workers' Activism Rises as China's Economy Slows. Xi Aims to Rein Them In," *New York Times*, February 6, 2019; "Masses of Incidents: Why Protests Are So Common in China," *The Economist*, October 4, 2018.
90. Chen Tianyong quoted in Li Yuan, "China's Entrepreneurs Are Wary of Its Future," *New York Times*, February 23, 2019.
91. Adrian Zenz, "China's Domestic Security Spending: An Analysis of Available Data," *China Brief*, 18, no. 4 (March 12, 2018).
92. Sheena Chestnut Greitens, "Domestic Security in China under Xi Jinping," *China Leadership Monitor*, March 1, 2019.
93. Simina Mistreanu, "Life Inside China's Social Credit Laboratory," *Foreign Policy*, April 3, 2018.
94. Richard McGregor, *Xi Jinping: The Backlash* (London: Penguin Ebooks, 2019), chap. 2.

第 3 章．閉じつつある包囲網

1. Jeff Smith, "The Simmering Boundary: A 'New Normal' at the India-China Border? Part 1," Observer Research Foundation, June 13, 2020; Robert Barnett, "China Is Building Entire Villages in Another Country's Territory," *Foreign Policy*, May 7, 2021.
2. 衝突の背景と遭遇については以下を参照，Jeffrey Gettleman, Hari Kumar, and Sameer Yasir, "Worst Clash in Decades on Disputed India-China Border Kills 20 Indian Troops," *New York Times*, June 16, 2020; Charlie Campbell, "China and India Try to Cool Nationalist Anger After Deadly Border Clash," *Time*, June 20, 2020; Michael Safi and Hannah Ellis-Petersen, "India Says 20 Soldiers Killed on Disputed Himalayan Border with China," *The Guardian*, June 16, 2020; ハル・ブランズによるインド政府関係者とのディスカッション，2021 年 7 月．
3. Andrew Chubb, "China Warily Watches Indian Nationalism," *China Story*, December 22, 2020.
4. "Defense Ministry Approves Purchase of 33 New Fighter Jets Including 21 MiG-29s from Russia," *Hindustan Times*, July 2, 2020; "Huawei and ZTE Left Out of India's 5G Trials," BBC News, May 5,

Stanford University, Press, 2015), chap. 2.
57. Jeremy Diamond, "Trump: 'We Can't Continue to Allow China to Rape Our Country," CNN, May 2, 2016; Tania Branigan, "Mitt Romney Renews Promise to Label China a Currency Manipulator," *The Guardian*, October 23, 2012.
58. Global Trade Alert, https://www.globaltradealert.org.
59. Global Trade Alert, https://www.globaltradealert.org/country/all/affected-jurisdictions_42/period-from_20090101/period-to_20210509.
60. Sidney Lung, "China's GDP Growth Could Be Half of Reported Number, Says US Economist at Prominent Chinese University," *South China Morning Post*, March 10, 2019; Yingyao Hu and Jiaxiong Yao, "Illuminating Economic Growth." IMF Working Paper No. 19/77 (Washington, DC: International Monetary Fund, 2019); Wei Chen, Xilu Chen, Chang-Tai Hsieh, and Zheng Song, "A Forensic Examination of China's National Accounts." NBER Working Paper No. w25754 (Cambridge, MA: National Bureau of Economic Research, 2019); Luis R. Martinez, "How Much Should We Trust the Dictator's GDP Estimates?" University of Chicago Working Paper (Chicago: University of Chicago, August 9, 2019).
61. Salvatore Babones, "How Weak Is China? The Real Story Behind the Economic Indicators," *Foreign Affairs*, January 31, 2016.
62. The Conference Board, "Total Economy Database," https://www.conference-board.org/data/economydatabase, accessed May 2021.
63. Guanghua Chi, Yu Liu, Zhengwei Wu, and Haishan Wu, "Ghost Cities Analysis Based on Positioning Data in China," Baidu Big Data Lab, 2015; Wade Shepard, *Ghost Cities of China* (London: Zed Books, 2015).
64. "A Fifth of China's Homes Are Empty. That's 50 Million Apartments," Bloomberg News, November 8, 2018; 以下も参照 , James Kynge and Sun Yi, "Evergrande and the End of China's 'Build, Build, Build' Model," *Financial Times*, September 21, 2021.
65. Nathaniel Taplin, "Chinese Overcapacity Returns to Haunt Global Industry," *Wall Street Journal*, January 10, 2019; *Overcapacity in China: An Impediment to the Party's Reform Agenda* (Beijing: European Chamber of Commerce in China, 2016).
66. Koh Qing, "China Wasted $6.9 Trillion on Bad Investment post-2009," Reuters, November 20, 2014.
67. "The Lives of the Parties: China's Economy Is More Soviet Than You Think," *The Economist*, December 15, 2018.
68. 以下でうまく説明されている , Barry Naughton, *The Rise of China's Industrial Policy, 1978 to 2020* (Boulder: Lynne Rienner, 2021).
69. Global Debt Monitor, Institute of International Finance, July 16, 2020.
70. Logan Wright and Daniel Rosen, *Credit and Credibility: Risks to China's Economic Resilience* (Washington, DC: Center for Strategic and International Studies, October 2018), 1.
71. "The Coming Debt Bust," *The Economist*, May 7, 2016.
72. Kan Huo and Hongyuran Wu, "Banks Raise Dams, Fend Off Toxic Debt Crisis," *Caixin*, December 1, 2015; Frank Tang, "China Estimates Shadow Banking Worth US$12.9 Trillion As It Moves to Clean Up High- risk Sector," *South China Morning Post*, December 7, 2020.
73. Kellee S. Tsai, *Back-Alley Banking: Private Entrepreneurs in China* (Ithaca, NY: Cornell University Press, 2004); Frank Tang, "China's P2P Purge Leaves Millions of Victims Out in the Cold, with Losses in the Billions, As Concerns of Social Unrest Swirl," *South China Morning Post*, December 29, 2020.
74. "Total Credit to the Non-Financial Sector," Bank for International Settlements, https://stats.bis.org/statx/srs/table/f1.2, accessed August 9, 2021.
75. Daniel H. Rosen, "China's Economic Reckoning: The Price of Failed Reforms,"*Foreign Affairs*, July/August 2021.
76. このパラグラフのポイントに関する詳細な議論と出典については以下を参照 , Michael Beckley, *Unrivaled: Why America Will Remain the World's Sole Superpower* (Ithaca, NY: Cornell University Press, 2018), 48–52.
77. National Science Board. *Science and Engineering Indicators 2020* (Arlington, VA: National Science Foundation, 2020).

New York Times, April 11, 2016.

35. China Power Team, "How Does Water Security Affect China's Development?" *China Power*, August 26, 2020, https://chinapower.csis.org/china-water-security/; Jing Li, "80 Percent of Groundwater in China's Major River Basins Is Unsafe for Humans, Study Reveals." *South China Morning Post*, April 11, 2018; David Stanway and Kathy Chen, "Most of Northern China's Water is Unfit for Human Touch," *World Economic Forum*, June 28, 2017.
36. Charles Parton, "China's Acute Water Shortage Imperils Economic Future," *Financial Times*, February 27, 2018; China Power Team, "How Does Water Security Affect China's Development?" Center for Strategic and International Studies, https://chinapower.csis.org/china-water-security/.
37. "China Needs Nearly $150 Billion to Treat Severe River Pollution," Reuters, July 25, 2018; "China Starts 8,000 Water Clean-Up Projects Worth US $100 Billion in First Half of Year," *South China Morning Post*, August 24, 2017.
38. Tsukasa Hadano, "Degraded Farmland Diminishes China's Food Sufficiency," *Nikkei Asia*, April 4, 2021.
39. "China's Inefficient Agricultural System," *The Economist*, May 21, 2015.
40. Dominique Patton, "More Than 40 Percent of China's Arable Land Degraded: Xinhua," Reuters, November 4, 2014.
41. Edward Wong, "Pollution Rising, Chinese Fear for Soil and Food," *New York Times*, December 30, 2013.
42. "Halting Desertification in China," World Bank, Results Brief, July 26, 2021; Jariel Arvin, "Worst Sandstorm in a Decade Chokes Beijing," *Vox*, March 16, 2021; Daniel Rechtschaffen, "How China's Growing Deserts Are Choking the Country," *Forbes*, September 18, 2017; Josh Haner, Edward Wong, Derek Watkins, and Jeremy White, "Living in China's Expanding Deserts," *New York Times*, October 24, 2016.
43. Jasmine Ng, "China's Latest Crackdown Targets Binge Eating and Wasting Food," Bloomberg News, November 1, 2021.
44. Jude Clemente, "China Is the World's Largest Oil and Gas Importer," *Forbes*, October 17, 2019.
45. International Energy Agency, *World Energy Outlook* (Paris: International Energy Agency, 2016).
46. Daron Acemoglu and James Robinson, *Why Nations Fail: The Origins of Power, Prosperity, and Poverty* (New York: Crown, 2012)『国家はなぜ衰退するのか（上）（下）』ダロン・アセモグル，ジェイムズ・A・ロビンソン著，鬼澤忍訳，早川書房，2016.
47. Fukuyama, *Political Order and Political Decay*『政治の衰退（上）（下）』.
48. Andrew J. Nathan, "What Is Xi Jinping Afraid Of?" *Foreign Affairs*, December 8, 2017; N.S. Lyons, "The Triumph and Terror of Wang Huning," *Palladium Magazine*, October 11, 2021.
49. Tom Mitchell, Xinning Liu, and Gabriel Wildau, "China's Private Sector Struggles for Funding as Growth Slows," *Financial Times*, January 21, 2019. 以下も参照，Nicholas Lardy, *The State Strikes Back: The End of Economic Reform in China* (Washington, DC: Peterson Institute for International Economics, 2019).
50. Jean C. Oi, *Rural China Takes Off: Institutional Foundations of Economic Reform* (Berkeley: University of California Press, 1999).
51. James Areddy, "Former Chinese Party Insider Calls U.S. Hopes of Engagement 'Naive,' " *Wall Street Journal*, June 29, 2021; Elizabeth C. Economy, *The Third Revolution: Xi Jinping and the New Chinese State* (New York: Oxford University Press, 2018).
52. "China Is Conducting Fewer Local Policy Experiments under Xi Jinping," *The Economist*, August 18, 2018.
53. "What Tech Does China Want?" *The Economist*, August 14, 2021.
54. Daniel H. Rosen, "China's Economic Reckoning: The Price of Failed Reforms," *Foreign Affairs*, July/August 2021.
55. David. H. Autor, David Dorn, and Gordon H. Hanson, "The China Shock: Learning from Labor-Market Adjustment to Large Changes in Trade," *Annual Review of Economics*, 8 (October 2016): 205–240.
56. Daniel C. Lynch, *China's Futures: PRC Elites Debate Economics, Politics, and Foreign Policy* (Stanford:

Following the Leader: Ruling China, from Deng Xiaoping to Xi Jinping (Berkeley: University of California Press, 2014).
13. Ruchir Sharma, "The Demographics of Stagnation: Why People Matter for Economic Growth," *Foreign Affairs*, March/April 2016.
14. United Nations, Department of Economic and Social Affairs, Population Division, *World Population Prospects: The 2019 Revision*, Online ed., rev. 1 (New York: United Nations, 2019).
15. United Nations, Department of Economic and Social Affairs, Population Division, *World Population Prospects: The 2019 Revision*.
16. Fang Cai and Dewen Wang, "Demographic Transition: Implications for Growth," in *The China Boom and Its Discontents*, ed. Ross Garnaut and Ligang Song (Canberra: Asia-Pacific Press, 2005), 34–52; Wang Feng and Andrew Mason, "Demographic Dividend and Prospects for Economic Development in China," paper presented at UN Expert Group Meeting on Social and Economic Implications of Changing Population Age Structures, Mexico City, August 31–September 2, 2005; David E. Bloom, David Canning, and Jaypee Sevilla, *The Demographic Dividend: A New Perspective on the Economic Consequences of Population Change* (Santa Monica, CA: RAND, 2003).
17. Alan Fernihough and Kevin Hjortshøj O'Rourke, "Coal and the European Industrial Revolution," *Economic Journal*, 131, no. 635 (April 2021): 1135– 1149.
18. Gavin Wright, "The Origins of American Industrial Success, 1879– 1940," *American Economic Review*, 80, no. 4 (September 1990): 651– 668.
19. Gordon C. McCord and Jeffrey D. Sachs, "Development, Structure, and Transformation: Some Evidence on Comparative Economic Growth." NBER Working Paper 19512 (Cambridge, MA: National Bureau of Economic Research, 2013).
20. United Nations, Department of Economic and Social Affairs, Population Division, *World Population Prospects: The 2019 Revision*, Online ed., rev. 1 (New York: United Nations, 2019).
21. Stein Emil, Emily Goren, Chun-Wei Yuan, et al., "Fertility, Mortality, Migration, and Population Scenarios for 195 Countries and Territories from 2017 to 2100: A Forecasting Analysis for the Global Burden of Disease Study," *The Lancet*, 396, no. 10258 (October 2020): 1285–1306; Stephen Chen, "China's Population Could Halve Within the Next 45 Years, New Study Warns," *South China Morning Post*, September 30, 2021.
22. Yong Cai, Wang Feng, and Ke Shen, "Fiscal Implications of Population Aging and Social Sector Expenditure in China," *Population and Development Review*, 44, no. 4 (December 2018): 811–831.
23. Nicholas Eberstadt and Ashton Verdery, "China's Shrinking Families: The Demographic Trend That Could Curtail Beijing's Ambitions," *Foreign Affairs*, April 7, 2021.
24. Guangzong Mu, "Birth Rate Falling Below 1 Percent an Early Warning," *China Daily*, December 29, 2021.
25. Amanda Lee, "China Population: Concerns Grow as Number of Registered Births in 2020 Plummet," *South China Morning Post*, February 9, 2021; Mu, "Birth Rate Falling Below 1 Percent an Early Warning."
26. Mary Hanbury, "Adult Diaper Sales in China Could Exceed Infant Diaper Sales by 2025, Research Suggests," *Business Insider*, November 29, 2021.
27. たとえば以下を参照 , "Is China's Population Shrinking?" *The Economist*, April 29, 2021; Eric Zhu and Tom Orlik, "When Will China Rule the World? Maybe Never," Bloomberg, July 5, 2021.
28. Mu, "Birth Rate Falling Below 1 Percent an Early Warning."
29. Cheryl Heng, "China Census: Millions of 'Bare Branch' Men Locked Out of Marriage Face Cost of One-Child Policy," *South China Morning Post*, May 17, 2021.
30. Chao Deng and Liyan Qi, "China Stresses Family Values as More Women Put Off Marriage, Childbirth," *Wall Street Journal*, April 19, 2021.
31. Valerie Hudson and Andrea den Boer, *Bare Branches: The Security Implications of Asia's Surplus Male Population* (Cambridge, MA: MIT Press, 2004).
32. Nathan Chow, "Understanding China," DBS Bank, April 9, 2018.
33. Penn World Table, Version 10.0, https://www.rug.nl/ggdc/productivity/pwt/?lang=en.
34. Chris Buckley and Vanessa Piao, "Rural Water, Not City Smog, May Be China's Pollution Nightmare,"

69. Joshua Kurlantzick, "China's Charm Offensive in Southeast Asia," *Current History*, September 2006.
70. Yan Xuetong, "From Keeping a Low Profile to Striving for Achievement," *Chinese Journal of International Politics*, April 2014, 155–156.
71. Jeffrey Bader, *Obama and China's Rise: An Insider's Account of America's Asia Strategy* (Washington, DC: Brookings Institution Press, 2012), 80『オバマと中国』ジェフリー・ベーダー著，春原剛訳，東京大学出版会，2013.
72. Yan, "From Keeping a Low Profile to Striving for Achievement"; Doshi, *Long Game*.
73. Osnos, "Future of America's Contest"; Rush Doshi, "Beijing Believes Trump Is Accelerating American Decline," *Foreign Policy*, October 12, 2020.
74. Kurt Campbell and Mira Rapp-Hooper, "China Is Done Biding Its Time: The End of Beijing's Foreign Policy Restraint?" *Foreign Affairs*, July 15, 2020.
75. "China Says U.S. Cannot Speak from 'A Position of Strength,' " BBC News, March 19, 2021.
76. Office of the Director of National Intelligence, *Annual Threat Assessment of the U.S. Intelligence Community*, April 9, 2021, https://www.dni.gov/files /ODNI/documents/assessments/ATA-2021-Unclassified-Report.pdf.
77. Chris Buckley, " 'The East is Rising': Xi Maps Out China's Post-Covid Ascent," *New York Times*, March 3, 2021.
78. Yuen Yuen Ang, "Chinese Leaders Boast about China's Rising Power. The Real Story Is Different," *Washington Post*, April 13, 2021.
79. Buckley, " 'East is Rising' "; William Zheng, "Xi Jinping Says China Is 'Invincible,' Regardless of Challenges Ahead," *South China Morning Post*, May 6, 2021.

第2章．ピークを迎えた中国

1. これらの問題については以下を参照，Chao Deng and Liyan Qi, "China Stresses Family Values as More Women Put Off Marriage, Childbirth," *Wall Street Journal*, April 19, 2021; Grady McGregor, "Is China's Population Growing or Shrinking? It's a Touchy Topic for Beijing," *Fortune*, April 30, 2021; "China Set to Report First Population Decline in Five Decades," *Financial Times*, April 27, 2021; Alicia Chen, Lyric Li, and Lily Kuo, "In Need of a Baby Boom, China Clamps Down on Vasectomies," *Washington Post*, December 9, 2021.
2. "Report by Four Chinese Marshals," July 11, 1969, Digital Archive, Cold War International History Project, https://digitalarchive.wilsoncenter.org/document/117146.pdf?v=81762c8101f0d237b21dca691c5824e4.
3. 以下を参照，Margaret MacMillan, *Nixon and Mao: The Week That Changed the World* (New York: Penguin, 2007).
4. Andrew J. Nathan and Andrew Scobell, *China's Search for Security* (New York: Columbia University Press, 2014)『中国安全保障全史』.
5. Gordan H. Chang, *Friends and Enemies: The United States, China, and the Soviet Union, 1948–1972* (Redwood City, CA.: Stanford University Press, 1990).
6. Henry Kissinger, *Years of Upheaval* (Boston: Little, Brown, 1982), 233『キッシンジャー　激動の時代』H.A. キッシンジャー著，読売新聞調査研究本部訳，小学館，1982.
7. Zbigniew Brzezinski, *Power and Principle: Memoirs of the National Security Adviser, 1977–1981* (New York: Farrar, Straus and Giroux, 1983), 412.
8. Jinglian Wu, *Understanding and Interpreting Chinese Economic Reform*, 2nd ed. (Singapore: Gale Asia, 2014).
9. Barry J. Naughton, *The Chinese Economy*, 2nd ed. (Cambridge, MA: MIT Press, 2018), 179.
10. Arvind Subramanian and Martin Kessler, "The Hyperglobalization of Trade and Its Future," Working Paper 13–6 (Washington, DC: Peterson Institute for International Economics, 2013).
11. World Bank, *World Development Indicators* (Washington, DC: World Bank, 2021).
12. 比較のためのよい事例として以下を参照，Francis Fukuyama, *Political Order and Political Decay: From the Industrial Revolution to the Globalization of Democracy* (New York: Farrar, Straus and Giroux, 2014)『政治の衰退（上）（下）』フランシス・フクヤマ著，会田弘継訳，講談社，2018; David Lampton,

44. "China Is Becoming More Assertive in International Legal Disputes," *The Economist*, September 11, 2021.
45. Toshi Yoshihara and James Holmes, *Red Star over the Pacific: China's Rise and the Challenge to U.S. Maritime Strategy* (Annapolis, MD: U.S. Naval Institute Press, 2018).『太平洋の赤い星』トシ・ヨシハラ, ジェームズ・R・ホームズ著, 山形浩生訳, バジリコ ,2014.
46. Jay Solomon, "Clinton Presses, Courts Beijing," *Wall Street Journal*, October 29, 2010.
47. Andrew Nathan and Andrew Scobell, "How China Sees America: The Sum of Beijing's Fears," *Foreign Affairs*, September/October 2012.
48. Jude Blanchette, *China's New Red Guards: The Return of Radicalism and the Rebirth of Mao Zedong* (New York: Oxford University Press, 2019), 127.
49. James Mann, *About Face: A History of America's Curious Relationship with China from Nixon to Clinton* (New York: Vintage Books, 2000), 358『米中奔流』ジェームズ・マン著, 鈴木主税訳, 共同通信社 ,1999.
50. Fu Ying, "After the Pandemic, Then What?," China-US Focus, June 28, 2020, https://www.chinausfocus.com/foreign-policy/after-the-pandemic-then-what.
51. 以下を参照, Barbara Demick, "The Times, Bloomberg News, and the Richest Man in China," *New Yorker*, May 5, 2015.
52. Wang Jisi and Kenneth Lieberthal, *Addressing U.S.-China Strategic Distrust*, Brookings Institution, March 2012, 11.
53. Blanchette, *China's New Red Guards*, 128.
54. Li Ziguo quoted in Evan Osnos, "Making China Great Again," *New Yorker*, January 1, 2018.
55. Wang and Lieberthal, *Addressing U.S.-China Strategic Distrust*, 10–11; Evan Osnos, "The Future of America's Contest with China," *New Yorker*, January 13, 2020.
56. Samuel Kim, "Human Rights in China's International Relations," in *What if China Doesn't Democratize? Implications for War and Peace*, ed. Edward Friedman and Barrett McCormick (New York: M.E. Sharpe, 2000), 130–131.
57. Graham Allison, *Destined for War: Can America and China Escape Thucydides's Trap?* (Boston: Houghton Mifflin Harcourt, 2017), 151『米中戦争前夜』グレアム・アリソン著, 藤原朝子訳, ダイヤモンド社 ,2017.
58. Zhou Xin, "Xi Jinping Calls for 'New Long March' in Dramatic Sign that China Is Preparing for Protracted Trade War," *South China Morning Post*, May 21, 2019.
59. Marshall to Donald Rumsfeld, May 2, 2002, Department of Defense Freedom of Information Act Electronic Reading Room; Michael Green, *By More than Providence: Grand Strategy and American Power in the Asia-Pacific Since 1783* (New York: Columbia University Press, 2016).
60. Nicholas Spykman, *America's Strategy in World Politics: The United States and the Balance of Power* (New York: Harcourt and Brace, 1942), 20–22『米国を巡る地政学と戦略』ニコラス・スパイクマン著, 小野圭司訳, 芙蓉書房出版 ,2021.
61. Allison, *Destined for War*, 108『米中戦争前夜』.
62. Michael Schuman, *Superpower Interrupted: The Chinese History of the World* (New York: Public Affairs, 2020), 4.
63. Schuman, *Superpower Interrupted*, 311.
64. Minxin Pei, "Assertive Pragmatism: China's Economic Rise and Its Impact on Chinese Foreign Policy," IFRI Security Studies Department, Fall 2006, https://www.ifri.org/sites/default/files/atoms/files/Prolif_Paper_Minxin_Pei.pdf.
65. Joshua Kurlantzick, *State Capitalism: How the Return of Statism Is Transforming the World* (New York: Oxford University Press, 2016), 83.
66. 以下を参照, Timothy Heath, "What Does China Want? Discerning the PRC's National Strategy," Asian Security, Spring 2012, 54–72; Nathan and Scobell, *China's Search for Security*『中国安全保障全史』; Brands, "Democracy vs. Authoritarianism."
67. John Garver, *China's Quest: The History of the Foreign Relations of the People's Republic of China* (New York: Oxford University Press, 2016), 499.
68. Doshi, *Long Game*; Zhang Liang, *The Tiananmen Papers: The Chinese Leadership's Decision to Use Force Against Their Own People—In Their Own Words*, ed. Andrew Nathan and Perry Link (New York: Public Affairs, 2001), 457『天安門文書』張良編, 山田耕介, 高岡正展訳, 文藝春秋 ,2001.

Replace America as the Global Superpower (New York: St. Martin's, 2016)『China 2049』マイケル・ピルズベリー著 , 野中香方子訳 , 日経 BP,2015.

21. Nadège Rolland, *China's Vision for a New World Order,* National Bureau of Asian Research, January 2020, 6.
22. Liza Tobin, "Xi's Vision for Transforming Global Governance," *Texas National Security Review,* November 2018; Timothy Heath, Derek Grossman, and Asha Clark, *China's Quest for Global Primacy* (Washington, DC: RAND Corporation, 2021).
23. Andrew Nathan, "China's Challenge," in *Authoritarianism Goes Global: The Challenge to Democracy,* ed. Marc Plattner and Christopher Walker (Baltimore: Johns Hopkins University Press, 2016), 30–31.
24. Henry Kissinger, *Diplomacy* (New York: Simon & Schuster, 1994), 21『外交 (上)』ヘンリー・キッシンジャー著 , 岡崎久彦監訳 , 日本経済新聞出版 ,1996.
25. Jeffrey Goldberg, "The Obama Doctrine," *The Atlantic,* April 2016.
26. Fareed Zakaria, "The New China Scare," *Foreign Affairs,* January/February 2020.
27. Stockholm International Peace Research Institute, Military Expenditure Database, https://www.sipri.org/databases/milex, accessed August 2021.
28. Department of Defense, *Military and Security Developments Involving the People's Republic of China, 2020,* https://media.defense.gov/2020/Sep/01/2002488689/-1/-1/1/2020-DOD-CHINA-MILITARY-POWER-REPORT-FINAL.PDF .
29. Nick Childs and Tom Waldwyn, "China's Naval Shipbuilding: Delivering on Its Ambition in a Big Way," IISS Military Balance Blog, May 1, 2018; Geoffrey Gresh, *To Rule Eurasia's Waves: The New Great Power Competition at Sea* (New Haven, CT: Yale University Press, 2020); "Navy Official: China Training for 'Short Sharp War' with Japan," USNI News, February 18, 2014.
30. Anthony Esguerra, "U.S. Expert Tells China to 'Stop Shitting' in Contested Waters. Literally," *Vice,* July 13, 2021.
31. Felipe Villamor, "Duterte Says Xi Warned Philippines of War Over South China Sea," *New York Times,* May 19, 2017; Ely Ratner, "Course Correction: How to Stop China's Maritime Advance," *Foreign Affairs,* July/August 2017.
32. Paul Shinkman, "China Issues New Threats to Taiwan: 'The Island's Military Won't Stand a Chance,'"*U.S. News & World Report,* April 9, 2021.
33. Liu Xin and Yang Sheng, "Initiative 'Project of the Century': President Xi," *Global Times,* May 5, 2017.
34. Peter Ferdinand, "Westward Ho—the China Dream and 'One Belt, One Road': Chinese Foreign Policy under Xi Jinping," *International Affairs,* 92, no. 4 (July 2016): 941–957.
35. Daniel Markey, *China's Western Horizon: Beijing and the New Geopolitics of Eurasia* (New York: Oxford University Press, 2020), 168.
36. Sheena Greitens, "Dealing with Demand for China's Global Surveillance Exports,"Brookings Institution, April 2020, 2.
37. Jacob Helberg, *The Wires of War: Technology and the Global Struggle for Power* (New York: Simon & Schuster, 2021).
38. Elsa Kania, " 'AI Weapons' in China's Military Innovation," Brookings Institution, April 2020; Julian Gewirtz, "China's Long March to Technological Supremacy," *Foreign Affairs,* August 27, 2019.
39. "Xi Urges Breaking New Ground in Major Country Diplomacy with Chinese Characteristics," Xinhua, June 24, 2018; Daniel Kliman, Kristine Lee, and Ashley Feng, *How China Is Reshaping International Organizations from the Inside Out* (Washington, DC: Center for a New American Security, 2019).
40. Hal Brands, "Democracy vs. Authoritarianism: How Ideology Shapes Great-Power Conflict," *Survival,* October/November 2018, 61–114.
41. Xi Jinping, "Uphold and Develop Socialism with Chinese Characteristics「中国の特色ある社会主義を堅持 , 発展させる」," January 5, 2013, https://palladiummag.com/2019/05/31/xi-jinping-in-translation-chinas-guiding-ideology/.
42. Jojje Olsson, "China Tries to Put Sweden on Ice," *The Diplomat,* December 30, 2019.
43. Anne-Marie Brady, "Magic Weapons: China's Political Influence Activities under Xi Jinping," Woodrow Wilson International Center for Scholars, September 2017, https://www.wilsoncenter.org/article/magic-weapons-chinas-political-influence-activities-under-xi-jinping.

脚注

第1章 . 中国の夢

1. Xi Jinping（習近平）, "Secure a Decisive Victory in Building a Moderately Prosperous Society in All Respects and Strive for the Great Success of Socialism with Chinese Characteristics for a New Era（「小康社会の全面的完成の決戦に勝利し新時代の中国の特色ある社会主義の偉大な勝利を勝ち取る」）," Xinhua, October 18, 2017, http://www.xinhuanet.com/english/download/Xi_Jinping's__report_at_19th_CPC_National_Congress.pdf.
2. Xi Jinping, "Uphold and Develop Socialism with Chinese Characteristics（「中国の特色ある社会主義を堅持, 発展させる」）," *Palladium Magazine,* January 5, 2013, https://palladiummag.com/2019/05/31/xi-jinping-in-translation-chinas-guiding-ideology/.
3. Avery Goldstein, *Rising to the Challenge: China's Grand Strategy and International Security* (Stanford: Stanford University Press,2005); Andrew Nathan and Andrew Scobell, *China's Search for Security* (New York: Columbia University Press, 2014)『中国安全保障全史』アンドリュー・ネイサン , アンドリュー・スコベル著 , 河野純治訳 , みすず書房 ,2016.
4. PPS-39,"To Review and Define United States Policy Toward China," September 7, 1948, *Foreign Relations of the United States, 1948,* Vol.II: Document No.122 (Washington, DC: U.S. Department of State, Office of the Historian) 以下 *FRUS* と表記し , 年 , 巻 , 文書番号の順に記載する .
5. "GDP(Constant 2010 US$)--China," World Bank, https://data.worldbank.org/indicator/NY.GDP.MKTP.KD?locations=CN, accessed on April 29, 2019.
6. Alyssa Leng and Roland Rajah, "Chart of the Week: Global Trade Through a U.S.-China Lens," Lowy Institute, *The Interpreter,* December 18, 2019.
7. John Garnaut, "Engineers of the Soul: Ideology in Xi Jinping's China," *Sinocism,* January 16, 2019, https://sinocism.com/p/engineers-of-the-soul-ideology-in.
8. Susan Shirk, *China: Fragile Superpower* (New York: Oxford University Press, 2008), 8『中国　危うい超大国』スーザン・シャーク著 , 徳川家広訳 , 日本放送出版協会 ,2008.
9. "The 'One Simple Message' in Xi Jinping's Five Years of Epic Speeches," *South China Morning Post,* November 2, 2017; Elizabeth Economy, *The Third Revolution: Xi Jinping and the New Chinese State* (New York: Oxford University Press, 2018).
10. "China's Xi Says Political Solution for Taiwan Can't Wait Forever," Reuters, October 6, 2013.
11. "China Won't Give Up 'One Inch' of Territory Says President Xi to Mattis," BBC News, June 28, 2018.
12. Jennifer Lind, "Life in China's Asia: What Regional Hegemony Would Look Like," *Foreign Affairs,* March/April 2018; Zbigniew Brzezinski, *The Grand Chessboard: American Primacy and Its Geostrategic Imperatives* (New York: Basic Books, 1997), 60『ブレジンスキーの世界はこう動く』ズビグニュー・ブレジンスキー著 , 山岡洋一訳 , 日本経済新聞社 ,1998.
13. Xi Jinping, "New Asian Security Concept for New Progress in Security Cooperation「アジアの安全保障観を積極的に樹立し , 安全保障協力の新局面を共同創出する」," May 21, 2014, https://www.fmprc.gov.cn/mfa_eng/zxxx_662805/t1159951.shtml.
14. Tom Mitchell, "China Struggles to Win Friends over South China Sea," *Financial Times,* July 13, 2016. 以下も参照のこと , Aaron Friedberg, "Competing with China," *Survival,* June/July 2018, 22.
15. Fu Ying, "The U.S. World Order Is a Suit That No Longer Fits," *Financial Times,* January 6, 2016.
16. Daniel Tobin, "How Xi Jinping's 'New Era' Should Have Ended U.S. Debate on Beijing's Ambitions," Center for Strategic and International Studies, May 2020.
17. "Commentary: Milestone Congress Points to New Era for China, the World," Xinhua, October 24, 2017, http://www.xinhuanet.com/english/2017-10/24/c_136702090.htm.
18. Hu Xijin, "What Drives China- U.S. Game: Washington Believes Being Poor Is Chinese People's Fate," *Global Times,* September 6, 2021.
19. 例として以下を参照 , "Full Text: China's National Defense in the New Era," Xinhuanet, July 24, 2019, http://www.xinhuanet.com/english/2019-07/24/c_138253389.htm.
20. 以下を参照 , Doshi, *The Long Game: China's Grand Strategy to Displace the American Order* (Oxford: Oxford University Press, 2021); Michael Pillsbury, *The Hundred-Year Marathon: China's Secret Strategy to*

【著者略歴】

ハル・ブランズ

ジョンズ・ホプキンス大学高等国際問題研究所（SAIS）ヘンリー・キッシンジャー国際関係学特別教授、アメリカン・エンタープライズ研究所（AEI）シニア・フェロー。米外交政策の専門家として、ブルームバーグ・オピニオンのコラムニスト、国防長官顧問、国防総省や情報機関のコンサルタントも務める。

マイケル・ベックリー

タフツ大学政治学部准教授、アメリカン・エンタープライズ研究所（AEI）非常勤シニア・フェロー。中国の台頭に関する研究でアメリカ政治学会と世界国際関係学会の年間最優秀記事賞を受賞、ランド研究所のシニア・ポリシー・アナリストや、米国防長官室のアドバイザーも務める。国家情報会議、国防科学委員会、国防総省のネット・アセスメント室など、米国情報コミュニティや米国防総省内の各機関に助言を行っている。

【訳者略歴】

奥山真司（おくやま　まさし）

地政学・戦略学者。戦略学 Ph.D.(Strategic Studies)。国際地政学研究所上席研究員。戦略研究学会編集委員。日本クラウゼヴィッツ学会理事。1972 年横浜市生まれ、カナダ・ブリティッシュ・コロンビア大学を卒業、英国レディング大学大学院で修士号と博士号を取得。

著書に『地政学』（五月書房）など。訳書にクライブ・ハミルトン『目に見えぬ侵略』（飛鳥新社）、ジョン・ミアシャイマー『大国政治の悲劇』（五月書房新社）、コリン・グレイ『現代の戦略』（中央公論新社）、エドワード・ルトワック『ラストエンペラー習近平』（文藝春秋）、コリン・グレイ＆ジェフリー・スローン編著『地政学:地理と戦略』（五月書房新社）、ローレンス・フリードマン『戦争の未来』（中央公論新社）など多数。

デンジャー・ゾーン 迫る中国との衝突

2023年2月7日　第1刷発行

著者　ハル・ブランズ　マイケル・ベックリー
訳者　奥山真司

発行者　大山邦興
発行所　株式会社　飛鳥新社
〒101-0003
東京都千代田区一ツ橋2－4－3　光文恒産ビル
電話　03-3263-7770（営業）
　　　03-3263-7773（編集）
http://www.asukashinsha.co.jp

装幀　bookwall
印刷・製本　中央精版印刷株式会社

ISBN 978-4-86410-929-1

編集担当　工藤博海